Regie ..... Luc Bondy

W0188947

REGIE ..... Luc Bondy

Herausgegeben von Dietmar N. Schmidt

Alexander Verlag Berlin

© by Alexander Verlag GmbH, Berlin 1991.
© *Erschütterung – schwerelos* by Peter Stein.
Umschlag- und Buchgestaltung Karl-Ernst Herrmann.
Satz und Druck Fuldaer Verlagsanstalt.
Bindung Buchbinderei Fleischmann, Fulda.
Alle Rechte vorbehalten.
Printed in Germany 1991.
ISBN 3-923854-20-X

Gedruckt mit Unterstützung der Stiftung Preußische Seehandlung, Berlin.

INHALT

Luc Bondy, 1976

Vorweg

MAN SPIELT NUR MIT DER LIEBE
Luc Bondy im Gespräch mit Benjamin Henrichs

Benjamin Henrichs: Sie haben jetzt in Paris Così fan tutte *wieder auf-genommen. In der nächsten Woche werden Sie wieder an der Berliner Schaubühne sein, die* Fremdenführerin *von Botho Strauß probieren. Werden Sie dann die Musik vermissen?*

Luc Bondy: Ich habe mir das heute morgen vorgestellt. Ich sehe mich auf die Probebühne kommen, mache einen Durchlauf und frage, wo denn der Pianist ist. Einen Moment lang habe ich gedacht, wie trocken das alles werden wird. Die Musik trägt einen, sie beschwingt einen. Also werde ich sie sicher erst einmal vermissen. Andererseits ist die Musik, so schön sie auch sein mag, immer ein Vorhang. Einen Schauspieler kann ich nachempfinden, versetze mich in seinen Körper. Bei einem Schauspieler kann ich die Rollen für mich mitspielen. Bei den Sängern mitsingen kann ich nicht.

Ist aber nicht der Sänger, der Talent hat fürs Spielen, der vollkommene Schauspieler?

Ja, es könnte sein; ich stelle mir ständig diese Frage. Wie wäre es, wenn er die Arien und Rezitative nicht hätte, wenn er trocken spielen müßte? Würde er auch dann spielen können, oder kann er es nur durch das Medium des Gesangs? Oper ist vielleicht die vollkommene Ausdrucksform. Ob aber der Sänger der vollkommene Schauspieler ist? Ich weiß es noch nicht. Beim Schauspieler nimmt das Bewußtsein Platz im Körper. Beim Sänger ist es die Musik. Also versucht man bei der Arbeit mit dem Sänger, dem Bewußtsein etwas mehr Platz zu verschaffen gegen die Musik. Beim Schauspieler ist es umgekehrt: Da wünsche ich mir mehr Musik, weniger Bewußtsein. Oper könnte die vollkommene Form sein, wenn man soviel Zeit hätte wie für eine Aufführung im Schauspiel. Also wie es Brook mit *Carmen* gemacht hat. Wieder bei Null anfangen. Bei Null anfangen bedeutet auch, daß die Sänger ihre Rollen vorher noch nie gesungen haben, daß man die Figur mit der Musik von Anfang an aufbaut; denn natürlich gibt es immer Reste von anderen Aufführungen, wie Angeschwommenes am Meer. Das muß man erst einmal wegschaf-fen. Damit vergeht viel zuviel Zeit.

Gibt es nicht in der Oper die Verbindung von höchster Kunst und Unschuld? Und wann gab es solch einen Moment beim Schauspiel?

Sänger sind wirklich unschuldig. Sie sind die Unschuld. Unschuldig ist ja auch die Musik – sie ist nicht psychologisch. Man läuft ja in unserem Beruf immer Gefahr, der Krankheit »Interpretatoris« zu verfallen – zu interpretieren, bevor man noch ein physisches Wesen ist auf der Bühne. Eine schreckliche Krankheit. Bei Mozart ist das Gefühl absolut. Ironie gibt es nicht. Es gibt Sarkasmus. Aber ein Sänger kann sich niemals im Singen widersprechen. Er ist vollständig das, was er tut. Das Gefühl ist nicht zu widerlegen.

Was tut in dieser doch ziemlich grausamen Geschichte von Così fan tutte *die Musik? Spricht die Musik von Versöhnung? Ist die Musik ein Element der Verführung?*

Die Musik ist der Schmerz der Geschichte. In *Così fan tutte* geht es nicht so sehr um die Vereinigung, um das Glück – es ist eine Oper über die Einsamkeit. Die Musik ist dem Libretto immer ein Stück voraus. Sie weiß mehr, als die Figuren selber wissen. Ich habe auf den Proben wie wahnsinnig gekämpft gegen das Vorurteil, Mozart sei ironisch; etwa wenn sich die Männer von den Frauen verabschieden. Ich finde es überhaupt nicht ironisch. Abschied ist Abschied. Egal, ob man von der Falschen Abschied nimmt oder von der Frau, die man liebt. Abschied ist bei Mozart zerreißend. Mozarts Musik dringt von außen ein in die Geschichte. Sie schafft ein Fluidum, das alle Figuren bannt. Wie in den Shakespeare-Komödien werden alle Figuren insularisiert. Eine Art Illyrien.

Ist Musik ein Trost? Gegen den Schrecken der Geschichte?

Immer. Ich kann nur von mir selber reden. Als ich krank war, habe ich immer Mozart gehört. Das war ein Trost. 1975 dachte ich, daß ich sterben werde. Da habe ich immer Mozart gehört. Und irgendwie ging's mir gut dabei.

Es könnte natürlich auch die Musik sein, mit der man gerne ins Jenseits geht.

Sicher. Damals hörte ich viel *Don Giovanni* und *Così fan tutte*. Es hat mal jemand gesagt, wenn etwas von Mozart zu Ende ist, ist auch die Stille danach immer noch von Mozart.

Don Alfonso in Così fan tutte, *erinnert er nicht an einen Marivaux-schen Zeremonienmeister? Er setzt das Spiel in Gang und beobachtet es kaltblütig von außen. Wo ist Ihre Position als Regisseur? Bei Alfonso oder mitten unter den Liebenden?*

Der Regisseur wechselt die Positionen. Er macht vorneherum, was Alfonso hintenherum macht. Auf der anderen Seite muß ich auch mittendrin sein, um auch Alfonso als einen Bestandteil der Geschichte zu begreifen. Was ist das für ein Typ, der so etwas tut? Was geschieht mit ihm? Was fühlt er, wenn er sieht, daß es am Schluß auf der Bühne blutet? Hat er das Gefühl, daß er zu weit gegangen ist, daß er die Sache nicht mehr in der Hand hat? Am Schluß ist er herausgestoßen aus der Geschichte. Es ist wie bei einem Regisseur: der macht etwas, und dann ist er ein anderer nach der Premiere. Und auch er ist rausgestoßen. Eigentlich sitzt der Regisseur am Ende da wie Alfonso. Das Finale haben die anderen. Alfonso ist der Verlierer. Alle sind Verlierer, auf schreckliche Weise. Doch weiß ich heute nicht mehr, ob es wirklich so schrecklich ist. Es ist auch wie eine Initiation. Die Liebenden kennen die Liebe nicht, glauben immer nur, daß sie sie kennen. Vielleicht initiiert sie Alfonso dadurch, daß ihre Liebe eine Art Feuerprobe durchlebt. Vorher war die Liebe nur eine Theorie. Eine Behauptung. Jetzt wird sie wirklich, weil sie ein Schmerz wird. Und sie fängt an, eine Art Lustmaschine zu werden.

Beim Finale zeigen Sie die beiden Paare zu einer Vierergruppe verschlungen, jeder berührt jeden. Ist das ein Bild der komplizierten Eintracht oder eines der totalen Verwirrung? Ist es der gute Schluß von Stella *oder der böse? Wenn sich dann eine weiße Hütte über die vier senkt, denkt man an den* Stella-*Satz: »Eine Wohnung, ein Bett und ein Grab...«*

Es ist etwas Gezwungenes, die Macht der Dramaturgie, die Macht der Konventionen, die sie am Ende wieder zusammenpaart. Sie sind am Schluß wie Salzsäulen. Sie haben sich ausgelebt. Es ist ja auch keine Note mehr da. Sie haben sich ausgesungen. Sie sind leergesungen. Aber zusammen. Sie sind aneinandergekettet.

Sie sagten, in der Musik gäbe es keine Ironie. Gibt es Grausamkeit?

Ja. Besonders, weil die Musik so schön ist.

Haben die Bewegung der Musik und die Bewegung von Karl-Ernst Herrmanns Bühnenbild etwas miteinander zu tun? Das Bühnenbild (ein endloser Prospekt, eine wandernde Landschaft) verwandelt sich ja nicht von Umbau zu Umbau, es gleitet gewissermaßen vorüber.

Wie eben Empfindungen gleiten. Wie musikalische Übergänge. Diese Musik verträgt keine Gegenständlichkeit, keine geschlossenen Räume. Denn diese Musik ist vollkommen luftig und schwebend. Sie könnte sich etwa in einem Noelteschen Bühnenbild nicht entfalten. Wir wollten ein Meer, das sich bewegt, das sich verändert. Wie die Brandung. Und so kam Herrmann auf diese ziemlich geniale Lösung. Es ist so, wie wenn ein ganzes Leben vorbeizieht.

Die Bilder wandern, die Musik schwebt – in ihren glücklichen Momenten sieht man der Oper die Mühen der Einstudierung gar nicht mehr an. Geht so etwas auch beim Schauspiel? Läßt sich auch dort die Arbeit des Regisseurs noch weiter zum Verschwinden bringen? In Ihren früheren Inszenierungen hat man immer viel deutlicher gesehen, was Sie wollten, wieviel Sie wollten.

Da will ich hin: Ohne oberflächlich zu werden, die vollkommene Leichtigkeit und Musikalität erreichen. Manchmal träume ich sogar davon. Zadek würde jetzt aufschreien und sagen: Das ist »Ästhetik«, das ist »Schönheit«; ich liebe das Schrille, das Schwitzen, die Häßlichkeit. Mein Traum vom Theater ist die absolute Selbstverständlichkeit und Musikalität der Atmung, der Körper, der Bewegungen, der Töne und der Stimmen.

Sie haben in Così fan tutte *eine Marivauxsche Schärfe entdeckt, umgekehrt in Marivaux' Triumph der Liebe eine Mozartsche Wärme. Nun hat aber Marivaux auch etwas advokatenhaft Unerbittliches. Also verkörpert er doch eher das Jüngste Gericht als das Paradies.*

Ja. Aber genau so ist es vielleicht bei da Ponte. Er ist ein Librettist im Marivauxschen Sinne. Bei Marivaux gibt es wirklich kein Paradies, das gibt es nur bei Mozart, das macht nur seine Musik. Liest man den Text von Così fan tutte, ist es unglaublich, was sie einander für Bosheiten und Schweinereien sagen. Aber die Musik löst es vollständig auf, bringt es auf eine andere Ebene. Marivaux ist unerbittlich. Aber nicht wie jemand, der nicht glaubt. In dem Sinne unerbittlich wie es La Rochefoucauld war, im Sinne der französischen Moralisten. Marivaux ist kein Pessimist, er ist einfach ein Skeptiker. Ein absolutes Gefühl, ein Liebesgefühl, das rein wäre – alles dies stellt er total in Frage. Er war ein Beobachter.

Man hat Ihrer Inszenierung von Triumph der Liebe *vorgeworfen, daß sie nicht gnadenlos genug sei.*

Diese Kritik kann ich mir selber auch machen. Ich würde das Stück heute gnadenloser inszenieren. Die Absicht war, es unerbittlicher zu machen. Ich habe es nicht hingekriegt. Es wird mir immer wieder vorgeworfen, zu schön, zu optimistisch zu inszenieren. Zu freundlich. Ich inszeniere immer so, wie ich empfinde. Ich glaube einfach noch, und ich sehe nicht ein, wieso ich dies verstecken sollte. Ich habe keine religiöse Erziehung. Das Judentum ist in meiner Familie absolut nicht als Religion praktiziert worden. Trotzdem glaube ich an etwas. Ich konnte nie glauben, daß es Gott nicht gibt. Für mich ist es ganz selbstverständlich. Die Idee der Erlösung ist etwas, das tief in mir drin ist. Ich kann sie nicht analysieren, aber ich weiß, daß sie da ist. Dadurch, daß ich bestimmte schreckliche Momente erlebt habe im Leben, hat sich das noch verstärkt. Ich bin nicht pessimistisch, ich bin skeptisch. Dieser Blick von Marivaux, er hat mich beeinflußt. Pessimismus kann im Theater ganz schnell auch eine Ausflucht werden. Es ist manchmal ziemlich einfach, wenn man beim Inszenieren ganz schnell in eine Dunkelheit geht. Das ist genau so langweilig wie Leute, die alles immerzu heiter, lustig und schön finden. Ich sehe, wie sich die Menschen bei Marivaux verraten, sehe ihre Selbstliebe, aber ich kann deswegen nicht mein Interesse an ihnen verlieren. Ich kann nicht anfangen, Menschen zu hassen. Das ist mir unmöglich. Man kann einen Haß zeigen gegen Prinzipien. Einen Haß gegen bestimmte Konventionen. Aber individuellen Haß zu zeigen, ist uninteressant. Die tausend verschiedenen Schattierungen zu zeigen, ist viel interessanter.

Für das Theater ist das sicherlich eine produktive Haltung. Funktioniert es denn im Leben auch so gut? Oder erwischen Sie sich da öfter bei Haß?

Ja, eher. Aber es vergeht bei mir auch schnell. Es ist wie bei der Liebe: er vergeht, der Haß. Er ist vollständig vergänglich.

Und wie weit geht er? Bis zur Mordlust?

Nee. Ich bin viel zu feige. Ich hätte viel lieber, daß dem, den ich hasse, etwas passiert. Ich möchte es nicht tun. Ich habe eine extreme Abscheu gegen physische Brutalität. Wenn ich zum Beispiel eine Schlägerei sehe auf der Straße, wird mir richtig übel, bin ich nahe an der Ohnmacht. Ich ertrage physische Aggressionen nicht. In der Schule bin ich sehr oft verprügelt worden. Aber ich bin niemand gewesen, der selber geprügelt hat. Als Kind, erinnere ich mich, hatte ich Anwandlungen von Sadismus. Dieser Sadismus ist mir vollkommen vergangen. Der Haß geht bei mir über die Wörter. Ich habe viel zuviel Angst, mich zu schlagen; nur wenn ich sehe, daß ein Stärkerer einen Schwächeren angreift, habe ich für Sekunden das Gefühl, ich müsse intervenieren. Ich ertrage das nicht. Es kommt dann immer der Moment, wo ich mir die bittersten Vorwürfe mache, daß ich nicht die Fähigkeit habe, einzugreifen, den Schwächeren zu verteidigen. Dieser Mangel an physischer Courage.

Kennen Sie die Stelle in Handkes Kindergeschichte, *wo der Erwachsene, von seinem quengelnden Kind genervt, plötzlich in eine Art Totschlagswut gerät?*

Das kenne ich. Mit Frauen. Und nur mit Frauen, die ich liebe. Andererseits denke ich immer, wenn ich sie jetzt schlage, dann gibt es kein Ende. Denn wenn ich sie jetzt schlage, dann kann ich sie auch töten. Das Schlagen ist ja kein Ende, es gibt keine Befriedigung. Jemanden zu ohrfeigen, das ist entweder zuwenig oder zuviel. Nie die Sache selber.

In Steins Inszenierungen, ob in Gerettet *oder im* Klassenfeind, *lebt ja noch die ganze pubertäre Aggressivität. Die gibt es in Ihren Aufführungen fast überhaupt nicht. Es gibt ein stark kindliches Element, und es gibt jetzt schon, zunehmend, Züge von Altersweisheit.*

Ich habe diesen Zustand sehr ausgelebt. Ich bin ein Internatskind. Meine Inspirationsquelle ist dieser Mikrokosmos des Internates – dort lebt man Aggressionen, Haß und Neid aus, weil man nicht mehr bei den Eltern ist, vor denen man sich versteckt.

Ich mache jetzt einen Sprung. Meine Träume, die bezeichnen mich sehr stark. Zum Beispiel habe ich mal geträumt, daß ich Hand in

Hand mit Göring auf einer Straße gehe, 1933, ihn immer an der Hand halte und ihm sage, daß er mich unter allen Juden doch ausnehmen soll. Ich wollte mich mit Göring versöhnen. Das sagt schon ziemlich viel. Auch über Gewalt hatte ich neulich einen Traum. Ganz irrsinnig. Es war in der Zeit, als Reagan und Gorbatschow sich trafen. Da war ein großes Theater, und auf der einen Seite saß Gorbatschow neben Nancy Reagan (und wir kommen jetzt wieder auf *Così fan tutte*), und gegenüber saßen Reagan und Raissa Gorbatschow. Jetzt mußten die ausgetauschten Paare sich verständigen. Ich glaube, Reagan und Raissa Gorbatschow unterhielten sich sehr gut. Gorbatschow versuchte immer, mit Nancy Reagan zu sprechen, aber die wollte nicht. Und dann gab es einen Gongschlag, und alle vier gingen auf die Bühne. Und dort mußten sie sich prügeln. Diese Kämpfe waren stilisiert wie griechische Athletenkämpfe. Im Traum dachte ich mir, die kämpfen miteinander als Ersatz für den wirklichen Krieg.

Traten Sie selber dann auch noch auf in Ihrem Traum?

Ich trat später auf, aber in einem Zusammenhang, den ich nicht erwähnen möchte.

Ich träume sehr viel über Aggressionen, physische Kämpfe. Heute nacht hatte ich wieder ganz unglaubliche Träume: Ich war in einem Zimmer, es war ein schönes Zimmer, darin wohnte Jean Genet, aber er war nicht da. Ich war mit einem Galeristen, einem Freund von mir, dort; und plötzlich habe ich angefangen, Tinte auszuschütten, überall Tinte. Und ich wußte, diese Flecken gehen nicht weg. Und ich sagte immer zu meinem Freund, dem Genet muß das doch egal sein. Der liebt doch den Schmutz. Doch ich hatte ein schlechtes Gewissen. Dann stieg ich in ein Taxi, und in dem Taxi saß ein Chinese als Chauffeur, und hinten saß eine sehr schöne Chinesin. Sie war wunderschön und machte die Beine auseinander. Und ich dachte, ich muß jetzt unbedingt etwas anfangen mit ihr. Und plötzlich drehte sich der Chinese um und schaute mir in die Augen, ohne Bewegung. Da habe ich ihm zugeflüstert: Ist das Ihre Frau? Er hat nichts gesagt. Dann war plötzlich meine Sprache Dolby Stereo, es war wie im Kino, und ich hörte mich sagen: Wenn ich gewußt hätte, daß es Ihre Frau ist, hätte ich das nie versucht. Darauf hat er eine Nadel genommen und hat sie mir in den Finger gestochen. Ich wußte, daß in dieser Nadel Gift ist. Also: ich will mich immer versöhnen.

Sie haben Marivaux inszeniert, Musset, Mozart. Alle diese Stücke umkreisen ein Thema, ich möchte es noch nicht ein Lebensthema nennen. Das Thema zu den vielen Variationen heißt, um es mit einem Musset-Titel zu sagen: Man spielt nur mit der Liebe, weil sie das einzige Spiel ist, das sich lohnt. Die Deutschen und das deutsche Theater haben ja eigentlich andere Sorgen. So steht Ihre Arbeit, finde ich, ziemlich allein. Wenn ich an Verwandtschaften denke, fällt mir vor allem das französische Kino ein. Eine Kette von Namen, Truffaut, Rohmer, Godard, Eustache. Die arbeiten auf demselben Forschungsgebiet.

Es ist nicht so, daß ich dieses Thema erzwinge. Aber der Eros ist für mich der Motor jeder menschlichen Kommunikation.

Wenn Sie sogar das Genfer Gipfeltreffen als Così fan tutte *träumen: Von der Pershing träumen Sie nicht?*

Nein, mein Thema ist immer, zum Beispiel bei *Macbeth*: Wieweit wird eine politische Entscheidung beeinflußt vom intimsten Leben? Sind das wirklich immer nur pragmatische oder realpolitische Überlegungen? Oder wird auch der Politiker gesteuert von Empfindungen, die er sich selber nicht eingesteht. Es kann doch beides nicht voneinander getrennt sein. Ich glaube, jede Entscheidung ist von der Erotik bestimmt, vom Mangel oder vom Nicht-Mangel.

Nehmen Sie denn überhaupt vom politischen Leben Kenntnis? Lesen Sie Zeitung? Schauen Sie Tagesschau? Unsere Politiker, was sagen die Ihnen?

Ich habe das Gefühl, sie sind nicht sie selber. Man hat das Gefühl, sie sagen immer, was schon abgesprochen ist. Alles ist vorgeprägt. Alles scheint mir vollkommen anonym zu sein.
Aber ich imitiere sehr gern Politiker. Ich kann sehr gut, glaube ich, Kohl nachmachen, auch Vogel. Immer, wenn ich Leute sehe, versuche ich, sie zu verstehen – zu verstehen, indem ich sie imitiere. Es ist eine Form von Theater, die da im Parlament stattfindet. Man lernt etwas über Darstellungsprobleme. Ganz selten nur hat man das Gefühl, ein Politiker spielt und lebt gleichzeitig; immer weiß man schon Sekunden vorher, wie er gleich antworten wird auf eine störende Frage. Man weiß schon, mit welcher Kopfwendung er sie abwimmeln wird. Man sieht, wie er jede Geste, jeden Ausdruck trainiert hat.

Ist das zum Fürchten?

Es ist zum Fürchten, wenn man die Köpfe im deutschen Bundestag sieht; diese vollständige Anonymität und Austauschbarkeit, diesen Mangel an Gesichtsausdruck. Warum kann ein Politiker nicht ein Intellektueller sein? Warum müssen das immer Leute sein, die so blaß, so managerartig, so vollständig belanglos sind? Das finde ich eigentlich tragisch.

Sie sind so deckungsgleich mit einem System, das funktionieren muß. Sie sind wie Angestellte. Das sind einfach anständige Leute, die wollen, daß es weitergeht. Mehr nicht.

In Shakespeares Königsdramen, da gibt es ein Begehren, das auch politisch ist. Eine Gier. Sind diese Stücke Ihnen ganz fern?

Sie sind mir nicht fern, aber ich weiß noch nicht, wie ich sie bewältigen könnte. Ich habe eine Ehrfurcht vor den Monumentalstücken. Ich habe eine Ehrfurcht vor Theatermonumenten. Irgendwie mag ich Monumente nicht. Ich glaube, es gibt prädestinierte Regisseure für Theatermonumente. Ich würde nie Monumentalstücke machen. Wenn ich zwanzig Leute auf der Bühne habe, weiß ich überhaupt nicht mehr, was ich machen soll. Zehn, das ist das Maximum. Mehr Leute auf der Bühne mag ich nicht.

Ist Ihnen jemals eine Massenszene gelungen?

Nein, nie. Doch: in *Yvonne* von Gombrowicz. Aber gibt es eigentlich Stücke über die Liebe mit dreißig, mit fünfzig Leuten auf der Bühne? Auch Stücke wie *Macbeth* sind für mich ein riesiges Problem – diese Soldaten, diese Kampfszenen. Außerdem ist man vom Film her so verwöhnt, durch große Action-Szenen, durch Massenszenen. Im *Weiten Land* von Schnitzler sind natürlich viele Leute auf der Bühne. Immerhin fünfzehn. *Das weite Land* ist ein komplizierterer und größerer *Reigen*. Und es gibt keine Figur, die nicht in irgendeiner Weise verflochten ist mit der anderen. Es war ungeheuer kompliziert, aber es ging; denn das ist mein Lieblingsstück.

Warum?

Das weite Land ist eines der geheimnisvollsten Stücke. Es hat eine unendliche Tiefe, so verwirrend sind alle Figuren aneinandergekettet. So war auch mein Leben: Ich habe immer in den kompliziertesten Verwicklungen gelebt. Ich kann nicht gleichzeitig ein Liebesleben führen und inszenieren. Wenn man sich verliebt, dann gibt es nichts anderes. Wenn man inszeniert, dann gibt es nichts anderes. Vielleicht habe ich deshalb immer meine Lieben zerbrochen vor einer Arbeit, unbewußt; die Liebe zerbrach, ging in etwas anderes über. Ich habe nie stabil gelebt, am stabilsten war am Ende immer meine Arbeit. Bei der fühle ich mich auch am ruhigsten. Wenn ich ein Stück inszeniere, bezieht sich alles, was ich erlebe, was ich lese, zentrifugal auf das Stück. Ständig passiert etwas, das mit dem Stück zu tun hat.

Als ich zum Beispiel *Macbeth* inszenierte, bin ich von einer Wahnsinnigen zwei Jahre lang verfolgt worden. Sie hat mich am Telefon verfolgt. Sie hat mir Tonbänder geschickt. Nie bekam ich sie selbst zu sehen. Dann hat sie mir obszöne Briefe geschrieben, antisemitische, pornographische, rassistische, alles. Das war wie im Stück, das war der Fluch des Stücks. Einmal, als ich nachts nach Hause kam, stand im Garten vor dem Haus eine Gestalt im Brautschleier. Sie hat die Tasche aufgemacht, ich dachte, sie hätte eine Pistole. Ich habe eine Angst bekommen, ich bin weggerast. Schließlich habe ich mich sogar von der Polizei nach Hause begleiten lassen. Freundinnen von mir hat sie tote Vögel in den Briefkasten geschmissen. Das hat zwei Jahre gedauert, und es war genau um das *Macbeth*-Stück herum. Ich war in Panik, ich ging nicht mehr auf die Straße vor Angst. Aber alles war mit dem Stück verbunden. Nie wieder werde ich dieses Stück anrühren.

Als ich anfing, die *Fremdenführerin* zu machen, lernte ich ein junges Mädchen kennen, traf mich mit ihr ganz selten, vielleicht zwei- oder dreimal. Danach wollte ich sie nicht mehr sehen. Drei Nächte lang hat sie vor meinem Haus gelagert, genau wie das Mädchen bei Botho Strauß. Ich habe das Gefühl, während ich ein Stück inszeniere, vermischen sich das Leben und das Theater auf eine magische Weise. Das passiert mir immer wieder.

Wenn man sich ständig (denkend, fühlend, handelnd) in Welten zwischen Così fan tutte *und* Triumph der Liebe *bewegt, wird man da zum Spezialisten für erotische Experimente? Korrumpiert das nicht das eigene Leben? Wird man nicht zu raffiniert?*

Manchmal, wenn ich verführen will, höre ich mich inzwischen verführen, da halte ich mich nicht aus. Dennoch wird man, glaube ich, nie geschickter, nie klüger, was das angeht. Nur wenn man arbeitet, weiß man mehr, denkt man, man ist klüger. Was man erleidet, was man verdrängt. Das Inszenieren ist wie ein analytischer Prozeß.

Und dieses dauernde überscharfe Hingucken bei der Arbeit, das ja auch etwas Künstliches ist, wird man das los?

Es ist ganz merkwürdig bei mir, viele Freunde bemerken das: Ich bin kein sehr anwesender Mensch. Ich nehme sehr viele Eindrücke auf, ohne sie zu verarbeiten. Erst nachts, bevor ich einschlafe, rekapituliere ich meinen Tag, versuche mich an jedes Detail zu erinnern. Und am Morgen, wenn ich aufwache, versuche ich, meine Träume zu rekonstruieren, sie aufzuschreiben. Es ist eine gefährliche Weise, so zu leben; ich lebe wie eine offene Wunde. Manchmal bin ich ganz apathisch vor Eindrücken.

Wenn ich Peter Handkes Bücher lese, wie er die Empfindungen beobachtet, denke ich manchmal, der lebt ja wie ein Theaterkritiker: sitzt an der Vorderkante des Stuhls, mit einem Notizblock auf den Knien, und hat ständig diese neurotische Aufmerksamkeit, die die Spontaneität bedroht. Wenn man bei den anderen Menschen den ersten falschen Ton, die erste falsche Geste immer sofort wahrnimmt, wird man schnell bitter.

Ich finde das ungerecht. Jeder muß peinlich sein dürfen. Es gehört zu unserer Gattung. Wenn es mir passiert, versuche ich, mich durch die Flucht nach vorn zu retten – bis es so peinlich ist, daß es wieder geht. Die Theaterarbeit soll einen auf eine gute Weise klüger machen, nicht geschickter. Man versenkt sich in eine Welt, aus der man nicht so herauskommt, wie man vorher war. Ich habe nicht das Gefühl, daß ich durch das Theatermachen schlauer oder lebensfähiger geworden bin. Ich kann mich heute vielleicht, als sogenannter Star, besser vor Leuten schützen. Eigentlich hasse ich es, wenn bekannte Leute sich arrogant benehmen. Doch manchmal muß man es tun, bei Leuten, die einen regelrecht belagern. Man kriegt sie nicht mehr weg. Sie stehen einfach da. Dann benimmt man sich wirklich brutal. Das geht gar nicht anders.
Morgens auf die Probebühne zu kommen, das empfinde ich zunehmend als sehr schwer, als sehr mühsam. Die Verstellung. So viele verschiedene Menschen mit so vielen verschiedenen Spannungen. Ich ver-

suche morgens, wenn ich aufstehe, bis zur Probe unangegriffen zu sein. Ich würde gern erhalten, was in der Nacht war. So daß nichts dazwischenkommt. Deshalb fällt es mir auch sehr schwer, auf die Dauer mit jemandem zu leben. Vor der Probe ist alles für mich eine Störung.

Also müßte sich das Ensemble um Ihr Bett versammeln, warten, bis der Regisseur aufwacht.

Das Schwierigste ist, daß man beim Inszenieren so viele Spannungen aushalten muß – ein riesiger Energieverbrauch. Man hat mit Menschen zu tun, man kann nicht spannungslos sein. Zum Beispiel Libgart Schwarz, eine Schauspielerin, die ich bewundere, mit der ich gern arbeite. Sie muß am Anfang der Probe dem Regisseur gegenüber eine fast unglaubliche Spannung aufbauen – also nichts, was mit der Freundlichkeit des Morgens zu tun hat, mit Versöhnung. Es gibt nichts Schrecklicheres, als am Morgen eine Probe anzufangen. Deswegen verzögere ich immer den Probenanfang, es wird sehr viel Tee getrunken, bis es losgeht. Früher hatte ich eher das Gefühl, den Regisseur zu spielen. Jetzt spiele ich überhaupt nicht mehr den Regisseur. Früher war es für mich schon von Bedeutung, hinzukommen auf die Probe, der Regisseur zu sein; es war auch eine Rolle, es hat mir auch Spaß gemacht. Das verbraucht sich aber schnell.

Was ist denn größer geworden, die Angst oder das Selbstvertrauen?

Mein Selbstvertrauen, mit Schauspielern zu arbeiten, ist größer geworden. Meine Angst, mit einer Inszenierung das Richtige zu treffen, ist auch größer geworden. Das handwerkliche, das technische Moment, das ist durch die Arbeit besser geworden, da habe ich nun mehr Selbstvertrauen. Wovor ich mehr Angst habe, pathetisch ausgedrückt: Ich will mir nicht einbilden, daß etwas die Wahrheit ist. Wenn man auf der Probe über Szenen redet, über Situationen redet, hat man immer wieder das Gefühl: Vielleicht ist aber auch das Gegenteil die Wahrheit.

Wenn Sie sich mit sich selber vergleichen, mit Ihren Anfängen vor fünfzehn Jahren, was ist da anders geworden? Also: die berühmte Frage nach der Entwicklung.

Wenn ich ein Stück mache, habe ich heute mehr Vertrauen, daß etwas von selbst passieren kann. Ich habe nicht mehr so unbedingt das Gefühl, ständig sagen zu müssen: Ich bin's, der es macht. Das ist nicht das Problem. Aber: Ich bin nicht jemand, der sich vollkommen freuen kann. Meine psychische Disposition ist eher, daß ich zu Depressionen neige, und zwar zunehmend. Ich kann zunehmend weniger mit Pausen zwischen den Arbeiten etwas anfangen. Ich tue mich sehr schwer, ich bin sehr unruhig, wenn ich nicht inszeniere. Für mich ist es immer mehr ein Glück, zu proben. Außerdem ist es in einer Stadt wie Berlin doch furchtbar, wenn man nicht arbeitet. Ich gehe ungern durch die Straßen, nehme mir lieber ein Taxi. Das geht mir zunehmend so. In Paris ist das anders. Hier gehe ich gern in die Metro: Rote, Weiße, Gelbe, eine Gesellschaft, die vollkommen gemischt ist, zerklüftet.

Vielleicht ist es dieser Mangel an Zerklüftung, weshalb in Deutschland soviel Theater und Kunst passiert, weil das Land so was von untheatralisch ist. Das Leben drumherum hat keinen Appeal, hat keinen Glanz. Die Dinge sind so verlottert. Die Filme, die man sehen will, sind deutsch synchronisiert, also kann man nicht einmal ins Kino gehen in Deutschland. Und auch die Seitenstraßen von Berlin, die ich eigentlich mochte, haben jetzt alle Boutiquen, schicke Boutiquen, wie die Pilze gedeihen die. Eine Kneipe nach der anderen, weiß angemalt, mit Neonlicht. Wie Las Vegas. Hier in Paris gehe ich viel lieber spazieren, in dieser Stadt ist man bereit, viel größere Wege zu gehen. Ich glaube, das deutsche Theater hat deshalb immer diese Tendenz zu Schönheit, zu Form, zu Rhythmus, weil es sich der Welt außen widersetzen möchte.

Was Sie über Berlin sagen, erinnert mich an Botho Strauß, an den zunehmenden Gegenwartshaß in seinen Texten. Spüren Sie etwas Verwandtes?

Strauß ist der absolute Démystificateur. Aber er ist auch einer der wenigen, die ich kenne, der über die Realität um uns herum unglaublich informiert ist, der Bescheid weiß über die Entdeckungen der Wissenschaft, über Genetik, Biochemie, Astronomie. Man hat ja dieses Bild von Botho Strauß: jemand, der ganz wie eine Pflanze zurückgezogen ist, um nur ja nichts mehr mit dieser niedrigen, verletzenden Welt zu tun zu haben. Dabei ist er jemand, der ein Wissen hat, das exzessiv modern ist, sehr gegenwärtig. Er ist einer der unerbittlichen und sarkastischen Menschen, mit viel bösem Humor. Aber er macht sich rar, und das darf man ja wohl nicht. Er verstellt sich gar nicht dabei. Er braucht sich gar nicht zu verstellen. Wahrscheinlich braucht er auch das Gefühl, in einem Gefängnis zu leben und zu leiden, um produzieren zu können.

Ein Quiz: Welches war die schönste Szene aller Ihrer Inszenierungen, welches die peinlichste. Sie haben eine Minute Zeit.

Meine beste Szene war in Köln – die Rückkehr von Macbeth und Lady Macbeth nach dem Mord an König Duncan. Meine peinlichste war die Rüpel-Szene in Mussets *Man spielt nicht mit der Liebe*. Oder die erste Gesellschaftsszene im *Platonow*. Oder die Hotel-Szene im *Weiten Land*. Ganz fürchterlich. Ich finde immer nur wenige Sachen gut gelungen bei mir. Das ist jetzt nicht Koketterie. Vieles kann ich gar nicht mehr ertragen, wenn ich nur daran denke. Ich schäme mich oft, werde rot. Stolz bin ich selten. Stolz bin ich nur auf einzelne Momente. Also, die Szene in *Macbeth*. Sie waren wie Adam und Eva nach der Vertreibung. Es kam mir so vor, als sei der Mord die einzig mögliche Form der Entjungferung für Lady Macbeth und Macbeth. Sie hatten getrennte Betten. Sie ermordeten den König Duncan, und als sie zurückkamen vom Mord, waren sie nackt und blutig, und die Laken wurden blutig. Dieser Mord war für sie wie eine Erlösung. Und der ganze Raum war blau, wie ein Paradies, wie damals bei Adam und Eva. Dieses Bild war das stärkste, das ich für das Stück gefunden habe – und deswegen habe ich es auch inszeniert, für diese eine Szene. Und leider mußte ich dafür dann so viele Soldaten-Szenen machen.

Es gibt viele schöne Anekdoten und noch schönere Schreckensgeschichten über die Figur des Regisseurs – seinen Despotismus, Terrorismus. Sind Sie ein eher nachsichtiger oder eher strenger Regisseur?

Nachsichtig, glaube ich. Andererseits bin ich sehr konfrontationsunscheu; wenn irgendwas verbockt ist, dann hau ich das raus, ich bin nicht jemand, der etwas verkrampfen, verklemmen läßt. Wenn man auf die Probe kommt, darf man auf keinen Fall annehmen, daß es spannungslos und reibungslos zugehen wird. Ich glaube, mein Despotismus ist vollkommen unmittelbar, der geschieht einfach, wenn es einen gibt. Und wenn ich schlecht gelaunt bin, dann sieht man es, ich setze es nicht bewußt ein, um damit pädagogisch etwas zu erreichen. Wenn mir etwas zuwider ist auf den Proben, dann dünste ich das so aus, daß es an den Wänden klebt. Aber es ist kein Programm: Achtung, der Regisseur tritt auf, Stille! Das finde ich langweilig. Meine Proben sind chaotisch, ein Riesenchaos. Ich möchte immer überrascht werden von anderen Leuten. Nichts hasse ich mehr, als wenn Schauspieler mich nicht mehr überraschen. Wenn sie sich einfach ausruhen auf Mitteln, Wirkungen.

Eine Theaterprobe ist auch ein Vorgang von Verführung, Verzauberung, Aggression. Das Spiel zwischen Regisseur und Schauspielern ist ein erotisches Spiel – und sicher nicht das Uninteressanteste bei der Theaterarbeit. Wird man im Laufe eines Regisseurslebens klüger, oder macht man, wie im Leben, immer dieselben Fehler? Oder lernt man im Theater mehr?

Früher habe ich lauter Fehler gemacht beim Umgang mit Schauspielern. Bestimmte Eigenarten der Schauspieler (dümmliche, kindliche, panische) ließ ich nicht zu; ich akzeptierte nicht, daß jemand so beschaffen ist. Das würde mir heute nicht mehr passieren. Es ist schwierig, aber man muß es lernen: Wie versetzt man Leute, von denen jeder ganz anders ist, in eine Spannung zueinander.

Heißt das nicht, ins Schlichte übersetzt, die Schauspieler mehr zu lieben als sich selber?

Man muß die Schauspieler mehr lieben als sich selber. Aber wenn die Schauspieler anfangen, am meisten sich selber zu lieben, dann ist es auch wieder ein Problem.

Gerade sehr besondere Schauspieler erwecken immer wieder den Eindruck, daß sie von einem gewissen Punkt an uninszenierbar sind. Zum Beispiel Libgart Schwarz. Man hat als Zuschauer immer das Gefühl, daß sie auf der Bühne ihre eigenen, unvorhersehbaren Wege geht; sich nicht vollständig dem Regisseur ausliefert, sondern immer eine Art Widerstand behält.

Ich mag sie über alles. Sie gehört in die Welt, die ich gern auf der Bühne sehe. Trotz all der fürchterlichsten Spannungen, die ich mit ihr habe, weiß ich, daß nichts, was sie macht, ein Verrat sein wird. Sie wird andere Wege gehen. Sie wird mich auf den Proben nerven. Aber irgendwas ist im Kern dieser Frau, das ich zutiefst liebe, zutiefst bewundere. Ihre Phantastik, ihre Schrägheiten, ihre Legasthenie; die sind ein Teil meiner Person. Wenn ich Filme machen würde über die Welt, so wie ich sie mir vorstelle, dann müßte die Libgart Schwarz dabei sein. Sie ist jemand, deren Merkwürdigkeit, deren Skurrilität mir sehr nahe sind. Ich fühle mich von ihr vertreten.

Ich liebe die legasthenischen Schauspieler, Schauspieler, die motorische Störungen haben. Schauspieler, die eine hohe Kunst haben, aber letzten Endes doch Dilettanten sind. Die als Person geprägt sind, selber noch eine Realität haben. Keine medialen Schauspieler, die selber nichts sind und sich plötzlich in etwas verwandeln. Meine Schauspieler sind selber schon krumm, schräg, buckelig, schwarz, dunkel, mit verstellter Stimme. Wenn sie spielen, versuchen sie, ihre seltsam gebogene Persönlichkeit geradezustellen. Dadurch entsteht eine Poesie, etwas Lebendiges. Sie stehen nicht wie ein John-Cranko-Tänzer auf der Bühne. Sie stehen schon komisch. Ihre Graziosität, ihre Schönheit sind nicht prädefiniert. Sie sind nicht geschickt, sie sprechen nicht schön, sie sind schief. Sie sind wie eine Postkarte, die mit lauter Fehlern geschrieben ist. Ein Kind schreibt mit lauter Fehlern. Ich lese Postkarten, auf denen Fehler sind, aufmerksamer als schöngeschriebene Postkarten.

Denken Sie daran, was Libgart Schwarz im *Triumph der Liebe* gespielt hat, da gehörte schon eine Portion Mut dazu. Sie hat nicht das Klischee der entsagenden Nonne gespielt, sondern wirklich eine Frau – mit einer verhaltenen Sinnlichkeit, einer sich verbietenden Sinnlichkeit, die aber aus allen Poren doch herausströmte. Wie sie es da schaffte, eine Balance zu kriegen, die Figur blühen zu lassen und sie doch lächerlich zu zeigen, immer auf der Kippe, so daß man sie liebte und schrecklich fand, immer zugleich, das war eine seltene Geschichte.

Die besten Schauspieler, finde ich, sind die, deren Schauspielerei wie ein Pokerspiel ist. Ein guter Schauspieler sollte im Lauf des Spiels nicht immer die guten Karten zeigen, sondern die nicht ganz so guten. Seine besten Karten sollte er nur ahnen lassen. Ich kann die Schauspieler nicht leiden, die immer ihre besten Karten zeigen müssen. Da möchte ich gar nicht mehr mitspielen.

Ist es nicht manchmal beklemmend, all seine Tage mit Schauspielern verbringen zu müssen?

Ich habe sie gern. Ich mag sie, weil sie etwas von Poeten haben und weil sie so ausgeliefert sind. Der Schauspieler ist eine der schönsten Gattungen, ernst und schön.

Und nie das Gefühl, sie sind die Pest, das Gesindel, die Dummheit?

Nein. Auch da, wo dieses Gewerbe ekelhaft ist, finde ich es immer noch anrührend. Das Gewerbe des Schauspielers liebe ich zutiefst. Es ist eine so verletzliche Angelegenheit. Sehe ich einen Schmieranten, denke ich, gut, das ist ein Schmierant – aber ich empfinde überhaupt keinen Abscheu. Ich verstehe, wenn ein Filmregisseur sie haßt, wenn Godard sagt, daß die Schauspieler der letzte Dreck sind. Ich verstehe, daß er sich lieber mit seiner Kamera hinlegt und sie umarmt. Weil sie es ist, die das Bild, den Blickwinkel macht. Mein Verhältnis zu den Komödianten ist eher das von Fellini – ich mag sie, egal ob einer eine vollkommen krumme Nase oder schiefe Augen hat, einen hängenden Mund oder eine quäkende Stimme. Und ich denke, was bin ich denn selber? Letzten Endes bin ich der Oberschmierant. Ich könnte die Schauspieler nie hassen. Schon als Kind habe ich ihnen immer aufgelauert, an den Bühneneingängen oder auf der Straße, oder habe versucht, in die Garderoben zu kommen. Ja, sagte ich mir, das ist ein Schauspieler! Das war für mich immer das Größte.

Ich denke noch einmal an den Triumph der Liebe: *an die hohe Hecke und an das Geschwisterpaar, an Hermokrates und Leontine, die hinter der Hecke hausen. Das ist ja auch ein Gleichnis für das Theater, für die Schaubühne. Hinter der Hecke ist das Paradies, reden die beiden sich ein, hier sind wir das gewöhnliche Leben und seinen Schmutz los. Auf Luc Bondy übertragen: Was könnte von draußen einbrechen, was könnte Sie herauslocken aus dem Theater?*

Wenn jemand, den ich liebe, sehr krank würde. Sonst wüßte ich nichts. Als ich selber krank war, hat mich das auch nicht herausgeholt. Ich wüßte nichts. Auch wenn es einen Krieg gäbe, würde ich noch versuchen, Theater zu machen. Etwas anderes? Eines vielleicht: selber spielen. Die Schauspieler beneide ich; wenn ich es lernen könnte, würde ich schon gern selber spielen.

Aber dann sitzt unten ein anderer Regisseur, das kann doch nicht gutgehen...

Doch absolut. Kommt drauf an, wer.

Das heißt, der Regisseur ist nicht der Glückliche. Er ist durch die Rampe von den wahrhaft Glücklichen getrennt?

Er ist nur insofern der Glücklichste, als er wegfahren kann, während die anderen noch spielen müssen. Andererseits reist der Schauspieler, indem er spielt. Er kann ein Glücksgefühl haben, wenn er spielt. Das hat der Regisseur nicht. Der hat das Glücksgefühl, wenn er probt. Aber sonst? Ich wüßte nicht, was mich aus dem Theater herausreißen könnte. Ich wüßte keinen Ausgang.

I.

Autobiographisches
eigene Texte
Zeugnisse

Luc Bondy im Alter von 11 Jahren

Geburt: 1948, zu früh (einen Monat).

Bis 1950 in Zürich, keine Erinnerung, nur Bilder, Photographien: abstehende Ohren, die später an dem Kopf befestigt worden sind (meine Mutter meinte, ich wäre das Opfer von zu vielen Lästerzungen. Im Stil von »beim Skifahren bremst es von allein«. Heute denke ich: man muß schon Kafka sein, um solche Lappen tragen zu dürfen...).

1950 bis 1958: Paris, zwischendurch wieder Zürich.

Keine Erinnerungen. Was muß ich verbrochen haben, um so viel zu verdrängen? Oder schlief ich nervös?

Ich weiß nur noch vom Zirkus Knie, und dabei fällt mir ein, daß ich vor einem Monat in Paris folgendes gesehen habe: Ein Riese lief an einem Zwerg vorbei (oder der Zwerg an dem Riesen), das ist wohl noch seltener als eine Sonnenfinsternis.

Geschminkte Clowns fand ich nie komisch, nur solche in Zivil. Andere Erinnerung: meine Vorliebe für die Beine unserer Dienstmädchen. Das ist geblieben und wird mich nie verlassen.

1958: Eintritt in eine sadistische Rudolf-Steiner-Schule namens »Montolieu«. Art der Strafen, wobei ich die Gründe vergessen habe: Nackt in der Badewanne, Hände hinter dem Rücken, je nach Tat eine bestimmte Anzahl an Kübeln von kaltem Wasser und Teppichklopfer auf den Po. Ansonsten ging es freundlich und »eurythmisch« zu. In meinem Zeugnis lese ich folgendes: Gartenbau: »Ach! Wenn Luc doch so intensiv am Leben der Erde und dem Wachstum der Pflanzen Anteil nähme wie an der Vernichtung der Würmer und Larven!« Vielleicht war ich ein Sadist!

Nach anderthalb Jahren anthroposophischer Lehrzeit: Erste Zweifel! An mir, an der Schule, an der Welt. Ich rufe: Hilfe! und werde zwei Tage darauf abgeholt. Wieder reißt der Film ab. Jetzt sehe ich mich in einem finsteren Saal, draußen ist es Herbst (für ein Kind, das die Schule haßt, ist draußen immer Herbst), ich schreibe ein Diktat: doch bei dem zweiten Satz blutet mein Füllfederhalter seine ganze Tinte aus, es hört nicht auf, und die nächste Erinnerung, die darauf folgt, ist wieder Herbst, der Schulhof: Ich erhalte den Prix de Consolation, d.h.: Trostpreis!

Mit zwölf komme ich nach Südfrankreich, in die östlichen Pyrenäen. Die Schule ist spartanisch (Mischung aus Calvinismus und Kommunismus), ruht in einer Hügelbucht, fern, sehr fern von einer größeren Stadt (Perpignon), und war einmal ein dominikanisches Kloster. Dort blieb ich sieben Jahre, und es war die schönste Zeit meiner Kindheit, weil ich im gleichen Maß Freude und Leid erlebt habe. Um die Weihnachtszeit wurde jedes Jahr ein Theaterstück für die Eltern und Freunde vorgeführt, das eine unserer Erzieherinnen inszenierte.

So ereignete sich im zweiten Jahr meines Aufenthalts, daß ich in einem Stück des indischen Dichters Rabindranath Tagore, *Amal oder der Brief an den König*, meine erste Rolle erhielt. Ein Sklave. Und der hatte folgenden Monolog: »Rufen sie Boumboum!« Das war's. Auf dem dünnen Schreibmaschinenpapier unterstrich ich mit fettem Rot den zu lernenden Satz »Appelez Boumboum!« Um vor mir selbst wie den andern meine Pein, eine Wurze zu spielen, zu verstecken, gab ich mir die erdenklichste Mühe, die Rolle gut vorzubereiten. »Rufen Sie Boumboum« studierte ich jeden Abend nach dem Mahl in unserem Lesesaal … bis ich den Satz vergaß und dann den guten Grund fand, ihn wieder zu lernen. »Warum liest du kein Buch, Luc?« Ich studiere meine Rolle!, gab ich als Antwort und beugte mich wieder, kopfkratzend, über das Blatt Papier.

Als das Stück aufgeführt wurde, dort in den östlichen Pyrenäen, brachte ich mit solcher Inbrunst und Stolz jenen Satz vor, daß sogar ein Zuschauer nach dem Schüler fragte: »Wer war der Sklave?« In einer Schauspielerbiographie wäre dieser Zuschauer ein Agent oder ein Regisseur, und ich wäre endlich entdeckt worden. Trotzdem handelt es sich 1960 um meinen ersten Erfolg.

Ich verließ 1967 La Coûme ohne Matura und kam nach Paris. Erste Zigarette, erste Frau, erster Rausch, ah, die Freiheit! Von 1967 bis 1969 Schauspielschule Jacques Lecoq. Dort lernte ich auch oder unter anderem Pantomime. Heute möchte ich folgendes sagen: Ich hasse die Pantomime, halte sie für die geschwätzigste und überflüssigste Kunst überhaupt. Welchem Dramatiker würde es nur einfallen, eine seiner Figuren auf der Bühne sagen zu lassen: »Ich öffne jetzt fünf Knöpfe meiner Weste und steige anschließend die Treppen hinunter, um ein Taxi anzuhalten. Anschließend öffne ich die Tür des Wagens und schließe diese Tür wieder von innen!«

1968: In der Masse, Herzklopfen, große hysterische Eindrücke. In der Sorbonne sah ich Sartre, der über Marcuse sprach; Jean Genet, der gesagt hat: »Der Leim stinkt, der alles klebt« (etwa). Er wollte damit nichts zu tun haben. Ich sah den großartigen Politiker Pierre Mendès-France von vielen Studenten umringt und wie ein Gott in die Aula der Sorbonne begleitet. Da der gesamte Verkehr brachlag (Streik) und die Taxis sich weigerten, verdächtige Achtundsechziger mitzunehmen, habe ich Paris zu Fuß kennengelernt. Das war schön!

Ich besuche 1968/69 gleichzeitig die Internationale Theater-Universität. Begegnung mit dem inzwischen verstorbenen Regisseur Victor Garcia. Ein kleiner gewalttätiger Mann, der auf die Bühne sprang wie ein Satyr, um die Schauspieler zu verprügeln. Die Ergebnisse waren eindrucksvoll.

In Zürich zwei wichtige Erfahrungen. Ich beobachtete Proben von Jorge Lavelli: *Yvonne* von Gombrowicz. Ab da wollte ich Regisseur werden. Mich beeindruckte vor allem die sogenannte Chorregie, und nur durch sie erfaßte ich, was Regie eigentlich ist: Form. Für mich galt psychisches Leben gar nicht. Von Artaud und dem argentinischen Kreis in Paris beeinflußt sowie beindruckt, hielt ich Seele und Psychologie im Theater für abgeschmackt, altmodisch und, vor allem, schädlich. Ich wiederholte gerne Artauds Sätze über den Voyeurismus der Zuschauer usw. An Lavelli gefiel mir die Ruhe, mit der er eine ganze körperliche Maschinerie auf der Bühne in Gang setzte. Magie, daß einer unten wenig sagt, leise spricht und daß auf der Bühne darauf unglaublich zauberhafte Dinge geschehen. Dieses Phänomen beeindruckt mich immer noch.

Zweiter Eindruck: Im Sommer 1969 assistierte ich Eugène Ionesco am Zürcher Neumarkt-Theater. *Opfer der Pflicht* hieß das Stück. Ich diente dem Dichter vor allem als Übersetzer und war so beeindruckt von Ionescos Humor, Sprechweise, Bewegungen, daß ich ihn unbewußt nachahmte. Bis in den Suff hinein ... Jeden Abend stürzte ich besoffen ins Bett. Ionesco ist sicher kein Regisseur, doch als er auf die Bühne hinaufstieg, um den Schauspielern etwas vorzuspielen, war er ein genialer Darsteller seiner Figuren. Ein Clown, der seine Sätze so unschuldig vorbrachte, daß sie gar nicht anders hätten dargestellt werden können. Jeder Satz wurde evident dadurch, theatralisch, schön. Das verstanden die Schauspieler nicht.

Eines Tages erschien Ionesco auf der Probe; er fragte: »Où est ma trappe?« (Wo ist meine Versenkung?) Der Bühneninspizient verstand die Frage nicht. »Wo ist meine Versenkung? Meine Versenkung ist verschwunden, holen Sie den Theaterdirektor!« Herr Rellstab erschien. Ionesco: »Meine Versenkung ist weggeschafft worden.« – »Aber nein«, antworteten alle. »Befehlen Sie, daß wir sie in dem entscheidenden Moment öffnen, und sie wird da sein!« Man hatte keine Zeit, Ionesco den Vorgang vorzuführen, er hatte schon seinen Hut genommen und war verschwunden. Ich rannte ihm nach, traf ihn am Kunsthaus: – »Eugène, la trappe est là!«, worauf er traurig, todtraurig mich anschaute und sagte: »Du Verräter! Ich wollte heute nicht proben!«

Heute erscheint mir die Lust, einmal die Probe zu schwänzen, nur selbstverständlich, obwohl ich kaum den Mut aufbringe, es in die Tat umzusetzen. Oh! wie oft wäre ich lieber zu Hause geblieben – in meinem Bett z.B. – und hätte auf den guten Tag gewartet, wo das Proben wie Musik ist, wo die Dinge ganz selbstverständlich entstehen und doch Überraschungen sind. Vor jeder Probe fürchte ich mich, aber diese Furcht ist gleichzeitig – ich muß es gestehen – gemischt mit einer Art Vorfreude. Eine Vorfreude eben auf Überraschungen, Ungewöhnliches, Irritierendes, etwas, das der absolute Feind des Alltags ist, der Banalität.

Meinen ersten Vertrag erhielt ich als Regieassistent am Thalia Theater Hamburg von dem inzwischen verstorbenen Boy Gobert. Ich machte mir überhaupt keine Vorstellung davon, was dieser Halb-Beruf bedeutete. Ich wollte einfach lernen (damals glaubte ich daran) und auf keinen Fall Kaffee für den Regisseur holen; nur lernen, wie es im Theater, auf der Bühne, im Schnürboden, in den Kulissen und im Zuschauerraum zugeht. Allerdings machte mir bald das Kaffeeholen mehr Spaß.

1970: Eine letzte Begebenheit. In meinem Vertrag stand auch Schauspielerverpflichtung, und eines Tages wurde dieser Paragraph wahrgemacht. Ich sollte die Titelrolle in dem Weihnachtsmärchen *Klaus Klettermaus im Hackebackewald* spielen; mein Kumpan, die andere Ratte, war Paul Burian. (Nebenbei: Der Schauspielergewerkschaftsführer war Vater Bär, und Vater Bär war während der Vorstellungen immer betrunken. Paul Burian sagte: »Vater Bär ist blau«, und schon konnte ich vor Lachen nicht mehr weiterspielen.) Wir mußten tanzen, Gitarre spielen dabei, lustig sein, die Kinder charmieren und den Zuschauerraum füllen. Ich trug zwei riesige Stoffohren und hinten einen biegsamen Draht mit Stoff umhüllt, den langen Mausschwanz. Ich war zu dieser Zeit in eine Ballettmeisterin verliebt, sie nicht nur in mich. Der andere lebte fern von Hamburg, und wenn er zu Feiertagen meine und seine Geliebte besuchte, durfte es mich nie gegeben haben, durfte ich nicht einmal telefonieren. Unmäßig war meine Eifersucht, und er erschien gerade in der Zeit, als ich nachmittags todtraurig meine Klettermaus gab!

Ich saß mit meinen großen Ohren und mit dem gewundenen

Schwanz in der Garderobe und verfaßte Liebes- und Eifersuchts-
briefe an die Tänzerin, draußen schneite es, und ich weinte vor
jedem Auftritt.

1971 fing ich zu inszenieren an, habe seitdem nicht aufgehört.

ZEUGNIS

für **Luc Bondy** _____ Klasse **6** Schuljahr 19**60|61**

geboren am **17.7.1948** in **Zürich** _____ Eintritt **3.9.1958**

HAUPTUNTERRICHT

Sofort begeistert für eine Idee und dabei übersprudelnd, kann Luc für eine Klasse wunderbar anregend sein. Dazu müsste aber weiter noch gehören, dass er im rechten Moment sich zügeln und beruhigen kann!

— Luc! Du siehst doch, wie nach einer langen, langen Winterszeit im Frühjahr plötzlich die grünen Blätter aus dem Boden hervorwachsen! Sie können das nur, weil während vielen Wochen in den Wurzeln Kräfte gesammelt wurden.

— Was passiert aber, wenn so ein Zappelgeist unruhig, ungeduldig ist und immer gleich alles der Welt verrät, was da im Innern vorgeht? Da lässt er den Gedanken ja gar keine Zeit, richtig stark und gross zu werden und sie kommen dann immer im unrichtigen Moment heraus und richten Verwirrung an. — Achte auf das, was Du hörst, denk lange darüber nach und sag nur, was nötig ist, dann wirst Du gute Freunde finden und in der Schule viele schöne Schritte vorwärts machen.

Du warst doch in der Geometrie und auch beim Rechnen so fleissig und bist schön vorangekommen. Auch in der deutschen Rechtschreibung geht es viel besser, Du schreibst ja sogar Diktate mit; und wenn wir Geschichte oder Geographie hatten, dann warst Du immer begeistert dabei.

   Aber das Nachdenken, Luc, das wollen wir nun auch noch lernen!   v. Rindler

Französisch La dernière page de cahier que Luc a écrite avait un aspect clair et ordonné, fait encourageant pour lui et pour nous. L'été passé Luc avait été l'interprète pittoresque d'un va- -let de Molière. O. Wendet.

Englisch Luc saisit la langue avec une certaine facilité. Lorsqu'il embrasse un sujet tel que 'Julius Cäsar', il s'applique même à apprendre. J. Iff

Eurythmie Luc möchte gerne alles können, aber es gelingt ihm noch nicht, dabei zu bleiben und aus eigener Kraft durch- zu halten.
  T. Kuhl

Musik und Gesang Luc spielt nun einfache Melodien auf der c-Flöte. Er ist eine rechte Stütze in der Anfängergruppe geworden. v. Rischler

Malen und Zeichnen Luc's Hände sind vorsichtiger und sanfter geworden, schon recht liebevoll gehen sie mit den Farben um. v. Rischler

Turnen und Sport Luc sait, qu'il ne tient qu'à lui-même que lui et les autres vient de la joie à la gymnastique. J. Iff

Handarbeit Manchmal muss man lange lange probieren, dabei werden die Finger geschickter — und dann geht es plötzlich mit der Arbeit voran! v. Rischler

Handwerk Luc hat sich in der Werkstatt von der großen Ahnungslosigkeit befreit.
Wenn er schweigt, arbeitet er gut. J. Kischler

Gartenbau Ah! si Luc pourrait participer aussi intense ment à la vie de la terre et à la croissance des plantes qu'à extermination des vers et des larves. J. Iff

35

Hauswirtschaft und Kochen

grec. Luc a pris part aux combats de Marathon et des Ther-
-mopyles.   O. Coendet.

Religion Deutsch. Luc vergibt die Möglichkeit, nicht nur
deutsch zu sprechen und zu verstehen, sondern
auch zu schreiben durch sein dauerndes
Zappeln und die vielen anderen Interessen
während des Unterrichts.   J. Berghoff

FÜHRUNG IN HAUS UND FREIZEIT

On serait tenté de dire que Luc reste cette
graine emplumée et tourbillonnante que le moindre
souffle détourne du sol où elle devrait se fixer.
Mais ce ne serait pas tout à fait exact: Luc, au
cours de cette année, a acquis un peu d'oreille
et se laisse plus facilement ramener par ses maî-
-tres vers le centre d'intérêt que la vie lui pro-
-pose. Il apprendra peu à peu a y revenir de lui-
-même.   O. Coendet.

Chamby, den 26 mars 1961

«MONTOLIEU»
Ecole - famille
CHAMBY s/MONTREUX

Der Klassenlehrer: *Für die häusliche Betreuung:*

V. Rischler   V. Rischler

Für die Leitung der Heimschule:

R. Kubli

36

Hamburg, den 5.3.1969

Herrn
Luc Bondy
38, rue du Dr Blanche

P a r i s   XVIème

Lieber Luc Bondy,

es ist mir eine Freude, Ihnen nun heute einen Vertrag
an das Thalia-Theater anbieten zu können.

Ich möchte Sie als Schauspieler-Anfänger im 1. Jahr
und Regie-Assistent für die Spielzeit 1969/70 ver-
pflichten. Der Vertrag beginnt am 1. August 1969 und
endet am 31. Juli 1970. Als Monatsgage kann ich Ihnen
DM 700.-- (in Worten: siebenhundert) zusagen.

Bitte lassen Sie schnell von sich hören, ob Sie ein-
willigen wollen, dann geht Ihnen umgehend der ausge-
schriebene Vertrag zu.

Herzliche Grüße

Ihr

Roy Gobert

Rechtsträger: Thalia-Theater GmbH · 2000 Hamburg 1 · Raboisen 67 · Fernsprechnummer: 321936/39 · Auswärtige Gespräche 321930

37

Luc Bondy, 1976

GEDICHTE

AUTOUR DE MOI ÇA AGONISE

Autour de moi ça agonise
A l'intérieur de l'appartement les portes sont toutes closes
parce qu'à l'intérieur des chambres, les voilà qui agonisent.
Et je renonce aux visites.
Même si mon père n'était pas relié au plafond par un filet de morve
sèche, je renoncerais aux visites.
Et je reste devant la porte.
Et j'écoute devant la porte.
Les mouches éclatent
Aux toilettes les corps qui exagèrent
Les délires en aphorismes
Le lustre du salon qui s'accroche à d'autres plafonds

Et je perçois devant la porte:
Le puzzle de leur crâne qui n'existe que par d'autres
Les pas qui s'éconimisent pour garder la pesanteur
Le Larousse d'où ils sortent mais ne rentreront plus
Et je perçois devant la porte:
Les mouches qui retombent au sol

Et mes bras tombent dans un ralenti conspiré
Et je soulève le tapis au palier de la porte
Et l'agonie remonte en douce par les grilles
Et je me tiens au loquet de la porte
et le loquet de la porte tombe dans un ralenti conspiré

Et je m'emprisonne dans la grille
Même si le furoncle de mon père me remontait pas le long des murs
Même si les aphorismes du délire étaient improbables
Je m'emprisonnerais dans la grille
Et je perçois devant le fer:
Des souvenirs évoqués qui sont des mensonges silencieux
Des mots qui sont dits et reviennent dans leur bouche
Des veines en relief qui contiennent du sang figé.

39

CE PORC DE BONDY

M'éveille moi
Me chatouille de joie moi
Et ainsi de suite
Voilà
La rosée a pour moi
Fonctionnée cette nuit
Tout mon corps lavé
Rincé essoré
Ce qui est
Bien rare pour moi
Ce porc de Bondy
Ce porc de Bondy

Ça me rappelle quoi
Eh bien
Ça me rappelle quoi
Pourtant pas moi
Pourtant pas moi

Au pays: J'avais l'habitude
Moi
D'empuer
Moi
Tout ce que je
Frôlais, mangeais, regardais (moi, moi, moi)
Moi
Ça faisait bien rire ma famille
Surtout qu'elle me sentait elle-même à d'autres familles

M'éveille moi
Me chatouille de joie moi
Et cetera-moi.

MEMBRE SANS REFLEXIONS

C'est pathétique de rire
d'une main funèbre
Posée là
Blême
Sans intention
On la vérifie
Posée là
Sur la cire d'une bougie
Qui offre ses lueurs
Aux lignes moins complexes
De nos paumes décédées
C'est pathétique de dire
Que l'Intelligence
Fuyait par nos doigts
Et qu'une main n'est qu'une main
Si Poète soit-elle.

DE CELLE-CI COMME DES AUTRES
(JOUR PENIBLE)

Elle est:
Odieuse
Gluante
Malheureuse
Repoussante

Elle a:
Des yeux en peau d'ongle
Des oreilles en goudron
Des seins qui se jonglent
Des réflexions en coton

Elle pue:
Le Beurre-Thé Thibétain
Un cigare oublié
Comme une douleur au rein
Comme les déchets d'un bébé

Elle dit:
Des inflammations en Politique
Des néants en Bouffonnerie
Des tristesses en Cybernétique
Des émeraudes en Connerie

Elle peut:
Utiliser ma pesanteur
Conclure mes rêves
M'octroyer la terreur
S'appeler Marie-Eve

Oh! vinrent ses filles identiques, une aiguille au poing, percer mes projets de métaphysiques.
Les idiotes!

ENTR'ACTE

J'ai vu:
Héraclite traverser une rivière
C'est vrai
Il n'était plus le même de l'autre côté.

Je suce
ma main
Pour
Prouver l'existence de
mon
Pouce

FATALE FAMILLE

Mon grand-père est mort dans un duel.
Ma grand-mère est morte en apprenant que mon grand-père était mort dans un duel.
Mon père épouse ma mère.
Mais quand il apprend que son oncle lui avait caché les raisons de la mort de son père, mon grand-père donc de sa mère, ma grand-mère, il l'accuse de meurtre légitime de son père et le demande en duel.
Il prend le mauvais pistolet qui n'est qu'un sabre et il meurt transpercé par le sabre de mon oncle qui est un pistolet. Ma mère, témoin de cette corruption d'armes, ma mère fraichement mariée, fraichement »mère«, se jette sur mon oncle, son beau-frère, l'étrangle pendant quelques minutes et il meurt. Ma mère pleure.
On ne peut plus l'arrêter et elle pleure toute l' eau de son corps.
Aussi la transporte-t-on à l'hôpital. Aride, elle y meurt.
Je prends ma machine à écrire du désespoir
et je me la flanque sur la poire.

Freitag, Nefta 1976

Das Fell der weißen Hunde: ihr Bellen in der Nacht und meine spätere Unruhe. Unsere Augen ins Imaginäre hineinverwirrt. Plötzlich DER WAFFENSTILLSTAND. Das ist so, als wären derselbe feine Boden, dieselben glitzernden Sandkörner der Wüste in meinen Bauch hineingerutscht, und sie drückten fest auf meine tausend empfindlichen Nerven, mit denen mein Leben mir so schwerfällt.

Samstag, Nefta 1976

Ich schreibe ein Tagebuch: Ihr dürft alle drin lesen. Anschließend, meine Damen und Herrn, werden wir meine Narbe besuchen: Sie beginnt bei der sogenannten Blase und mündet ein wenig oberhalb des Bauchnabels, meine Damen und Herrn.

Aber der Touristenführer zeigte uns den Sonnenuntergang von einer Düne aus: »Die Sonne«, sagte er, »wird hinuntergesaugt, und der Mond, heute der Mond der vierzehnten Nacht, steht ihr gegenüber... On dirait, Messieurs et Mesdames, qu'ils se sont donnés rendez-vous.«

Jetzt kann ich gar nicht mehr ernst werden. Wir sind noch Samstag, erlaubt mir bitte, auf den Sonntag zu springen.

Sonntag

Es ist noch nicht Sonntag, aber ich bin schon da. Es geht mir gut. Der Tag kündet sich freundlich an. Es ist ein wenig kühl, und das Licht ist grau. Ich denke jetzt oft an diesen Vers von Else Lasker-Schüler: »Und der bleierne Schatten, der niederfällt, wiegt grabesschwer.« Erst dann sage ich mir das ganze Gedicht auf.

Es fängt so an:

> Es ist ein Weinen in der Welt
> als ob der liebe Gott gestorben wäre.

Ich kann sehr wenig mit dem neuen Tag anstellen: noch ist alles zu. Es fröstelt der König der Halblichtwelt: Die weißen Hunde bellen immer noch. Rufen sie MICH etwa? Es sind die Schneeschlangen der Wüste. Ich träumte, daß mir jemand zuflüsterte: »Zünde ihr Fell an, oh bitte, zünde ihr Fell an!«

Ich habe viele Briefe geschrieben. Und meine Inszenierung? Die habe ich vernachlässigt. Diese Landschaft paßt einfach nicht zur *Wupper*. Ich habe mir nur gemerkt, wie die Eingeborenen vor ihrem Haus sitzen. Am Boden, unbeweglich wie Reptilien. Es bewegen sich nur die Augenlider. Regelmäßig schnappen sie nach Finsternis. Ich wollte gerne die Familie Pius auch so vor der Haustür leben lassen. Jeder für sich, jeder auf seiner Insel vor der Haustür. Die Halbinseln stoßen aufeinander, manchmal, und erst jetzt sieht man: alle Halbinseln gehören zu einem großen und selben Stück Erde. Später fließen sie wieder auseinander, lautlos wie Fische, und der Großvater Wallbrecker sagt: »Es ist mir so dämlich im Kopf.«

Nefta, nachmittags.
Etwas zieht meinen Körper hinunter, jeder Moment ist bedroht, ich denke laut: »Oh, ich hätte noch so viel zu erledigen, zu erzählen hie und da, liebe Grüße an den, liebe Grüße an ihn und ihr, ja ihr: besonders viele liebe liebe Grüße. Es war nur ein Mißverständnis, ich bin nicht so, wie du glaubst, ich würde es jetzt anders tun: Besser… Ich bin gar nicht einmal müde oder trüb, sondern nervös, fürchterlich nervös: Ich hätte vielleicht weniger … rauchen sollen, aber die Disziplin war nicht meine Stärke! Oh nein, sie, sie ist sogar das erste Opfer meiner unendlichen Faulheit … ich langweilte mich, und jetzt kommt die Strafe.«

Donnerstag, Nefta
Sahara Palace:
-Monsieur ça va?
-Oui, merci ça va.
-Monsieur ça va bien?
-Oui, merci ça va bien.
-Monsieur ça va? Ça va bien?
-Merci merci très très bien.
Abends und spät in der Nacht:
immer dieselbe Frage vom Portier
aber so: wie sie keiner stellt.
So wie man wirklich antworten kann
wie es geht!

Übel, mir ist so übel
Gott pflanz' mich weg
so übel ist mir

Ich werde schmal
ich werde kühl
Gott pflanz' mich weg
von dort und von hier.

Ich leg' mich jetzt hin und versuche zu schlafen. Morgen lese ich das Tagebuch von Eugène Delacroix weiter. Es enthält viel über uns, er fürchtete die Langeweile über alles und malte deswegen Tag und Nacht. Einmal heißt es:
»Sonntag, 25. April
(…) Warum bin ich kein Dichter! Aber ich versuche, soviel wie möglich bei jedem meiner Bilder zu empfinden, daß es auch im Geiste der anderen enstehen möchte. Die Allegorie ist ein weites Feld. (…) Überhaupt denke ich, daß es hervorragend wäre, sich zunächst durch das Verfassen gereimter oder ungereimter Verse zu einem Thema zu erwärmen, um es anschließend mit größerem Feuer zu malen. Wenn ich mich daran gewöhne, meine Ideen in Verse zu übersetzen, werde ich die Bilder leichter oder auf meine Weise entstehen lassen können.«

Montag, Nefta
Zur *Wupper*: Für zum »Tingelinggeling« merke dir den Begriff von E.: »instrumentierte Absenz«.

Der Großvater Wallbrecker ist der Historiograph der Familie: Er zieht die Bilanz und rechnet danach die Zukunft der Familie aus. Wenn es aber nicht so ist, freut sich der Greis zynisch, kindlich, sehr aufgeregt. Ein alter Filou, der sich an seinem eigenen Pfiff erkennt. Er sagt: »Achtung, das war ich!« und versteckt sich hinter einem Kastanienbaum.

Das Personal von Sahara Palace: Sie schleichen die langen Gänge entlang wie wichtige Geheimagenten. Sie sind die Mehrheit hier: unter ihnen verlieren sich ein paar schnieke Hotelgäste. Bei Tisch versammeln sich wenigstens sechs Ober um zwei Personen. Nichtstuende Leute können so beschäftigt aussehen, daß, wenn sie es wirklich wären, ich große Angst bekäme um den Sinn überhaupt … Hier federt sogar das Sprungbrett ALLEIN, und niemand schwimmt im Swimming-Pool, doch bewegt sich das Wasser im Bassin. Im Fernsehkasten heult der morgendliche Muhezzin, und niemand hört zu, nur: das Bild springt, weil der Ton so laut angestellt ist. Und ich warte und warte, bis vieles vorbeigeht.

Dienstag, Nefta

Auf der Straße nach Kerouhan. Viele Kröten wärmten sich den Bauch auf dem Pflasterstein, mitten auf der Autostraße. Der Wüstensand ist nachts eiskalt. Erst dachte ich: Es sind Hüpfmäuse, die mit den länglichen Hinterbeinen. Ich war so glücklich – ich weiß nicht, warum – zu erfahren: es sind keine Hüpfmäuse, sondern Kröten, und noch euphorischer zu erfahren, daß jene sich auf dem Asphalt den Bauch wärmen und schonen. Dasselbe Gefühl hatte ich, als mir jemand erzählte, daß winters in Rom einige Zuhälter den Nutten brennende Reifen hinschmeißen, damit die Damen auf der Autobahn nicht erfrieren und so sich schön wärmen können!

Delacroix weiterlesen. Wieder eine so schöne Stelle: »(...) Handle, um nicht zu leiden. Jedesmal wirst du deine Langeweile und deine Leiden durch Handeln mildern können. Handle, ohne dich davor zu beraten. Dies scheint auf den ersten Blick sehr einfach. Hier ein einfaches Beispiel: Ich gehe aus dem Haus, meine Kleidung stört mich; da ich zu bequem bin, zurückzugehen und mich umzuziehen, gehe ich weiter. Es gibt unendlich viele Beispiele. Diese Lösung auf die Gewöhnlichkeit der Existenz angewandt, gäbe dem Geist Antrieb und Ausgeglichenheit – der ideale Zustand, um die Langeweile zu vermeiden. Wenn Sie fühlen, daß Sie das getan haben, was Sie tun mußten, steigen Sie in Ihrem Ansehen. Anschließend genießen Sie – mangels anderer Vergnügen – die ursprüngliche Genugtuung, mit sich selber zufrieden zu sein. Wenn ich mich in diesem Zustand befinde, genieße ich vorzüglich die Ruhe und jegliche Entspannung. Dann kann ich mich auch ohne Bedauern in Gesellschaft langweiliger Leute aufhalten. Dann erinnere ich mich an die Aufgabe, die ich erfülle, was mich wiederum vor Langeweile und Traurigkeit schützt.«

Zwei Tage ohne Euphorie. Lesen, Mittagessen, Lesen, Abendessen. Dabei viel tunesischen Rotwein trinken, um ohne Schlafmittel müde zu werden. Morgen fahren wir nach Kibili, durch die Salzwüste. Der Schott. Ausflüge sind mir unheimlich geworden: ich habe Angst, mich zu verlieren. Es heißt: »Und sie kamen nicht mehr zurück. Man nimmt an...« Als Kind schaute ich nie in den Himmel hinein. Es war dieselbe Angst. Ich sagte meiner Mutter: »Wenn ich raufgucke, komme ich nie mehr zurück!« In letzter Zeit dachte ich sehr oft an dieses Gefühl, und ich bin froh, es in meinem Tagebuch endlich notiert zu haben!

ES IST SO SCHWER, DIE ILLUSION ZU SCHAFFEN

Luc Bondy über Klaus Michael Grübers Pirandello-Inszenierung an der Berliner Freien Volksbühne: Sechs Personen suchen einen Autor.

Ich möchte hier schreiben, daß es an der Berliner Volksbühne jeden Abend (außer Montag) eine geniale Aufführung zu sehen gibt, daß die Vorstellung um 19 Uhr 30 beginnt und gut zwei Stunden später zu Ende ist. Ich möchte noch sagen: Man kann alles hören, alles sehen, und es lohnt sich sogar, eine Reise von Westdeutschland zu unternehmen.

Die Berliner wiederum sollten sich sehr bald um eine Karte kümmern – gestern, dank der effektiven Mundpropaganda, waren schon mehr Zuschauer drin als vorgestern –, schon um sich zu beweisen, daß sie natürlich auch ohne die lokale Kritik fähig sind, etwas sehr Außerordentliches zu erkennen.

Einigen Kritikern möchte ich auch einmal nahelegen, sich ein Talent der Voraussehung anzueignen, damit es nicht mehr ins Schema paßt zu sagen, daß die großen Sachen immer zu spät bemerkt werden. Das geht in der Malerei, in der Literatur, aber bei einer so ephemeren Kunst wie dem Theater ist das natürlich tragisch. Der Mißerfolg einer Aufführung, die nur in wenigen Köpfen weiter existiert und sich da auch wieder verändert, könnte dazu führen, daß sich eine bestimmte Art, diesen Beruf aufzufassen (wie es zum Beispiel der Regisseur Klaus Michael Grüber tut), niemals durchsetzen kann.

Ist es pathetisch oder verschmockt zu behaupten, daß Grüber und seine 20 Schauspieler einen Abend zustande gebracht haben, der sowohl in der Mentalität, der Spielweise, wie in der Ästhetik des Umgangs mit einem Theaterstück wirklich mit der Haltung zu einer höchst komplizierten Lebensform – eben mit dem Theaterspielen-Inszenieren-Schreiben – zu tun hat? Ich meine nicht. Besonders nicht in einer Gesellschaft (und dazu gehören auch Theaterleute), die offenbar meint, ohne diese Nöte um den Ausdruck auszukommen, und lieber die Theaterinstitutionen erhält, die am besten darüber schweigen und einfach funktionieren.

Außerdem – um jetzt etwas über diesen Abend zu erzählen – ist es eine sehr unterhaltsame Angelegenheit, inszeniert und gespielt mit viel Humor und großem Pathos. Nicht etwas für die Wüste oder einen nicht bewohnten Planeten, sondern für Zuschauer im Parkett und bald auch auf den Rängen.

Der »normale Zuschauer« wird in eine Theaterwelt hineingeführt, wie er sich immer gewünscht hat, einmal in seinem Leben hinter den Kulissen zu schnüffeln, und ist enttäuscht, daß er bei Pirandello wie bei Grüber in eine doch noch ganz andere Landschaft geführt wird: eine Art ontologische Gegend, wo ein Haufen Menschen ums Dasein (Noch-Dasein) kämpft, ein Kampf, bei dem das Spielen für Atmen und Fressen steht.

Es findet eine Theaterprobe statt: Wir warten »unten«, daß die Vorstellung (*Sechs Personen suchen einen Autor* von Luigi Pirandello) beginnt. Auf der Bühne – aufgerissen, fast leer – warten eine Handvoll Komödianten, ein Inspizient, eine Souffleuse – mehr oder weniger mißmutig, verloren in ihrer Alltäglichkeit – auf den Auftritt des Theaterdirektors und somit vielleicht auf den Beginn der Probe.

Als sie allmählich zusammengekommen sind und jeder schon seine geringe Energie und Konzentration in einer anderen Form der Darstellung verpulvert hat, um sich von dem Bevorstehenden abzulenken (die Diva kommt eben zu spät und spielt die *zuspätgekommene Diva*, um ein wenig von ihrem Dasein zu haben) – da erschaffen sich urplötzlich sechs Fremde in langen Mänteln; sie sehen aus wie Obdachlose.

Sie klammern sich wie monströse Raben an die schon vor dem Beginn der Vorstellung herabgelassenen Dekorations-Zugstangen. Sie erscheinen gehetzt, vielleicht wie am Ziel einer mysteriösen Flucht, sie wirken gepeinigt und erschrocken, im Gestänge verfangen. Abrupt hat ihre Gegenwart alles verwandelt: Sie haben noch keinen Pieps gesagt – und die Atmosphäre des Theaters ist sozusagen im Eimer.

Wohl ist das Eindringen von *fremden Elementen* in eine Theaterprobe immer ein mindestens so schwerwiegender Tabu-Bruch wie die Blutschande; doch diese Blasphemie wird von Grüber nicht als erwünschter Theater-Coup für Voyeure inszeniert, vielmehr zeigt er, daß diese Fremden sich noch mehr ertappt und beschämt fühlen als die anwesenden Theaterleute.

Während die aus dem Schock aufwachen, schleppt sich die fremde Familie vor an die Rampe, stöhnt, heult, klagt ihren Fluch: Sechs Personen sind von ihrem Autor im Stich gelassen worden, auf dem Höhepunkt ihrer Tragödie nicht zu Ende gedichtet. Und weil ihr

Dasein nur ein Fragment ist, wollen sie sich hier auf dieser Probe ihre Erlösung erkämpfen, die darin bestehen würde, die Wunde zu zeigen, die sie hergetrieben hat. Sie stören also den Alltag (das Theater) durch Not.

Im zweiten Teil des Abends sollten die Geschichten der sechs Personen von den Schauspielern geprobt und dargestellt werden: Das ist überhaupt die Tragödie. Die einen sind da, versuchen zu leben, leiden, die anderen sollen ihnen jetzt die Tränen wegschluchzen. Grüber inszeniert diesen Teil archaisch und wie eine endlose Folter, doch so schön und naiv, daß man auf Sachen über diesen Theater-Beruf kommt, die man längst vergessen hatte.

Es hat mich getroffen, wie ratlos, dann verletzt die Familie herumsteht, wenn es darum geht, die zu spielenden Figuren neu zu taufen: »Es ist doch unmöglich, daß sie anders als Amalia heißt.« Wie sie sich von Schauspielern verfälscht sehen: Das, was nicht zutrifft, ist lächerlich peinigend.

Grüber und seine Truppe haben da viel über diese Art Staunen erzählt, über Probleme der Authentizität, über die Fragen, was das ist: Spielen, Darstellen? Sie haben dafür Bilder, Töne, Konstellationen, Lichtstimmungen erfunden, die nach all den Torturen der Desillusionierung einen nicht mehr erwarteten Zauber schaffen, unendlich viele Momente, die Theater atemberaubend schön machen:

Wie vor einer schnell hergerichteten Kulissentür die Schauspielerin (Libgart Schwarz) ihr Bühnenvorbild, die Tochter (Angela Winkler), mit dem Türflügel vor den Kopf stößt und zu Boden wirft. Wie die Gegenstände beziehungsweise Requisiten durch den fremden Blick ganz neue Bedeutungen bekommen, und zwar ihre eigentlichen (ein Baum aus Pappmaché ist eben ein Baum aus Pappmaché). Wie die Drehbühne sich in Gang setzt und die sechs Personen fliehen, herumstolpern, panisch wie vor einem Bergsturz, einer Naturkatastrophe.

Was ist Licht? Atmosphäre? (Mein Großvater Fritz Bondy, Theaterregisseur in Prag, pflegte mir belehrend zu sagen: »Der Tag ist gelb, und die Nacht ist grün.«) Wieso laut? Warum nicht leise? »So etwas kann man doch nicht laut sagen, darauf steht doch Gefängnis«, sagt die Tochter, als der Theaterdirektor sie zum Laut-Reden auffordert. Er: »Die Wahrheit hat auf dem Theater ihre Grenzen« – was den meisten Zuschauern natürlich gut gefällt, sie applaudieren heftig…

Ich werde beim Inszenieren nie vergessen, was Grüber und seine Schauspieler (Peter Roggisch, Angela Winkler, Libgart Schwarz, Kurt Hübner, Alexander Wagner, Gerd David usw.) mit Sätzen wie: »Bringen Sie unseren Baum bitte!« oder: »Ein bißchen mehr Atmosphäre!« machen, weil diese Aufführung etwas ganz Ursprüngliches erzählt über den Umgang mit Fiktion.

Ist eine solche Auseinandersetzung nicht vielleicht unentbehrlicher für unser Theater als das Suchen nach Motiven woanders, als das fortwährende Fliehen von einer Hemisphäre in die andere, und nur ja nicht in die Problematik des eigenen Tuns und Daseins?

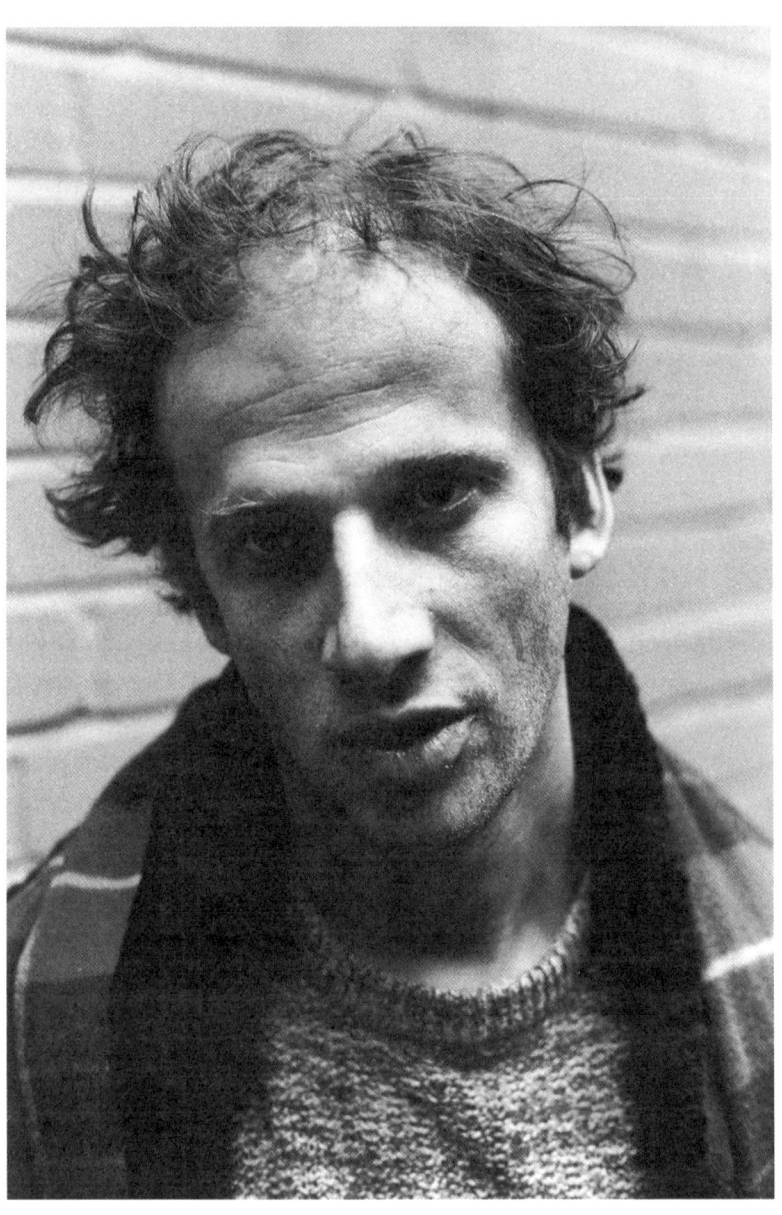

Luc Bondy, 1981

TRILOGIE DER RÜCKKEHR
Luc Bondy über die deutsche Literaturkritik und Botho Strauß

»La rentrée scolaire« nennt man in Frankreich die Zeit, wenn der Sommerurlaub zu Ende geht. Übersetzen kann man es auch »Heimkehr in die Schule« oder »Zurück zur Schule«. In meiner Jugend waren das Wörter des Unheils, der Depression, Vorboten der großen Verzweiflung. Für mich um so mehr, als ich in der Schule das war, was man einen »cancre« nannte: also ein Zurückgebliebener, meistens auf die letzte Schulbank verwiesen, einer, der kurz vor den großen Sommerferien noch den Trostpreis »prix de consolation« erhielt.

»La rentrée scolaire« fand im Herbst statt, und immer (so will es mein Gedächtnis) war der Himmel bewölkt. Der Ferienvorhang schließt sich majestätisch, dachte ich. Die Ferien waren meistens die panische Begegnung mit dem Müßiggang, die Trennung von den Schulkameraden der letzten Bankreihe, dem schrecklichen Zwang zum Sport.

Ferienschluß... wie oft hört man doch: Jetzt sollte man sich erst recht erholen, weil vor einer Art Nichts erschlafft der Körper oder wird noch zappliger, verblödet der Geist oder dreht sich noch mehr im Kreis, denn die Gedanken... wie gesagt... sie nehmen zuviel Raum ein: Heute im Urlaub spüre, ahne ich erst alle meine Feinde, fürchte meine Konkurrenten, erkenne meine Nichtigkeit, und es überkommt mich die Schuld für dieses oder jenes, die Steuersorgen, die Angst um die Zukunft. Werde ich meine Geliebte noch lieben das nächste Jahr, oder, wenn ich sie liebe, wird sie mich noch lieben...

»La rentrée scolaire« – die Wörter begleiten mich noch. Gegen den Norden, immer gegen den Norden: War ich gerade noch in Istanbul, so fliege ich jetzt gegen den Norden in die Schweiz. Da bin ich im Tessin, ein Süden im Norden. Mit der Bahn fahre ich nach Zürich, nördlich vom Tessin; vom südlichen Zürich fliege ich in den Norden nach Berlin.

Auf der Mitte der Strecke kaufe ich mir viele Zeitungen, ich hatte sie im Urlaub gemieden, und siehe da ... es wird nördlich. Ein Teil der düsteren, verschwommenen Gedanken, die mich in den Ferien plagten, die mit mir schwammen gegen die Sonne auf dem Mittelmeer, sie nehmen Gestalt an in verschiedenen Formen und Informationen: *Times*, DIE ZEIT, *Nouvel Observateur*, *Express*. Sie warnen uns alle sensationsgierig oder ernst, meistens ernst, vor der neuen Seuche. Nicht die Mittel- oder Langstreckenraketen könnten die Menschheit vernichten, sondern eine weltweite Epidemie. Lieben, essen, trinken, sich begrüßen oder zufällig anrempeln: alles wird gefährlich sein. Alle unsere Sitten, das ganze Denken wird sich in den nächsten Jahren vollständig ändern: eine Revolution, nicht geprägt von einer Idee, sondern von einem Virus. Wie? Ich selber muß jetzt treu sein … ich weiß nicht wie, aber dieser Gedanke könnte noch obsessioneller werden als die Obsessionen, die einen verleiten, nicht treu zu sein!

Da ich nun die deutschen Feuilletons aufblättere, um auch dort etwas über die Nachferienzeit zu erspähen – und meine Fachidiotie drängt mich dazu –, vergesse ich prompt das bevorstehende universelle Unheil, da ich auf etwas stoße (ein Ergebnis des letzten Jahres schon), wogegen es keine Medizin zur Rettung, keine Instanz der objektiven Gerechtigkeit, keine Betäubung gibt: eine Form von Dummheit und Gehässigkeit, wie sie in einem großen Teil der deutschen Literaturkritik im Falle meines Freundes Botho Strauß in letzter Zeit zutage tritt. Erst jetzt werde ich an die trübe Vorstellung aus der Kindheit gemahnt, an die Heimkehr zur Schule. An die muffige Atmosphäre der Schulklassen, den drohenden pedantischen Ausdruck der Lehrer, die schon meine Note für die nächsten zwölf Monate wissen.

Wie tröstlich doch, wenn uns nach den Ferien ein schönes Buch erwartet: Herbstgeschenk, das der neuen Schaffenszeit eine Anregung oder eine ganz neue Bestimmung verschafft. Doch davon erfahren wir durch die Besprechungen, und die sollten uns ablehnend oder zugetan neugierig machen auf das, was geschrieben oder gedacht wird. Es gibt aber hierzulande eine Form der Literaturkritik, die für das Interesse an Literatur nicht gerade förderlich ist. Sie haßt den Schriftsteller und will ihn vernichten. Sie will, daß der Leser von ihm abgestoßen ist, will ihn, den Dichter, strafen für das, was er geschrieben hat, durch Beschimpfungen, die später andere, ohne diesen Schriftsteller je gelesen zu haben, auch verwenden dürfen.

Ich erinnere mich: Als Peter Handkes *Der Chinese des Schmerzes* erschien, freute ich mich über eine philosophische Erzählung, die an etwas Tiefes in mir rührte. Doch um diese Zeit – und das ist die wirkliche Wende – machte sich der hämische Ton breit mit Vulgarität und ideologischer Argumentation. Es wird also befürchtet, daß jede metaphysische Besinnung, jede konzentrationsfördernde Poesie den Leser ablenken könnte von der Gefahr der in Heilbronn stationierten Mittel- oder Langstreckenraketen. Auf diesem Niveau findet jetzt ein wirklicher Krieg statt. Sein Opfer ist neben Peter Handke nun auch Botho Strauß.

Contre Sainte-Beuve von Proust. Das war einst der Streit, wieweit man, um über Literatur zu berichten, die gesamte Biographie des Schriftstellers kennen und erwähnen müßte. Wieweit das Werk allein für sich spräche. Für letzteres plädierte Proust, und dieser literaturfreundliche Streit erstreckte sich bis zu den Strukturalisten. In Frankreich nimmt in diesem Sommer die Schriftstellerin Marguerite Duras in *Libération* Anteil an einer Mordaffäre, »Affaire Grégory« genannt, gibt ihre vielleicht fragwürdige Deutung zu dem Fall, wird aber darauf elegant, böse und intelligent in der Wochenzeitung *Express* von einem anderen Schriftsteller, Angelo Rinaldi, angegriffen, sie möge sich nicht für Zola halten und die Schuld, wenn auch voller Bewunderung und Verständnis, der Mutter des ermordeten Grégory anlasten. Doch wie anders diese Polemik. Ob über Literatur oder wie in diesem Balzacschen Gesellschaftsereignis: die Lust und der Ernst am Streit sind nicht zu trennen von der Lust an der Sprache, am geschliffenen Gedanken.

Gegenstand einer Fehde ist bei uns in Deutschland nicht irgendeine literaturkritische Theorie (und die Dreyfußsche Tradition, daß sich Schriftsteller über ein gesellschaftspolitisches Ereignis streiten, existiert hier kaum), es geht vor allem, wenn auch unausgesprochen, um eines: die Gesinnung. Überall die Gesinnung. Ich meine, daß Botho Strauß in letzter Zeit nur aus Gesinnungsmotiven attackiert worden ist, daß man sich um seine Form, vielleicht sogar eine neue Form, wie im Roman *Der junge Mann*, kaum gekümmert hat, daß sein Gedicht (*Diese Erinnerung an einen, der nur einen Tag zu Gast war*) auseinandergepflückt worden ist wie ein politisches Traktat, geprüft auf seinen politischen Gehalt.

Und dann wird wild drauflosgeschlagen, als handele es sich hier um die Rosenbergsche Rassentheorie. Wer nicht die deutsche Geschichte brav, tüchtig, gewissenhaft aufarbeitet, sich dafür mystischen, philosophischen oder vielleicht einfach poetischen Themen zuwendet, der gehört prompt in den fiktiven Gulag der deutschen Literaturkritik: Strauß ist der Ghostwriter von Kohl; sein Lektor, der ihn publizistisch verteidigt, gleicht niemand anderem als Goebbels; die, die an dem Dichter Gefallen finden können, werden Geheimniskrämer, wenn nicht gar Sektierer genannt.

Leider ist meine Wut über diesen kunstfeindlichen Ton von Haß, Hohn und Häme so groß, daß mir jede Brillanz abgeht, um dies zu sagen. Nur bange wird mir – die Auswirkungen sind unermeßlich, und das ist »gefährlich« –, wenn bei einem Gedicht seltene Wörter als »Bildungsvokabeln« verhöhnt werden und sich da der bösartige Sammler solcher Fremdwörter denjenigen anbiedert, die als neuestes Kriterium für das, was ihnen mißfällt, nur noch sagen: »Du ... ich verstehe es einfach nicht.«

Gib doch einem gebildeten Franzosen ein Gedicht von Rimbaud oder Apollinaire zu lesen: manche Wörter wird er in einem Lexikon gern nachschauen. Ist nicht Literatur auch da, um unsere Alltagssprache zu bereichern, zu vertiefen, wo diese doch schrumpft wie ein rachitisches Kind?

TRIUMPH DES LEBENS
Luc Bondy über Elias Canetti

Am Ende des zweiten Bandes der Lebensgeschichte, um 1931, befindet sich Elias Canetti wieder in Wien. Das Zimmer, das er bewohnt, blickt auf eine Mauer, hinter der sich eine Irrenanstalt versteckt. Vom Chaos des »durchlässigen« Berlin der Goldenen Zwanziger zermürbt, geschüttelt und auch wieder provoziert, entwirft der Dichter – »ein zorniger Versuch« – acht besessene Figuren, die getrennt voneinander »in bestimmten Kanälen« empfinden und denken, »eine eigene Art zu sehen haben«. Vor seinen Augen die Pavillons der Irren, wo er sich einen Krankensaal vorstellt, »in dem meine Figuren sich schließlich beisammen finden würden«. Von den acht erträumten Menschen ist einer übriggeblieben, der Büchermensch, Kien aus dem düsteren Roman *Die Blendung*. In seinem Zimmer, in seinem besessenen Kopf und während der Geburt einer unheimlichen Gestalt endet der zweite Band der Lebensgeschichte von Elias Canetti, *Die Fackel im Ohr*: Um bis hier zu gelangen, führt uns der Dichter durch Zeiten und Ereignisse, die sich wie Prüfungen zusammenziehen, die Canetti überstehen muß, um überhaupt sein Werk entwerfen zu können.

Das mag moralisch oder religiös klingen, aber das befreiende Moment, das man bei einem Roman- oder Filmhelden, mit dem man sich gänzlich identifiziert, empfindet, wenn dieser nach vielen Peripetien zu seinem Ziel gelangt, dieses »Miterleben« (und auch eine Art »Mitsiegen«) fühlt man hier, am Schluß der Erinnerungen. Damit möchte ich auch sagen: Am liebsten hätte man das alles selber erlebt und genau so geschrieben: Man neidet Canetti die intensivste Erlebnisfähigkeit, die aus der Lebensgeschichte nicht bloß Vergangenes macht, sondern auch ein System (die Antennen des Autors), versteckt von luzidesten Betrachtungsweisen, schließlich Erkenntnisse, die freilich für jede Gegenwart auch gelten: Man wird wacher nach der Lektüre.

Durch eine Balzacsche Pension, die Pension Charlotte – man denkt an *Vater Goriot* –, führt uns Canetti in die Lebensgeschichte hinein. Frankfurt 1921, während der großen Inflationszeit, »es war mehr Unordnung, was über die Menschen hereinbrach, es war etwas wie tägliche Sprengungen«, es treffen an dem Pensionstisch verschiedene Menschen aufeinander, darunter ein asthmatischer Prokurist, »überaus freundlich, nur wenn die Rede auf den Ausgang des Krieges kam, wurde er finster und böse«, ein Herr Schutt, Kriegsfeind, der den Kaiser »immer schon für gemeingefährlich gehalten habe«, die beiden nur durch das ältliche Fräulein Rebhuhn, die Schwester des Deutschnationalisten, getrennt: Nach einem Jahr Disput, kriegerischem Konflikt, mußte man die Gegner vom Pensionstisch wegführen, »Herrn Rebhuhn wie immer am Arm seiner Schwester, Herrn Schutt viel mühseliger auf seinen Krücken und mit Hilfe von Frau Kündig, einer Lehrerin, die schon lange in der Pension wohnte, seine Freundin geworden war und ihn später auch heiratete (...)«. Zusammen mit einer anderen Lehrerin, einer Frau Bunzel, vertritt diese die Bildung in der Pension; unter den Gästen auch: ein junges Mannequin, »die modische Schönheit der Pension«, von der es auch heißt, »sie war so hoch und schlank, daß man mit den Augen an ihr auf und ab klettern konnte, ohne irgendwo Halt zu finden« – alles Menschen, die Canetti einerseits so beschreibt, dann zusammenfügt, daß man die unterschiedliche Wirkung des Krieges, die Stimmung der Zeit und auch die drohende Zukunft (beim Rathenau-Mord sagt einer »alle werden sie umbringen, alle«) an ihrer Art, ihrem Verhalten zueinander am runden Pensionstisch verspürt.

Es ist aber nicht eine Reise durch eine bewegte Zeit oder die Begegnungen mit anderen großen Zeitgenossen, die einen für diese Erinnerungen einnehmen, sondern das In-Szene-Setzen und Zusammenfassen einer Epoche um kleine Ereignisse herum und das Auftreten tausender Menschen, in den verschiendensten Lebensituationen des Dichters, die so plastisch erfaßt sind, daß sie aus ihren Adjektiven herausspringen, in unsere Phantasie, den Ausgangspunkt verschiedener neuer Geschichten bilden oder sogar leiblich aus den Wörtern heraustreten.

Die Memoiren von Canetti sind auch die Geschichten von Nebenfiguren, das Theater findet bei ihm in der Kulisse statt, in der O-Gasse und ohne Helden. Das Zentrum, die Bühne wird nur umschrieben durch das, was an sie grenzt. Er steht in der Mitte und stellt andere vor, nie sich selber. Die Art aber, wie er ihnen begegnet oder sie ihm begegnen, schließt natürlich auf die Eigenheit des Dichters und auf das, was er in seinem Leben besessen gesucht hat, aus was er geformt wurde.

Hinter jeder Beschreibung fühlt man eine unglaubliche Energie, die Notwendigkeit des Vortragens. Das Wort muß seinen Gegenstand fast verbrennen, so treffend muß es bezeichnen. Es ist eben nicht nur müßiggängerische Neugierde, was ihn bei den kleinsten

Dingen verweilen läßt, auch nicht verkrampfte Wissenslust, sondern – so las ich es – Lebensnot und Todesobsession. Das ist, was Canetti von Gilgamesch sagt, »seine Unternehmungen gegen den Tod«.

»Es geht nicht darum«, so schreibt er, »wie ein Papagei zu wiederholen, daß alle Leute bis heute gestorben sind, es geht nur darum, zu entscheiden, ob man den Tod willig hinnimmt oder sich gegen ihn empört«, dann weiter, »in diesem endlosen Aufstand habe ich gelebt.« Eine Empörung, die sich nicht im blinden Lebensbejahen äußert – aus anderen Büchern von Canetti spricht nichts dafür –, sondern in einer unersättlichen Neugier für die kleinsten Ereignisse irgendwelcher Menschen, im Grunde das, was er später an der Person von Isaak Babel so bewunderte. Man liest seine Beschreibungen als ein Festhalten am »Existierenden«, und die Menschen und Dinge werden mit solchen Details behaftet, daß man nie in die Versuchung kommen könnte, sie einmal je zu vergessen: Das Gedächtnis ist auch ein böser Feind vom Tod.

Untrennbar von der Todesobsession – (daß sich Canetti mit dem Phänomen Tod nie abfinden wird, versteht man in der *Geretteten Zunge*: Um den frühen Tod seines Vaters gibt es keine wirklichen Erklärungen, sondern nur die mysteriösesten »Versionen«, es gibt also keinen wirklichen Grund für den Tod –), das eine Moment immer als Schatten des anderen, ist das wiederkehrende Phänomen der Masse. *Die Fackel im Ohr* erzählt die Genese von Canettis Beschäftigung, und da es keinen zweiten Band von *Masse und Macht* gibt, könnte man sagen, daß sich hier die Einführung zu dieser Recherche verbirgt. Da gibt es eines der ersten Erlebnisse der Masse auf der Zeil in Frankfurt während einer Demonstration gegen die Ermordung Rathenaus, dann die »Erleuchtung« im Winter ’24, »es war Nacht, am Himmel fiel mir der rote Widerschein der Stadt auf, den ich mit ausgestrecktem Kopf betrachtete. Ich achtete nicht darauf, wie ich ging, stolperte mehrmals leicht, und in einem solchen Augenblick des Stolperns, den Kopf in die Höhe gereckt, den roten Himmel, der mir eigentlich so nicht gefiel, vor Augen, zuckte es mir plötzlich durch den Kopf, daß es einen Massentrieb gab, der immer im Widerstreit zum Persönlichkeitstrieb stand, und daß aus dem Streit der beiden der Verlauf der Menschheitsgeschichte sich erklären lasse«, schließlich die beeindruckende Beschreibung der blutigen Ereignisse um den 15. Juli 1927: Im Burgenland wurde ein Arbeiter getötet, das Gericht sprach die Mörder frei, und darauf gab es in Wien eine Massendemonstration vor dem Justizpalast; dieser wurde in Brand gesteckt und die Polizei erhielt Schießbefehl, »es sind 55 Jahre her, und die Erregung dieses Tages liegt mir heute noch in den Knochen«, weiter: »Es könnte sein, daß die Substanz des 15. Juli in *Masse und Macht* ganz eingegangen ist.« Um das Für-sich-Behaupten einer eigenen Forschungsmethode, um die Passion für das Rätsel der Masse geht es hier, und in der Wiedergabe ist es auch leidenschaftlich. Wenn man durch Canetti erfährt – in einem der witzigsten Kapitel der *Fackel im Ohr* –, was für eine hegemonische Wirkung die Theorie von Freud auf die Nachkriegsgeneration in Wien besaß – man raufte sich um den Ödipuskomplex, wer seinen Ödipus »nicht selber zur Sprache brachte«, wurde von einem anderen »nach einem erbarmungslosen durchdringenden Blick damit beworfen« –, versteht man auch, wie notwendig es ihm war, sich von der Psychologie individueller Prozesse abzusetzen, um wissenschaftlich und vor allem poetisch eigenständig denken zu können.

Auch wenn man die anderen Dichtungen von Canetti nicht kennt, wenn einem *Die Blendung* zu morbide, *Masse und Macht* zu oder nicht genug wissenschaftlich erscheint, *Die Fackel im Ohr* ermöglicht einem den Zugang zu seinem Schaffen und ist unterhaltsam in jedem Moment: Da gibt es die ganze Zeit um Karl Kraus – »den Gott«, worauf sich der Titel des Buches bezieht – die Konferenzen des Polemikers, wo damals alle hinrasten. Hier portraitiert Canetti nicht nur das unerreichbare Idol, sondern erzählt einem die ganze Stimmung, das Fiebrige um seine Lesungen, die Wirkung vom Verfasser der *Fackel* auf sein Publikum, die Reaktion dieses Publikums. Und da es nicht nur ein Dokument ist, besitzt die Passage eine fast romantische Handlung: Bei einer Lesung die Bekanntschaft mit Vezza, später Vezza Canetti: »An ein und demselben Tage, am selben Ort, traten die beiden Menschen in mein Leben, die es auf lange hin beherrschen sollten.«

Am wirkungsvollsten sind die Schilderung von Berlin, die gescheiterte und tragikomische Begegung mit dem jungen Brecht, »unter seinem Blick fühlte man sich wie ein Wertgegenstand, der keiner war, und er, der Pfandleiher, mit seinen stechenden schwarzen Augen, schätzte einen ab«, Seiten, die einem die Anziehung, die Härte, auch das Mythische an dem Vorkriegs-Berlin wiedergeben: »Jeder wollte auffallen, jeder spielte sich, die Luft stockte förmlich von Eitelkeiten.« Wir treffen Grosz, Isaak Babel, Lasker-Schülers Verleger Herzfelde, und der Blick auf die Leute, die Umstände, unter denen der junge Chemiestudent sie kennenlernt, sind komisch, grotesk, nah an Gogol. Doch die Koryphäen der Zeit, denen wir begegnen, ob in Bewunderung oder Idiosynkrasie, bleiben (Gott sei dank) im Schatten: also keine Enthüllungen für Literaturkritiker oder Germanisten. Dafür lernen wir märchenhafte Gestalten kennen, wie aus alten jüdischen Sagen, verwandt mit den Einwohnern Isaak Bashewis Singers Phantasie. Ich denke an den aus der *Geretteten Zunge* wiederkehrenden Dr. Menachemoff bei der letzten Donaufahrt; an einen jungen Chemiekollegen, Backeneroth, »er war ein Kristall, aber kein unempfindlicher, harter, er war ein fühlender Kristall, den niemand in die Hand nehmen durfte«, eines Morgens vergiftet er sich mit Zyankali; ich denke an den Patriarch, Vezzas Vater, ein Millionär, der an der Straßenecke gesehen wird, »den Hut offen vor sich, und ein Passant habe ihm eine Münze hineingeworfen«; und schließlich gegen Ende die lange, wunderschöne Erzählung einer Freundschaft mit einem gelähmten jungen Philosophen, einem Mann, der aus dem Rollstuhl seine Sympathien und Antipathien zu anderen Menschen an ihrer Gangart ausmacht und den Canetti durch ein Stolpern gewinnt.

Ein Eindruck, den jetzt beide Werke hinterlassen: Ich kann mir nicht vorstellen, daß das Verstehen, Empfinden einer ganzen Epoche lehrreicher, plastischer und spannender sein kann als in dieser spezifischen Form der Lebensgeschichte: Weil Canetti ein Dichter ist, der die Fähigkeit hat, über alles zu staunen, folgt man ihm von Rutschuik in Bulgarien bis in sein Zimmer vor der Irrenanstalt, hörig und hypnotisiert.

Luc Bondy, 1982

Ich spreche nicht grundsätzlich dagegen, daß man etwas lernen kann. Wenn ich einem großen Regisseur bei der Arbeit zuschaue, lerne ich etwas. Nur: Die Schule ist hier die Schule mit Schauspielern. Das ist für mich nicht zu trennen von einer Regisseur-Schule, die existiert als selbständige Ausbildung nicht.

Für mich als Regisseur sind Schauspieler meine Lehrer. Von ihnen kann ich lernen. Sie können mir etwas vermitteln. Nur ganz wenige Regisseure können auch selbst spielen, nur ganz wenige haben ein Gefühl dafür, wie es im Körper des Schauspielers vor sich geht, was sich im Unterbewußtsein abspielt.

Nur wenige wissen, was in der Konstitution des Schauspielers sich vollzieht, wenn er etwas herstellen muß. Sie haben nicht die Fähigkeit, nachfühlen zu können. Da liegen aber die wichtigen Momente, um diesen spezifischen Prozeß im Schauspieler beurteilen und fördern zu können. Und hier kann man auch immer wieder von Schauspielern lernen. Und wenn überhaupt gelernt werden soll, dann muß hier gelernt werden.

Nicht lehrbar ist der ganze ästhetische Bereich. Ästhetische Fragen und Probleme muß man selbst entdecken. Wenn ich zum Beispiel ein Buch lese, wie *Die Erziehung der Gefühle* von Flaubert, und inszeniere ein Stück, das damit überhaupt nichts zu tun hat, dann ist das Lesen dieses Buches eine Erfahrung. Es kann für mich ein Schock sein. Das Lesen der *Bovary* oder eines Tolstoi-Romans kann genauso ein Schock sein wie die sogenannte authentische Lebenserfahrung. Diese Bereiche voneinander abzugrenzen, ist falsch. Was erlebt man auch schon in Berlin oder in der Bundesrepublik?

Diesen Unterschied in den Erfahrungen zu machen, ist falsch. Lebenserfahrung – Leben passiert. Du kannst die größten Familienkräche haben und dich mit deiner Frau prügeln, und du kannst trotzdem nicht imstande sein, Strindberg zu inszenieren. Beides muß nichts miteinander zu tun haben. Das ist eines der größten Mißverständnisse. Natürlich stimmt das Umgekehrte auch. Man muß die Assoziation bewerten. Was ist für mich ein Erlebnis? Das Lesen einer Geschichte, bei der ich mitgehe, kann ebenso ein Erlebnis sein wie das Lesen eines philosophischen Textes, der nichts mit der Inszenierung zu tun hat. Lektüre gehört auch zum Erleben, genauso wie eine Person, mit der ich mich treffe, die ich aufregend finde, zum Erlebnis werden kann. Beides zu trennen, halte ich für falsch.

Ich bin nicht der Meinung, daß man Theater im Lesesaal der Universität lernt. Nur, das Problem ist, daß die meisten Regisseure in diese Gefahr gar nicht kommen, in einem Lesesaal der Universität vergessen zu werden. Vielmehr ist der Bildungsstand sehr vieler Leute am Theater außerordentlich niedrig. Das ist vor allem deshalb ein Problem, weil hier in Deutschland nicht jeder auch die Kultur in sich hat.

Das prekäre Problem bei der Frage des Handwerks ist doch, daß es anscheinend nicht nur ein Handwerk gibt, es gibt Tausende von Möglichkeiten, wie der Regisseur sich ausdrückt, etwas vermittelt, im Schauspieler etwas hervorruft, so daß es zu einer Inszenierung kommt. Da gibt es eben nicht ein Handwerk, sondern tausende. Man kann Handwerk, glaube ich, sehr schwer objektivieren. Man kann eines beschreiben und erlernen, aber es gibt daneben trotzdem noch viele andere. Deswegen ist es so schwer zu sagen: Ich bringe jemandem jetzt das Handwerk bei. Das ist schwer. Man kann individuell sagen: Ich bringe ihm die Art bei, wie ich mit einem Schauspieler arbeite. Da kann er es begreifen und etwas davon haben. Ich bin zum Beispiel unfähig, von mir zu sagen: Ich habe eine Methode. Das kann ich nicht, schaffe ich nicht, ich habe wahrscheinlich auch keine. Meine Methode, das bin ich.

II.

Über Luc Bondy
der Vater
Freunde
Kollegen
Schauspieler

Fritz, François und Luc Bondy

François Bondy
WARUM ICH NICHT ÜBER LUC SCHREIBE

Es schien dem Herausgeber dieses Buches über einen international angesehenen Regisseur interessant, vielleicht gar selbstverständlich, daß der Vater des Betreffenden, zumal Schreiben sein Beruf ist, etwas zu diesem Vorhaben beisteure. Ich bin dazu – und habe es mir ernstlich überlegt – nicht imstande.

Luc war ein zu früh Geborener, der bis zur Adoleszenz fast zwergwüchsig zu bleiben schien, in Schulen gesteckt wurde, die er nicht aushielt oder die ihn nicht aushielten, dabei schmerzliche, später produktive Erfahrungen, aber kaum Kenntnisse noch das Lernen des Lernens erwarb, der dann in einem freundlichen, aber spartanischen Internat in einem kleinen Pyrenäendorf allmählich zu sich und zur Welt fand, seiner theatralischen Sendung bald sicher war und die ausgebliebene Entwicklung und Bildung spielend einholte, französische Prosa schrieb, die literarischen Rang hatte und die Verfügung über ein erstaunlich umfangreiches Vokabular offenbarte. Der Umgang – vielleicht der wesentliche Beitrag der Familie – mit Ionesco und seinen Schauspielern, die Dramatisierung und einmalige Aufführung einer Novelle von Witold Gombrowicz, schauspielerische Auftritte, die einen Alleinunterhalter von Woody Allanscher Komik ahnen ließen, die Mimenschule Lecoq, die intensiv miterlebten Ereignisse des Mai 1968 in Paris (Losung: Papa pue – Vater stinkt).

Ich habe an Lucs Entwicklung, später an seiner Arbeit mit Ausnahme des Milieus und einiger nützlicher Bekanntschaften kaum Anteil und habe fast nur Ergebnisse, nicht den Prozeß seiner Arbeit verfolgt. Ich empfing von ihm mehr Anregungen, als ich ihm je gegeben habe. Eins meiner zwei Büchlein über Ionesco dankt ihm seinen Aufbau: Weg von der Analyse der einzelnen Stücke, Schilderung des Ionesco-Universums als Gesamtheit. Ich habe keinen Film über Luc gemacht, sondern er einen über mich. Wenn ich um Auskünfte gebeten werde – z.B. auf der Frankfurter Buchmesse, als ich irrigerweise meinte, es würde mich als Autor betreffen –, so ist es über Lucs Pläne. Gründe zu einem Ödipuskomplex im eigentlichen Sinn! Denn Ödipus war das Kind, das der Vater aussetzen ließ, damit es stürbe. Der Vater war der Mordlustige, Ödipus selber war nur in einen heftigen Verkehrsunfall verwickelt, wie er um die Priorität bei Parkplätzen nicht selten ist. Doch dieser Komplex liegt in den von

Freud gefundenen oder imaginierten Tiefen und ist mir nicht bewußt.

Lucs Beziehung zur Mutter Lillian (die wegen der Zeitläufe nicht Tänzerin blieb, nicht Schauspielerin wurde) wäre interessanter, die Unlust, darüber zu schreiben, ist aber bei ihr noch stärker. Ich schreibe wenigstens darüber, daß ich darüber nicht schreibe. Ich füge hinzu, daß ich zweimal das entsetzliche Gefühl hatte, ich könnte meinen Sohn überleben, und überglücklich bin, diese Furcht loszusein.

Peter Handke – Ein Brief

am 20. November 1986

Lieber Luc,

mir kommt es erst jüngstvergangen vor, daß ich damals, ich glaube, vor fast zwanzig Jahren in Paris war, in der Wohnung Deiner Eltern, in meinem Gedächtnis an der Grenze zwischen Passy und Auteuil; eher in Passy. Du warst da noch ein Knabe, ein begeisterter Mensch, dem man schon ansah, daß er später auf gute Weise mit dem Höchsten, halt der Kunst, mitmischen würde; nur ein-, zweimal im Leben sind mir solche Burschen begegnet, "aufgeregt" von den Büchern, in dem Sinn, wie es bei Goethe steht, daß der Dichter "aufgeregt" sei. Mir kommt vor, als Zwanzigjähriger war ich, auf eine mehr schüchterne, stammelnde Weise, auch so einer – nur gab es Wenige, vor denen ich mit meiner Begeisterung für Faulkner, Tolstoj, Thomas Wolfe, Camus loslegen konnte; die wenigen, bei denen es mir dann gelang, waren wohl eher befeindet, weil sie die Literatur leider nicht einmal aus halbem Herzen betrieben. Später traf ich Dich in Nürnberg, schon ein Theatermensch, aber immer noch der befeuerte, arglose, auch schön freche Traumjüngling. Na, und so ist es wohl immer noch und wird, ich bin fast gewiß, noch lange so bleiben; jedenfalls bist Du von allen Leuten, die mir begegnet sind, der, an dem mir am wenigsten eine Sterblichkeit, oder auch nur eine klägliche Erdenschwere, fühlbar wurde; kamst mir eher wie ein unschuldig – lustig – allwissender Engel vor, der mir noch mehr mit allen Gegebenheiten spielt und tanzt als

(wir) die anderen. Ja, und damals in der Wohnung beim Bois de Boulogne: seit ich dann selber in Auteuil wohnte, kam mir immer vor, diese Wohnung läge genau über dem Restaurant "Hirondelle du Bois", wäre durch eine Treppe damit verbunden. Ich ging sehr oft in dieses einfache, schöne Wirtshaus mit gelben Tischdecken und Servietten, die mir jetzt muffig-feucht, wie nicht ganz nach dem Waschen getrocknet, vorkommen, und war auf eine Weise immer noch Gast Deiner Familie. Der Fußboden dort, ich glaube, ein scheckiger Terrazzo, erscheint uns jetzt als ein klassisches Mosaik, in dem ich Euer Wappen sehe... Und dann der alte Périphérie-Zug, der in der Senke am Boulevard Suchet vorbeipolterte... Und das Baumgeschäft am Bahnhof von Passy... Und das Passy-Kino, wo es über eine Treppe unter die Erde ging... Hoch das Licht der Tage und Nächte! Auch ich werde mich wieder an "Krieg und Frieden" machen — bin freilich selber nur zum Schreiben eines Friedensepos fähig (siehe DW); das gibt ohnedies als Arbeit Kampf genug. Im Moment lese ich zwei Bücher: Eliade über die Ewigen Bilder in der Menschheit; und wieder einmal den Parzival (den deutschen): versuche das zu lernen, wie, wann, wo die Fragen richtig und notwendig sind, so daß es sogar einen Sinn hätte, würde ich Dich jetzt ernst und ruhig fragen: Wie geht es (mit) Dir? — Ich bin entschlossen, in den Tagen vor Weihnachten nach Berlin zu kommen. Was Du mir zu meinem Buch gesagt hast, hat mich sehr froh gemacht.
             Sei umarmt von Deinem
                         alten Peter

70

Jürgen Flimm
»ABBRACCIATEVI E TACETE« (COSI FAN TUTTE)

Es war wieder einmal eine jener unsäglich langen Nächte, an deren Morgen man wie mit einem alten Scheuerlappen im Maul aufwacht und allem Nikotin und Alkohol ein für allemal sehr abrupt abschwört: Ich trank in einer dieser finsteren Berliner Kneipen, die nie schließen, bis sie einen endlich doch in den hellen Morgen rülpsen, den der brave Bürgermann eilenden Schrittes schon ausmißt. Und die Vögel singen sowieso schon, was sie wollen.

Vor mir hockten, mit ihren sanften Freundinnen, zwei radikale junge Regisseure, die wild rauhe Mengen Bieres in sich hineinschütteten und unerbittliche Mitteilungen an mich mit gnadenlosen amerikanischen Kürzeln aufpolsterten: iffjuhnauwottamiehn, eh! Ich kriegte gehörig die Hucke voll: ich sei ein alter Arsch & Sack, der eben genau so ein alter Arsch & Sack sei, wie die anderen Ärsche & Säcke, die auf ihren überbezahlten und dreckigen Sesseln außer Fürzen sowieso nix hochbrächten, eh, gatt mieh? Vernünfteleien meinerseits wurden mit hohnlachendem Gegröhle und leichten Handgreiflichkeiten, die Knöpfe vom Hemde sprengten, entgegnet. Und mitten in diesem sturzbetrunkenen Gewühle und Geschrei saß milde lächelnd eine Theatermatrone; verständnisinnig beugte sie sich behäbig mir zu und schwäbelte melodiös, daß diese wilden jungen Menschen schon ein bissele Recht hätten, die hätten es doch heut besonders viel schwärer als mir damals, als Du und der Luc, gell?

Einen Moment lang stierte ich durch diese staubige Kneipe auf alle die jungen und alten Wachsfiguren, die sich nun schon seit Jahrzehnten an den bleichen Händen halten und nächtens dröhnend das gute, alte Stadttheater umstürzen, um es morgens wieder flugs aufzurichten. In jenem Moment benebelter Schwäche gab ich der Dicken recht, schlechtes Gewissen verschlug mir die Stimme. Fuck! Während ich am nächsten Morgen – rote Kaninchenaugen hinter schwarzer Brille verbergend – einen Vortrag über das deutsche Theater der Jetztzeit herunterstotterte, erblickte ich liebe, bekannte Gesichter, die bei mir mehr als gemischte Gefühle hervorrufen: Die hohe Zeit des überflüssigen Theatertreffens war wieder einmal gekommen. Nein! schoß es mir da durch den Kopf. Sie hat nicht Recht gehabt, gestern in der Nacht in dem verräucherten Panoptikum. Es war ein böser, harter Weg, viel steiniger, unwägbarer, sandiger, als es der schnelle Blick über die krumme Schulter wahrnehmen kann; für viele von jenen, die heute schon fast so geworden sind wie die, die sie nie werden wollten, am guten deutschen Stadttheater. Iffjunauwottamiehn, eh. Batt lissen, eh.

Klar kennen wir uns alle schon lange, dies ist eine feinsinnige Familie, meist Schwererziehbarer. Viele tranken ja schon vor dreißig Jahren beim Studententheatertreffen in Erlangen erregt miteinander, viele der späteren Sesselfurzer, yeah!, einige wenige, Auserwählte, wurden adoptiert. Manch einer steht immer noch draußen: arme Waisenkinder. Aber was heißt das schon: Lange kennen? Nach Überschreitung der Midlifeline – we're hanging our washes – bedeutet dies nur noch platt, daß wir alle auf dem rumpeligen Weg zur finsteren Grube ein schönes Stück gemeinsam weitergekrochen sind. Viel mehr sagt es nicht, nicht mehr.

Der Luc war solch ein Adoptivkind, mit wechselnden Vätern und Stiefgeschwistern; eine leicht kokette Kreuzung aus Aschenputtel und Dornröschen. Er war, als die alte Familie der meist Schwererziehbaren ihn annahm, viel zu jung, um mit den Siebenmeilenstieflern Schritt zu halten. Er war ja nie dabeigewesen, bei den wortreichen Schlachten, mußte sich seine kleinen Geschichten erst aufkritzeln, wie kurzsichtig, die Nase nah am Blatt. Er schrieb seine Merkwürdigkeiten allerdings nachdrücklicher auf als andere, das vergaß man nicht so schnell, flotte Antworten waren nicht seine Sache. Seine Beobachtungen waren immer ein Gran genauer; seine Haltung beim geneigten Zuschauen, beim Aufmerken damals immer eine Spur aus der verbindlichen Spur, ein wenig, fast nicht bemerkbar: neben den Geleisen, nie schnurgerade in die weite Ebene der allgemeinen Öffentlichkeit gespannt. Eigentlich so einer für Kult und Kenner, ein bißchen nouvel théâtre, si tü säh ke sche pongs.

Ich habe ihn immer sehr beneidet. Er, der so lange dieser Benjamin des deutschen Theaters war, immer schien er mir ein Sohn des Glücks, hochbegabt, fielen ihm die Sterne nur so in den Schoß. Aus gutem Hause, alle Bezirke der schönen Literatur früh mit sicherer Kenntnis schon ausgezirkelt; einer also, dem die Herzen zuflogen, dem sich die Köpfe öffneten, hell und leicht, graziös; Sohn eines solchen Vaters und einer solchen, jüdischen Mutter, Lill!

Er wartet auf mich, da auf der abendlichen Straße vor dem kleinen Theater; die Vorstellung sollte noch nicht beginnen, ich hatte mich verspätet. Mit meinem VW klapperte ich von München nach Nürnberg. Ich wollte mir *Die Stühle* ansehen, er hatte das inszeniert, in einem Bühnenbild von Rolf Glittenberg. Frau Petritsch und Herr Mues spielten die beiden alten Menschen. Es war im Frühjahr 1972, verdammt lang her!

In Zürich hatte ich ihn einige Monate vorher kennengelernt, auf einer Premierenfeier. Er lobte unsere Aufführung von der Fleißer, *Fegefeuer*, und war in jenen Kreisen des Zankl'schen Neumarkttheaters schon eine kleine Berühmtheit. Er sei der Sohn vom Bondy, verriet mir die Bill. François? Er scharte sie um sich, sie hörten ihm zu, zappelig, wie er war. So formale Dinge hätten ihm gut gefallen, wie Gervasius ewig Nägel kaute und dann wie ein empörter Heuschreck von der Bühne sprang, wie Roelle am Schluß heißhungrig seinen Katechismus verschlang und derlei Sonderbarkeiten mehr; wie die Kinder sich die Köpfe an der welligen Metallwand krummschlugen und wie sie dann Glieder verrenkend durchs kunstgrüne Gras purzelten. Er schnüffelte gleich auf der leeren Bühne herum, als wolle er selber rasch in dieses wundervolle Stück Ingoldstädter Pubertät hineintreten.

So saß ich also in Nürnberg, da in den *Stühlen*, und freute mich so sehr an dieser Körpertheaterei; daß solch junge, gute Schauspieler dies taten, im spiegelnden Wasserbild des Rolf Glittenberg. Alles das kam mir so nah, so bekannt vor. Gatt mieh?

Bis tief in die Nacht saßen wir zusammen, die Schauspieler redeten miteinander und mit ihm, wir stritten uns ausführlich über das Stück und mein Lob. Nachdem ich letzteres ausgiebig verteilt hatte, erlosch Lucs Interesse rasch an meinem Besuch, und er wandte sich einem schönen Mädchen zu, das in irgendeinem Verwandtschaftsverhältnis zu Herrn Mues stand. Später verliebte auch ich mich in sie, aber das ist freilich eine andere Geschichte.

So begann also eine ganze lange Reihe von Besuchen, ich weiß heute nicht mehr, wer wen öfter aufgesucht hat, sehr wahrscheinlich ich ihn.

Bald zog Luc ins rigorose Frankfurt, ich machte mich auf den schmalen Weg in den hohen Norden. Sein erstaunlicher Aufstieg wurde nun rascher, die Feuilletonisten wiegten ihre weisen Häupter und beschlossen, ihn zu mögen.

Dann kam die erste Zeit an der Schaubühne in Berlin. Die war wohl auch nicht immer einfach. Zu der Zeit war es freilich ein großes Glück, dort am Halleschen Ufer zu arbeiten, und das Ziel vieler mißratener Mitglieder der Familie; Sinn und Form schienen sich da erstmals wieder glücklich zu treffen. Eine radikale Herausforderung für die Stadttheater, wie diese sich auch immer zu formulieren trachteten; dort einmal zu arbeiten, unter solchen Umständen, welch ein Traum könnte das sein, mein Neid wuchs einmal mehr: Welcher Glanz in den Steinschen Aufführungen, bis heute selten erreicht, trotz enormer Anstrengungen mancher, die auch einmal den Präzeptor geben möchten und doch nur platter Abklatsch sind! Welch utopischer Streif am düsteren Horizont jener bitteren, herbstlichen Tage der Republik: Die Schaubühne von Peter Stein!

Und so verschwand also mein Luc in den Wolken jenes geheiligten Bezirks im schmuddeligen Kreuzberg.

Dann griff irgendwann diese schreckliche Krankheit nach ihm; in welchem Sternzeichen er wohl geboren sei, fragte er viel später einmal grinsend; und schnell noch den jüdischen Witz hinterher, von Sarah, die das Unglück brachte auf dem langen Weg von den russischen Pogromen bis in die finstere Bronx.

Der rasche Aufstieg stockte, die Schaubühne wollte nicht mehr so recht, die Krise hatte auch ihn – den Sohn des Glücks – am Wickel.

Mit dem *Platonow* fiel er auf die Nase – mitten in den Sand, den ihm sein Bühnenbildner auf die Bretter der Freien Volksbühne geschüttet hatte. Ich mochte diese ungebärdige Aufführung gerne; am Ende die verirrten Frauen um den erschossenen Dorfschullehrer auf seinen staubigen Matratzen, der elende Schluß eines stumpfen Lebens in der hoffnungslosen Provinz, zu komisch! Wir saßen in seiner Wohnung und erzählten uns von ganz alten Zeiten, als die gemeinsame Gründung einer Firma zur Herstellung von 1a-Inszenierungen in Aussicht genommen wurde; inzwischen stand ich einem solchen Geschäft vor, ich war Intendant in Köln geworden. Er zog mit uns und machte dort sicherlich einige seiner bislang besten Inszenierungen.

Yvonne von Gombrowicz, die *Glücklichen Tage* mit der überragenden Christa Berndl, *Am Ziel* von Thomas Bernhard, der es sich nicht nehmen ließ, mit seinem Bochumer Hausregisseur eigens anzureisen. In einem recht freundlichen Brief teilte er uns dann großes Lob mit, dies sei die beste Aufführung dieses Stückes gewesen: Luc hat es genossen. Und endlich *Macbeth*; eine Inszenierung, die weit unter ihrer doch unbestreitbaren Qualität beurteilt wurde! Kennt jemand das Stück? Nie werde ich das hohe blaue »Ilverness«-Bild von Glittenberg vergessen, die steilen Türen, die Eisenbetten, nackt Herrmann Lause und Ilse Ritter im flüsternden Dialog der Mörder; dann Macbeth' Rückkehr vom grausamen Mord, blutbesudelt die dünne nackte Gestalt, tief erschöpft und niedergeschlagen beide. Eine selten düstere Szene, welch radikaler Umgang mit den großen Texten und den verrückten Psychen der beiden Aufsteiger!

Ich hielt Luc den Rücken frei, er bekam das, was er wollte, und das war nicht wenig, er konnte so in Ruhe arbeiten: kein Einschränken, kein Ausgrenzen, kein Eingreifen. Alles das war wahrlich nicht einfach, aber es war eine gute Zeit in Köln. Luc arbeitete da, und Wilson und Gosch und ich. Es war die beste Zeit: welch ein Leben im grauen Klotz am Offenbachplatz!

Aber er kehrte wieder nach Berlin zurück, inszenierte furios mit meisterlichen Schauspielern die *Kalldewey, Farce* von Botho Strauß, hier Stein einmal in nichts nachstehend. Er übernahm von Stein die Leitung der Schaubühne, er war nun angekommen, ganz hoch oben, an der Spitze des besten deutschen Theaters.

Zuletzt habe ich ihn in Paris besucht, um sein *Wintermärchen* zu sehen, das er in Nanterre mit der Ogier und dem großen Piccoli erzählt hat. Er wartete in der Halle dieses Vorstadttheaters, drehte seine durch die vielen Therapien schon recht schütter gewordenen Haare und freute sich, uns zu sehen. Nach der Vorstellung gingen wir miteinander essen und kräftig trinken. Nachdem ich die Aufführung aufrichtig und in angemessener Ausführlichkeit gelobt hatte, war Luc es zufrieden und wandte sich wieder anderen Dingen zu. Und so war es wie früher!

Als ich also meinen bedeutenden Vortrag über das Theater der Jetztzeit im bierdunstigen Spiegelzelt ausgestottert hatte, verließ ich rasch diesen abgeblätterten Mittag mit seinen staubigen Gesichtern auf den ausgeleierten Klappstühlen. In der luftlosen, grellen Berliner Sonne traf ich eine junge Künstlerin, die mich mitfühlend nach dem Ende der gestrigen lärmenden Nacht in jenem düsteren Wachsfigurenkabinett befragte, sie sprach recht sanft mit mir, als sei ich gerade aus einem schweren Traum erwacht. Ich begann meinen krausen Kopf mühsam zu ordnen, blinzelte in jene Richtung und war versucht, den heutigen Abend, die kommende Nacht und den entsetzlichen Morgen nicht vergehen zu lassen, ohne nicht wieder diesen Höllenschlund hinabgestiegen zu sein: Rache! Ich wollte denen schon was erzählen, diesen schwankenden Gestalten in der Vorhölle des Stadttheaters, den taumelnden Wanderern am schwarzflüssigen Styx, den durch Bierlachen stakenden Maulhuren! Ich hätte ihnen von den einen oder anderen erzählen können, die auszogen, die Theater das Fürchten zu lehren. Und wie schwer es doch war, die steilen ausgetretenen Stufen zur Beletage hochzukraxeln. Von dem Zug dieses chaotischen Zirkus wollte ich ihnen etwas verraten und etwas von den Karawansereien, die nun öde und verlassen zurückblieben, um mit der Zeit unweigerlich zu versanden und in den tiefen Schlaf der bleichen Langeweile zu versinken.

Ach, dachte ich dann, vergiß es, laß es, hat keinen Sinn. Sie werden es schon selber erfahren. Abbracciatevi e tacete. Und vielleicht wird einer einmal so einer, wie der Luc einer ist. If you know.

ERSCHÜTTERUNG – SCHWERELOS
Peter Stein über Luc Bondy (und sich)

Freunde, die selber künstlerisch arbeiten, geben einem immer die Möglichkeit, sich selber zu definieren. Indem ich mich zu einer Persönlichkeit wie Luc in Beziehung oder Opposition setze, lerne ich meine eigene Befindlichkeit kennen. Man ist also nicht darauf angewiesen, das aus Reaktionen von Kritikern und sonstigen mehr oder weniger unangenehmen Begleiterscheinungen zu entnehmen oder durch ständige Selbstprüfung oder Selbstkasteiung im stillen Kämmerlein, sondern erfährt es in einem offenen Verhältnis zu denen, die im selben Beruf arbeiten und die einem freundschaftlich verbunden sind. Ich kann dafür nur dankbar sein, persönliche Interessen zu Leuten hergestellt zu haben, die in meinem Metier arbeiten und die gleichzeitig in diesem etwas zu sagen, etwas zu versenden haben. Dadurch verdeutlichen sie mir in intensiver Weise meine Grenzen und meine Möglichkeiten.

Die Geschichte zwischen Luc und der Schaubühne ist eine völlig irreguläre Veranstaltung, ist geprägt durch persönliche Katastrophen von Luc, ganz unabhängig vom segensreichen oder unheilvollen Einfluß der Schaubühne. Deswegen kann man das nicht in ordnungsgemäßer Weise abhandeln.

Ich bin mit der Theaterarbeit von Luc Bondy zuerst durch Hörensagen in Verbindung gekommen. Da wurde alles mögliche erzählt und gemunkelt. Und es gab sehr schnell die ziemlich eindeutige Meinung über den Luc, er sei eine Art von Paradiesvogel des deutschen Theaters, mit französischen Kolorierungen.

Wann ich eigentlich die erste Sache von ihm gesehen habe, weiß ich überhaupt nicht genau. Ich habe sehr früh seine Inszenierung der *See* von Edward Bond im Münchner Residenz-Theater gesehen. Diese Aufführung hat mir außergewöhnlich gut gefallen, weil sie, abgesehen von starken Stimmungsvaleurs, eine inhärente Verrücktheit hatte, die nicht nur durch die Schauspieler, sondern auch durch die Kontrapunktik der einzelnen Regieeinfälle hergestellt war. Eine Verrücktheit, eine merkwürdige Hysterie und Gespanntheit zeigten sich in dieser Aufführung, alles andere als schwer und miefig.

Was mich von Anfang an an Luc interessiert hat, ist die Abwesenheit teutonischer Miefigkeit – in seiner Person, in seiner Kunst und in seinem Verhalten. Ich würde das nicht unbedingt als französisch bezeichnen, sondern ich glaube, daß das eher etwas zu tun hat mit seiner kosmopolitischen Veranlagung.

Danach habe ich von ihm in Hamburg *Glaube Liebe Hoffnung* von Horváth gesehen. Ich erinnere mich deshalb daran, weil es in gewisser Weise eine Testsache war. Weil viele Schauspieler mit dem Gedanken spielten, Luc Bondy an der Schaubühne arbeiten zu lassen, und weil an der Schaubühne in früheren Zeiten (und auch heute noch) die Schauspieler ein ausschließliches Bestimmungsrecht haben, ob ein Regisseur engagiert werden soll oder nicht, fuhren einige von ihnen nach Hamburg, um sich die Aufführung anzusehen. Diese Inszenierung habe ich nicht ganz so gut in Erinnerung wie *Die See*. Sie schien mir, auch vom Stück her, nicht so gut zum Luc zu passen, obwohl einzelne große, nicht-oberflächliche Überraschungsmomente in dieser Aufführung enthalten waren.

Ich habe eine dritte Aufführung gesehen, die er in Frankfurt gemacht hat, Marivaux' *Die Unbeständigkeit der Liebe*, und die hat mir außerordentlich gut gefallen. Ich bin ein großer Liebhaber der Marivauxschen Texte, habe sie aber immer vollkommen anders gesehen. Daß man die Strukturen und die Art zu denken und zu empfinden, die sich in den Marivaux-Texten spiegeln, auf eine derartig unaufwendige Weise ins Deutsche übertragen kann – ohne modernistisch dabei vorzugehen, Luc hat die Sache eigentlich nur auf sich selber bezogen oder an sich herangezogen, was der Aufführung etwas Heutiges gab –, daß dies überhaupt möglich war mit deutschen Schauspielern und wie ihm das gelang, mir war das vollkommen schleierhaft. Ich war zutiefst erstaunt und mit großer Bewunderung erfüllt. Ich habe an dieser Aufführung eigentlich meine Grundvorstellung von Lucs Arbeit geprägt.

Es gab noch zwei andere Aufführungen in Frankfurt, wo er sich mit neueren Stücken beschäftigt hat: *Die Hochzeit des Papstes* von Edward Bond und *Der Dauerklavierspieler* von Horst Laube. Der Bond hat mich noch ein bißchen interessiert, weil er dort etwas mit der »documenta«-Ästhetik, die die Bühne damals immer mehr zu überschwemmen begann, gespielt und das eigentlich ganz gut hingekriegt hat. Aber im großen und ganzen war es keine furchtbar wichtige Entdeckung. Den *Dauerklavierspieler* fand ich allerdings eine schreckliche Veranstaltung.

So lösten sich in der Anfangsphase fragwürdige Sachen ab mit großen Gewinnen im Betrachten und großen Erkenntnisschüben.

Wann es zum ersten Kontakt zwischen Bondy und der Schaubühne kam, weiß ich auch nicht mehr so genau. Wie andere Theater, waren wir damals ständig auf der Suche nach Regisseuren. Ursprünglich war geplant, daß die Schaubühne mit zwei Hauptregisseuren arbeitet, was ja nie funktioniert hat. Das sieht heute ganz anders aus, da eine ganze Reihe von festen Regisseuren dort arbeiten: Klaus Michael Grüber, Luc Bondy, Jürgen Gosch, Bob Wilson. Am Anfang war geplant, daß Claus Peymann und ich das gemeinsam machen, und als Peymann dann wegging, stellte sich dauernd die Frage nach einem zweiten Regisseur, nach jemandem, der regelmäßig an der Schaubühne arbeitet. Wir haben uns also umgesehen, und da ist uns der Luc aufgefallen. Nachdem ich *Die See* gesehen hatte, habe ich ihn dann ganz ernsthaft vorgeschlagen. Das Problem war nur, daß wir nicht genau wußten, wie wir das Gespräch mit Luc organisieren sollten. Es war zu diesem Zeitpunkt auch üblich, einfach einen Regisseur einzuladen, ihn vor das Ensemble zu pflanzen, und das Ensemble konnte ihn befragen. Und das geschah. Außerdem beschlossen wir, uns seine Horváth-Inszenierung in Hamburg anzusehen.

Ich habe in den ersten Begegnungen mit ihm etwas festgestellt, was für mich ganz ungewohnt war, nämlich eine ganz ungewöhnliche Leichtigkeit des Umgangs miteinander. Das war so erfreulich unkompliziert. Er macht es einem ja nicht schwer. Ich bin eher ein Problemheini, total verklemmt und mit massiven Kontaktschwierigkeiten. Im Laufe der Jahre hat sich diese persönliche Beziehung, ob man das nun Freundschaft nennen will oder nicht, immer mehr vertieft, hat sich diese Leichtigkeit und Unproblematik des Zuhörens und des Aufeinander-zugehen-Könnens immer wieder hergestellt. Obwohl es ein paar Krisen gab. Das hatte natürlich etwas mit der strikten Berufsausübung zu tun. Ich befand mich nämlich in ständigem Konflikt, da ich ihm ja immer in mehreren Funktionen gegenübertrat: als Privatmensch, als Regisseur, damit auch als Konkurrent, und obendrein noch als Theaterleiter, also quasi als Chef. Diese Dreigestalt hat nicht immer schöne Ergebnisse hervorgebracht.

Dadurch daß wir uns so gut verstanden und ich bereits einige seiner realisierten Projekte zur Kenntnis genommen hatte, war für mich eigentlich viel eher als für die Schauspieler wünschenswert, daß er an der Schaubühne arbeiten sollte. Der Prozeß selber dauerte eine ganze Zeit, weil seine Fähigkeit, vor solch einem Gremium zu sprechen, wie es eine Vollversammlung von 45 Leuten ist, seinerzeit nicht sonderlich entwickelt war. Er hat sich davor gescheut und geklemmt, wie viele andere auch. Die Leichtigkeit des Aufeinander-Zugehens hat dort wegen der vielen Leute gar nicht stattfinden können. Das wurde dann durch mehrere Begegnungen aufgelockert, und in zunehmendem Maße schien es den Schauspielern ebenfalls wünschenswert, daß er an der Schaubühne arbeitete.

Jetzt war das erste natürlich die Frage: Was soll er inszenieren? Da für mich, neben seiner *See*, seine erste Marivaux-Inszenierung das Überraschendste war, was ich von ihm gesehen hatte, wollte ich ziemlich schnell wieder einen Marivaux, den *Verwandelten Prinzen*, lancieren. Wir machten zur selben Zeit gerade den *Sommergäste*-Film in den Rieselfeldern, und in den Drehpausen lagen wir im Freien immer beieinander und diskutierten über diese Fragen. Ich weiß nicht genau, weshalb es nicht dazu kam, ich glaube, es hatte mit der Herzensträgheit der Schaubühnen-Schauspieler zu tun, die sehr lange und wohl noch bis heute große Vorbehalte gegen die Marivaux-Stücke haben, wie übrigens alle deutschen Schauspieler. Außer Luc ist es ja in Deutschland niemandem gelungen, aus einer Marivaux-Inszenierung einen Erfolg zu machen. Auch ich habe ja mal einen fehlgeschlagenen Versuch mit einem Marivaux-Stück unternommen.

Die deutschen Theaterleute wehren sich oft gegen Marivaux, indem sie sagen, das habe nichts mit ihnen zu tun, das sei Spitzendeckengeklöppel, Abgehobenheit, Theaterspielerei des 18. Jahrhunderts. Wo ist da der soziale Belang? All diese dummen Sprüche, mit denen heutige Theaterleute sich den Blick auf ihr Metier verstellen. Das ist ja leider Gottes seit '68 Mode geworden und hat so um sich gegriffen, daß die armen jungen Leute heute glauben, ohne das nicht auskommen zu können, und sich dann wundern, wenn sie vom Theater nichts in die Hände kriegen.

Der soziale Belang des Theaters wird bekanntlich durch die soziale Verflochtenheit der Theatermacher ins Spiel gebracht und nicht so sehr durch den Autor oder eine Thematik allein. Das Theater will hauptsächlich spielen, will Dinge verwandeln, will Dinge durcheinanderbringen. Das ist seine hauptsächliche Funktion. Das macht es mit im engeren Sinn sozial belangvollen Dingen genauso wie mit Sternenstaub, mit lebender, mit toter Natur, mit allem, was es in die Hände kriegt. Auch mit Dingen, die so belangvoll sind wie zum Beispiel das Telefonbuch, das ja auch einen gewissen sozialen Belang hat. Ich weiß mich in diesen Ansichten mit dem Luc ein bißchen einig.

Welche ganz simplen, kruden Spielanlässe in so einer Textur wie einem Marivaux-Stück stecken, zeigen sich deutschen Schauspielervorstellungen und -augen nicht, weil sie eine bestimmte Vorstellung von Aufführungstradition dieser Art von Stücken in den Köpfen und in den Herzen haben und weil die deutsche Theaterkultur mit der französischen Theaterkultur nicht sonderlich viel gemein, besser gesagt: die allergrößten Schwierigkeiten hat. Nicht erst seit Lessing. In Deutschland gab es keine fahrenden französischen, sondern fahrende englische Komödianten. Das französische Theater ist nur über ganz bestimmte Interessenspunkte und Connaisseure an den Höfen nach Deutschland gekommen und sehr früh schon, vor Lessing, nicht sehr gemocht worden. Und das ist eigentlich bis heute so geblieben. Das ändert sich natürlich in dem Augenblick, wo Leute wie Chéreau kommen. Aber das sind Regisseure, das sind keine Texturen.

Wir Regisseure sind ja polyvalente Huren. Wir machen alles und jedes: Wagner, Marivaux, die Antike – uns ist alles gleich. Zu allem und jedem kann man etwas machen. Mit Texten ist es anders. Texte sind die eigentliche Basis, der Prüfstein unseres Metiers und unserer Kunst. Sie haben dementsprechend auch eine größere Wahrheit, Ausschließlichkeit, Intrikatheit. Man kann nicht so ohne weiteres dieses und jenes in sie hineinschleppen.

Luc ist auf eine erstaunliche Weise belesen. Das habe ich erst später herausbekommen und habe es mit einem gewissen Neid beobachtet. Im Gegensatz zu mir liest er unglaublich schnell und Sachen, die ihm zunächst mal direkt überhaupt nichts nützen. Er liest in der Gegend herum. Das ist natürlich das wahre Lesen, während das Zu-präzisen-Berufszwecken-Lesen ja jeder Bankkaufmann tut. Der liest die Börsenberichte, um zu wissen, was sich verkauft, und so ähnlich geht es mir leider auch.

Aufgrund seiner literarischen Bewandertheit gelingt es Luc auch, diese Widerständigkeit (die sich darin spiegelt, daß er Schnitzler in Frankreich und Marivaux in Deutschland inszeniert) zu einer kulturellen Situation immer wieder herzustellen. Ich glaube, daß er dann auch am besten und am aufregendsten ist. Wenn er sich jetzt in Frankreich *Das Wintermärchen* ausgesucht hat, befindet er sich wieder in so einer gegenständigen Situation. Das Stück hat mit Frankreich gar nichts zu tun, und die Franzosen haben auch damit überhaupt nichts am Hut. Die Deutschen schon viel mehr, obwohl man das *Wintermärchen* auch in Deutschland nur sehr schwer inszenieren kann. *Das weite Land* von Schnitzler in Paris zu inszenieren, war genau dasselbe.

Ein Stück wie *Kalldewey, Farce*, das Botho Strauß als grün angemalten Furz quer zu dem allgemeinen heutigen Denken setzte, mit ganz eigenartigen intrikaten Provokationselementen – das hat hervorragend zu dem Luc, zu seinem Temperament und seinem Wollen gepaßt. Ich fand das Stück, als ich es las, überhochmetzt und zu sehr verrätselt. Einerseits verrätselt, andererseits zu durchsichtig im Maskenspiel, im Spiel mit der Heutzeit und der ganzen Jetzt-Kultur, ich wollte es auf gar keinen Fall machen. Dann habe ich es in Lucs Inszenierung gesehen und war vollkommen fasziniert, hingerissen. Das Wort »hingerissen« ist der richtige Ausdruck.

Luc hat sehr oft die Möglichkeit, etwas zustande zu bringen, was typisch theatralisch ist: etwas Hinreißendes zu machen, in des Wortes doppelter Bedeutung. Denn das Wort »hinreißend« im Deutschen ist auf der einen Seite sehr drastisch, sehr plastisch, das heißt, es reißt einen hin, zu der Sache hin oder auch vom Sockel oder vom Hocker. Auf der anderen Seite kann das Wort »hinreißend« auch einen sehr geselligen Ton und einen superfiziellen Beigeschmack haben. Beide Dinge beherrscht Luc in gleicher Weise in seinen glückhaftesten Momenten, und das hat entscheidend etwas mit Theater zu tun. Wenn man nicht in der Lage ist, solche Wirkung zu erzeugen, sollte man eigentlich die Finger davon lassen.

Luc ist an einer literarischen Beschäftigung mit Stück, Spielanlässen und dem Theater durchaus interessiert, er stellt dramaturgische Überlegungen an, er ist in der Lage, Argumentation, Einsichten und Meinungen anderer Leute zur Kenntnis zu nehmen und aufzunehmen. Gewiß nur bis zu einem bestimmten Punkt. Gewiß nur so lange, wie die eigentliche, ganz konkrete Probenarbeit noch nicht begonnen hat, wenn dann die Dinge, die er zur Kenntnis genommen hat, in ein mehr oder weniger freies Spiel gebracht werden wollen.

Das ist bei mir völlig anders. Ich profitiere auch noch von systematischeren, dramaturgischen Erwägungen während der Arbeit. Sie behindern mich nicht, sondern sie stimulieren mich. Das ist bei Luc nicht unbedingt der Fall. Von einem bestimmten Zeitpunkt an müssen bei ihm die verschiedenen Elemente, die wahrgenommen worden sind, in Beziehung zueinander treten; er fängt einfach an zu spielen, zu assoziieren, auszuprobieren, hin und her zu springen, Querschläge zuzulassen, die überhaupt weiter nicht diskutiert werden sollten. Ich kann das insofern ganz gut beurteilen, da ich an den Proben zu *Kalldewey, Farce* als Beleuchtungsmeister und technischer Direktor, der das Bühnenbild zu Ende montiert hat, beteiligt war. Solche Handreichungen, die von ihm ausdrücklich gewünscht waren und die ihm die Freiheit gaben, mehr mit den Schauspielern in der Endphase zu arbeiten, hat es öfter gegeben.

Die Wupper von Else Lasker-Schüler war ein Stück, das bei uns nach längerem Hin und Her längst fällig war. Ihn hat dieses Stück auch gereizt, unter anderem deshalb, weil es eine eigenartige, fremdartige Widerständigkeit hat. Daß es von einer jüdischen Autorin ist, dürfte nicht unbedingt der Anlaß gewesen sein, sich dafür zu entscheiden, aber da es etwas erratisch in seiner Zeit, den zwanziger Jahren, steht, schien es wohl zu den Wünschen und Vorstellungen von Luc zu passen. Es wurde Lucs erste Arbeit an der Schaubühne.

Die Anfangsarbeiten für *Die Wupper* waren sehr normal, waren, wie sie bei uns zu sein pflegen, angefüllt mit einer Menge von Lektüre, mit Ausführungen, Betrachtungen und Erwägungen. Doch dann passierte in den Probenbeginn hinein der Überfall der Krankheit auf Luc. Ich habe, in meiner dreifachen Funktion, die ich zu diesem Zeitpunkt hatte, zunächst überhaupt nicht gewußt, was machen. Wie es meinem Naturell entspricht, habe ich sofort auf sehr aggressiven Kurs geschaltet. Ich habe ihn so behandelt, als würde es sich im wesentlichen nur um einen Schnupfen handeln, und ihm als weitere Beziehungsbasis vorgeschlagen, so heftig, so schnell und soviel wie irgend möglich weiterzuarbeiten. Wir haben dieses Projekt mit ihm also nicht aufgegeben und weitergearbeitet, obwohl er von der Krankheit befallen war, die ihn tödlich bedrohte. Ich habe das sowohl als Direktor als auch als Freund, als auch als Konkurrent für eine richtige Entscheidung gehalten. Als Regisseur hätte ich mich auch so verhalten, ich hätte versucht, das auf diese Weise hinter mich zu kriegen. Ich habe ihm allerdings gesagt, daß ich ihm helfen würde, falls er es benötigt. Ich habe ihn von Anfang an als das entscheidende Vorbild angesehen, wie man sich in solchen Dingen zu verhalten hat.

Ich weiß nicht, ob ich in einem ähnlichen Fall auch in der Lage wäre, ein solches Verhalten an den Tag zu legen und zu einer solchen Kämpfernatur zu werden, die niemand anderen am eigenen Leid und an den eigenen Schwächen beteiligt, die gewiß die Kraft der Zuwendung anderer Menschen benutzt und aufnimmt, aber niemals die eigenen Schwierigkeiten den anderen auf die Nase drückt. Das ist für mich, der ein hochrangiges Interesse daran hat, »wie man eigentlich leben soll«, exemplarisch gewesen. Diese alte Frage, wie sie auch Tschechow stellt, wie man sich verhalten soll. Wie man in dieser allgemeinen Hotsch-Potsch- und Dreckszeit, in der sich alles übereinander- und untereinanderschiebt und in jedem Sinne promiskuiert, leben soll. Fragen wie: Was sollen wir tun? Wie kann man sich irgendwelche Maßstäbe des Verhaltens setzen? So ist er für mich einer der entscheidenden Leitpunkte geworden.

Mit *Die Wupper* hat er also mit gewissermaßen gebrochenen Schwingen seine erste Produktion an der Schaubühne gemacht, die obendrein technisch noch sehr kompliziert angelegt war, was eine zusätzliche Belastung für ihn bedeutet hat. Wir wurden damit kaum fertig. Es gab ein Vier-Akte-Bühnenbild gigantischen Ausmaßes, das Karl-Ernst Herrmann entworfen hatte; denn es war die Zeit, in der wir so gewaltige Bühnenbilder bauten, und das alles in den völlig beschränkten Verhältnissen der alten Schaubühne. Das war der Punkt, an dem ich gezwungen und auch von ihm aufgefordert war, einzugreifen und Hilfestellung zu leisten. Ich habe versucht, diesen ganzen technischen Kram zu übernehmen, da er in der Endphase dieser Proben gesundheitlich gewaltig in eine Krise geriet. Das Zu-Ende-Gehen der Arbeit an diesem Stück ist demnach alles andere als normal gewesen. Die Schauspieler haben das wohl sehr gut begriffen, vielleicht nicht so gut wie ich. Ich war auch näher dran, ich saß ja hinter ihm im Probensaal. Aber sie haben zumindest diesen Balanceakt mitgemacht, ihn ermöglicht. Später hat er mir mehrere Male gesagt, daß er mein Verhalten als sehr hilfreich empfunden hat.

Das passiert einem nicht oft in meiner Position, und ich habe eigentlich mehr die Erfahrung gemacht, daß die Leute mich andauernd beschimpfen und mir sagen, wie ich mich verhalten soll. Was ich tue, sei vollkommen falsch und würde ihnen schaden. Das ist so, wenn man mit Schauspielern arbeitet, die beschimpfen einen nur. Man hat ja keinen Dank. Ist auch nicht notwendig, man wird schließlich für seine Arbeit bezahlt. Doch manchmal wünscht man sich, daß die Schauspieler auch die Dinge sehen, die ihnen gutgetan, geholfen haben. Aber das kriegt man als Antwort nicht zurück. Vom Luc bekam ich sie, und das war für mich äußerst wichtig. Ich glaube nicht, daß ich mich gebauchpinselt fühlte, es stärkte nur meine eigene Person etwas.

Es ist ja nicht darüber hinwegzusehen, daß ich keine ausgesprochen ausgeprägte Person bin, sondern wie die meisten meiner Altersgenossen ein sekundäres und Secondhand-Selbstbewußtsein habe.

Wie sollte es anders sein in meiner Generation. Als Kind der fünfziger Jahre konnte man nicht in irgendeiner Weise auftrumpfen und sich ganz besonders dicke fühlen – als Deutscher schon gar nicht. So hat Lucs Reaktion mir sehr viel bedeutet.

Es kam dann zu der nächsten Arbeit, zu der er sich ein französisches Stück aussuchte, Alfred de Mussets *Man spielt nicht mit der Liebe*. Doch diese Arbeit habe ich nicht so genau beobachtet. Luc war zu diesem Zeitpunkt einigermaßen wiederhergestellt, er hat die Arbeit durchgezogen, und die Schauspieler haben mit ihm sehr gut gearbeitet. Ich glaube, das Endergebnis hat ihn selber und die Schauspieler nicht so überzeugt. Diese Inszenierung fiel in eine Zeit, die auch für die Schaubühne nicht ganz einfach war. Wir hatten verschiedene Umbruchsituationen gehabt. Eine davon war – 1976 – der Weggang von Edith Clever und Bruno Ganz, mit den jeweils damit verbundenen Weggangsbestrebungen meinerseits. Davon hat es ja drei massive meinerseits gegeben. Und deshalb ist die Erinnerung an diese Inszenierung nicht so nachhaltig.

Es kamen nach dieser Inszenierung Mißtrauensanträge von seiten der Schauspieler, und Luc hat das gemerkt. Außerdem kam es zu einer Krise im Verhältnis zwischen uns beiden, und zwar deshalb, weil Luc von mir immer wissen wollte, was er als nächstes an der Schaubühne machen sollte, und ich ihm das nicht sagen konnte. Ich sagte ihm: »Das mußt du selber wissen. Schlag' etwas vor und red' mit den Schauspielern.« Selbstverständlich merkte ich, daß die Schauspieler diese Musset-Aufführung nicht so dolle fanden und anfingen, den Luc fallen zu lassen – was vollkommen normal ist.

Jeder Regisseur wird jeden zweiten Donnerstag fallengelassen, um dann mit großem Trara wieder aufgenommen und als Entdeckung gefeiert zu werden. An anderen Theatern versucht der Intendant dann eine gewisse Kontinuität zu erhalten, versucht die Schauspieler zu beschwichtigen, und so kommt gewöhnlich die nächste Produktion dennoch zustande. Bei uns hat sich bis heute eine solche Distanzierung und Absetzungsbewegung vom Regisseur durch die Schauspieler immer als äußerst problematisch erwiesen und sich niedergeschlagen in Beschlüssen, dieses und jenes nicht zu machen. Luc hatte in dem Moment Schwierigkeiten, das richtige Stück zu finden, hatte wohl auch die Nase voll, sich mit den Schauspielern herumzuschlagen, was auch eine ekelhafte Arbeit ist.

Da ich merkte oder mir einbildete, daß seine Kontaktaufnahme mit mir nur noch erfolgte, um aus mir irgendeine Art von vertraglicher Präzisierung herauszubekommen, habe ich darauf beleidigt, das heißt sehr deutsch reagiert. Die vornehmliche Tugend der Deutschen ist ja in einem solchen Falle, sich als beleidigte Leberwurst aufzuführen. Das hatte zur Konsequenz, daß der Luc in Berlin an einem anderen Theater, der Freien Volksbühne, inszenierte, was wiederum von der Schaubühne und speziell von mir als absoluter Sündenfall und Verrat interpretiert wurde. All diese Lächerlichkeiten und Aufgeregtheiten, denen man sich leider im Theateralltagsgeschäft nicht entziehen kann, traten zutage. Mit meinem übertriebenen Liebes- und Zuneigungsbedürfnis, meinem notorischen Mißtrauensgefühl und meiner ständigen Angst, von Leuten aufs Kreuz gelegt zu werden, immer nur zu etwas benutzt und dann fallengelassen zu werden, war ich nicht nur die beleidigte, sondern die tief enttäuschte beleidigte Leberwurst. Das war, wie man so schön sagt, ein Moment jener Krise, von der wir wissen, daß sie produktiv ist.

Um diese Zeit hat er an der Freien Volksbühne *Platonow* inszeniert und hat noch dazu jemanden von der Schaubühne abgeworben. Solche »kriminellen« Akte hatte er also auch noch begangen. Ich konnte mich einer gewissen Schadenfreude nicht enthalten – alles niedrigste Verhaltensweisen und Gefühle –, als die *Platonow*-Inszenierung an der Volksbühne in die Binsen ging. Er hat das, glaube ich, auch so gesehen. Mit diesem Tschechow hat er sich irgendwie übernommen. Das war 1978. Vier Jahre später hatte er seinen Redivivus an der Schaubühne. Es dauert immer fürchterlich lange an der Schaubühne, bis etwas in Gang kommt. Ich bin einerseits ein an den Dingen unglaublich lange festhaltender, seßhafter und treuer Mensch, und andererseits tendiere ich dazu, wenn ich fürchterlich beleidigt bin, in dieser Leberwursthaltung zu verharren.

Als Luc 1981 nach Köln ging, wo er unter anderem *Yvonne, Prinzessin von Burgund* inszenierte, die uns allen sehr gefallen hat, hat man natürlich gespürt, daß er an ein festes Haus gehen wollte, daß er sich um einen anderen Beginn bemühte. Durch den Vorschlag der Schauspielerinnen Jutta Lampe und Edith Clever und des Dramaturgen Dieter Sturm, mit Luc *Kalldewey, Farce* von Botho Strauß zu machen, kam er 1982 wieder an die Schaubühne. Über die Arbeit an *Kalldewey*, an der ich als technischer Leiter und Beleuchter teilnahm, hat sich dann sehr schnell unser Verhältnis wiederhergestellt und aufs schönste stabilisiert, und das ist bis heute so geblieben.

Kalldewey war ein Neubeginn vollkommener Kraft und absoluter Frische. Das war das erste Mal, daß es kein Geknörze gab. Ich selber war auch nicht besonders an der Entstehung dieser Aufführung beteiligt, sondern habe das mit Absicht den Schauspielern überlassen. Das war eine Sache, die wunderbar angefangen hat, in sich ruhte und zu einem sehr, sehr schönen Ergebnis geführt hat. Das ist, glaube ich, in einer gewissen Weise die verheißungsvollste und normalste Arbeit von Luc an der Schaubühne geworden. Nicht belastet, wie spätere Inszenierungen, durch die Tatsache, daß er nun Direktor der Schaubühne war. Das galt eigentlich auch noch für *Triumph der Liebe*. Aber ab der *Fremdenführerin* begannen die Belastungen, denen er als Direktor ausgesetzt war. Große Schwierigkeiten. Wenn das alles so einfach wäre, wäre ich ja nicht weggegangen. Wenn ich das im Handumdrehen machen könnte und es mich nicht belastete, würde ich es ja noch weitermachen.

Weil er ab *Kalldewey, Farce* dem Hause so eng verbunden war und sich in der Folgezeit gegenseitig ein so großes Vertrauen aufgebaut hatte, er gewissermaßen ein Bestandteil des Hauses geworden war, schlug ich, zusammen mit vielen anderen, ihn als Direktoriumsmitglied der Schaubühne vor. Selbstverständlich gab es von seiner und von anderer Seite auch mahnende Stimmen, die sagten: »Das kann er gar nicht. Er ist ein Schmetterling, den es an keinem Ort hält, der keine Kontinuität hat: zu Schauspielern, zu Projekten, zu Gedanken.« Da hab' ich gefragt, was das heißen soll? Ein Theater wie die Schaubühne ist auch in gewisser Weise institutionalisiert, ist auch ein Ding, das alleine läuft. Klaus Michael Grüber und ich haben auch gesagt, daß wir dort weiterarbeiten wollten. So schlimm ist solch ein Wechsel doch nicht, es stellt sich bloß von außen als so ein Riesenproblem dar.

Für den Luc selber hat es sich dennoch als ein großes Problem dargestellt, weil er, stärker als vielleicht andere, sich die Meinungen von außen zu eigen macht. Wenigstens kurzfristig. Doch vergißt er sie auch sehr schnell wieder. Er liest sämtliche Kritiken, ärgert sich darüber, vergißt sie aber wieder ganz schnell. Dennoch hat es ihn »wahnsinnig genervt«, daß gleich von Anfang an gegen ihn losgedonnert wurde. Seit 1972 ist die Schaubühne immer wieder totgesagt und seit 1977 generell unter Beschuß genommen worden. Das sind immerhin schon saubere elf Jahre, in denen die Schaubühne nur noch als widerwärtige Institution gepriesen wurde, die ihre ursprünglichen Impulse verraten hätte, nur noch Staatstheater und Luxusschiff sei, eigentlich der Subventionen nicht wert, denn diese seien ja unter ganz anderen Voraussetzungen gegeben worden und nicht für eine solche Institution. Behauptet wird, daß speziell ich nur totes Theater machen würde, die Schauspieler miserabel seien, die Dramaturgie nicht zeitgemäß, dabei heißt es doch »zeitgenössisches Theater«.

Dieser ganze Salat hat sich nun natürlich massiv auf den Luc ergossen. Kaum war er an der Schaubühne – man hatte natürlich vergessen, daß man seine *Kalldewey*-Inszenierung gerade eben noch hochgelobt hatte –, wurde gesagt: »Kaum inszeniert Bondy an der Schaubühne, wird er genauso langweilig wie die Schaubühne und macht nur noch totes Theater.« Das hat schwer auf ihn zurückgeschlagen. Hinzu kam noch eine gewaltige Ungeschicklichkeit: die Disposition seines ersten Jahres. Da, glaube ich, hat die Leitungsmannschaft der Schaubühne gehörige Fehler gemacht. Ich habe dieser Disposition aufs heftigste widersprochen, aber wenn man nicht mehr drin ist, kann man nichts mehr machen. An diesen Schwierigkeiten bin ich jedoch nicht ganz unschuldig. Es war ja meine Schuld, daß diese neue Situation entstanden war, und so war er auch im Recht, Fehler zu machen. Aber ich meine, daß es niemandem, auch Luc selber nicht, geschadet hat, daß er diese Erfahrung gemacht hat, und es wird sich erst herausstellen, ob dies nun für ihn so katastrophal ist oder nicht.

Die Qualitäten von Luc als Theaterregisseur bestehen darin, daß er zunächst einmal in ganz eminentem Sinne ein Theatermann ist. Er hat ein untrügliches Gespür für all das, was sogenannte theatralische Valeurs sind. Die theatralischen Valeurs beruhen alle auf dem Grundprinzip dessen, was Diderot in bezug aufs Theater erkannt hat, nämlich dem im modernen Sinne Paradoxalen des Theaters überhaupt. Diese eigenartige Widersprüchlichkeit zwischen spielerischer Anreizung und tatsächlich Nachprüfbarem, tatsächlichem Erfahren auf der Bühne – das ist ein Feld, in dem sich der Luc, von seinem Naturell und seinem Verständnis her, perfekt auskennt. Ohne zu reflektieren, ohne nachzudenken, bewegt er sich ganz selbstverständlich darin. Er braucht sich deshalb auch nicht irgendwelche ganz besonderen Sprungschanzen zu bauen, um sich, den Text und seine Theaterarbeit in eine Probensituation hineinzuverführen und hineinzustürzen. Sondern er kann sich geradezu ansatzlos, mit einer großen Leichtigkeit und ganz schnell in diese Spielsituation hineinversetzen. Wenn auch nur ein ganz kleines bißchen Wasser da ist, kann er sich wie ein Fisch im Wasser bewegen. Andere Regisseure brauchen ein Riesenbecken von Theatralität, um dort als

Fischlein ein paar Bewegungen herzustellen. Das ist für den Luc überhaupt nicht notwendig.

Diese Grundeinrichtung seines Naturells, verbunden mit den Gegebenheiten des Theaters, ist für mich eine seiner hervorspringendsten Eigenschaften, denn das geht mir vollkommen ab. Bei mir ist es eher umgekehrt. Ich habe mein ganzes Arbeitsleben lang gemeint, daß ich eigentlich gar nicht ans Theater, auf die Bühne gehöre, weil ich da ein paar Bewegungen mache, die eher plump sind und für die ich mich eher schäme. Meine Fähigkeiten (ich weiß gar nicht genau, welche das sind) liegen gewiß auf anderen Gebieten, auf analytischem, zumindest auf assoziativ-analytischem Gebiet.

Er könnte ja Schauspieler sein – das wollte er auch immer werden, ich wollte das nie. Hinzu kommt bei Luc ein ganz hervorragendes Gedächtnis für Gegenstände des Denkens, der Kultur und des Empfindens, ein Gedächtnis, das man in einer gewissen Weise als intellektuell bezeichnen könnte. Gegenstände, für die ich zwei- oder dreimal ansetzen muß, hat er sofort im Griff, sind bei ihm unheimlich schnell abrufbar: Assoziationen, inhalts- und bedeutungsmäßiger Art, zu dieser eigenartigen, widersprüchlichen Situation, wie sie eine reine, freie, vollkommen gegenstandslose Spielsituation darstellt, stellen sich bei ihm mit ungeheurer Schnelligkeit ein. Diese Gleichzeitigkeit eines intellektuellen, verstandesmäßigen Spaßes und einer extrem sinnlichen, nervenbetonten Verhaltensweise, wie Luc sie auf der Bühne und bei den Schauspielern verursachen kann – das vermittelt eine solche Freude, daß es einfach eine Wonne ist. Bestimmte Momente von Schwerelosigkeit im Erkennen, im Erfühlen, selbst in der Erschütterung – wenn es so etwas Paradoxales gibt wie eine schwerelose Erschütterung –, kann man in den schönsten seiner Hervorbringungen erfahren.

Das wird vielleicht oftmals bezahlt durch ein Aufgeben – natürlich sage ich das von meiner Warte aus, denn ich glaube, daß ich das einigermaßen kann – einer gewissen Kontinuität des dramaturgischen Betrachtungsgefühls, eines gewissen sinnlichen Gefühls für das, was Dramaturgie darstellt. Dies könnte ich vielleicht mein eigen nennen, und vor lauter aufgeblasenem Stolz vermisse ich es vielleicht deshalb bei anderen. Dramaturgie bedeutet, wie man in längeren Strecken eine Szene entwickelt, Entfaltung ins Ziel bringt. Das ist nicht unbedingt Lucs Sache. Bei Texturen, die das brauchen, sieht er vielleicht nicht so gut aus. Im Verfolg einer Szene dreht sich bei ihm die Dramaturgie zweimal um sich selber, verwirrt sich spaghettiartig und kommt hinten wieder als Eintagsfliege, meinetwegen auch als schwerer Kloß oder als weiß der Teufel was heraus. Dementsprechend gibt es bestimmte Textstrukturen, von denen ich mir denken könnte, daß sie sich ihm auf das heftigste widersetzen, daß sie seinem Zugangssystem auf das heftigste widerstreben.

Das ist wie beim Fußball, wo es einfach so ist, daß man noch so verspielt spielen kann, irgendwann muß der Ball ins Tor. Das Spiel ums Tor herum, mit hervorragendem Stellungsspiel, Mannschaftsdeckung, Dribbling, den Ball hin und her – das ist alles schön und gut, aber irgendwann muß das Ding ins Netz. Es gibt bestimmte Stücke und Textstrukturen, die ein bestimmtes Koordinationssystem verlangen, zum Beispiel eine antike Tragödie. Deswegen wäre es spannend zu sehen, wie sich der Luc mit so einer Sache herumschlagen würde, da er gerade solche Zusammenhänge eher verweigert, und zwar ganz bewußt und ganz gezielt.

Ich merke das auch immer in seinen Mitteilungen. Wenn er mir sagt: »Dieses Mal habe ich, glaube ich, das erste Mal ganz konsequent eine Sache irgendwo gelandet. Ich wundere mich selber, wie es mir gelungen ist, das alles zu einer schlüssigen Sache zu machen«, ist meine Beobachtung bis jetzt immer so gewesen, daß er sich irrt, daß er vielleicht meint, daß er das erreicht habe, daß ich das aber gar nie so stark empfand. Sondern daß ich eher empfand, daß das Ganze in einer vibrierenden Balance gehalten wird, bei der man gar nicht recht weiß, wozu man sich entscheiden soll, was da im einzelnen genau vorgegangen ist. Also eher ein die Dramaturgie verwischendes, in Frage stellendes, vielleicht sogar verspottendes Verhalten.

Er zieht es vor, seine Aufmerksamkeit mit wenigen auf der Bühne zu teilen, anstatt größere, komplexe Schiebungen auf der Bühne vorzunehmen. Denn größere Personenkomplexe auf der Bühne zu bewegen, erfordert genaueste Beachtung der Gesetze der Dramaturgie. Wenn man diese nicht beachtet, dann weiß man nie, wo jemand steht, ob links oder rechts oder vorne oder hinten. Denn etwas anderes macht ja ein Regisseur nicht. Ein Regisseur sagt im Grunde genommen den Schauspielern nur, wo sie auftreten und wo sie stehen sollen, wenn sie das machen, was sie gerne machen wollen. Das ist die Grundvoraussetzung von Regie-Arbeit.

In der Tat ist Luc jemand, der diese Voraussetzung der Regie-Arbeit eher verweigert oder in Frage stellt. Er ist jemand, der eher sagt: »Du kommst von links oder von rechts oder auch von hinten.« Er hat eine große Tendenz, immer wieder Dinge zu verändern, auf dem kleinsten Raum auszuwechseln, ganz schnell angesetzt und unvermittelt – etwas, das mir vollkommen unmöglich ist. Dazu habe ich keine Chuzpe, ich bin auch zu faul. Wenn erst mal der Gang der Schauspieler erklärt ist, dann bin ich heilfroh und möchte eigentlich schon nach Hause gehen.

Das ist bei ihm vollkommen anders; ihm ist es möglich, bis zum letzten Augenblick über der Beschäftigung mit dem Detail auch das Ganze noch einmal zu kippen. So ist es ganz logisch, daß er sich in Massenszenen, in denen alle auf der Bühne sind, unbehaglicher fühlt. Nur, das als eine feste Gegebenheit bei einem Regisseur, bei einem Künstler, bei einem Theatermenschen anzunehmen, widerstrebt mir vollständig, weil ich weiß, wie sich das ändern kann.

Selbstverständlich ist am Theater alles möglich. Man kann unter vollkommener Negierung jeder dramaturgischen Regel die größten Masseninszenierungen machen und auch Tragödien inszenieren. Das geht alles. Das ist gerade das Paradoxale am Theater. Nur könnte man zumindest sagen, daß es relativ unwahrscheinlich ist, daß es so funktioniert, es sei denn, es funktioniert trotzdem. Beim Luc ist das genau so. Ich bin der festen Überzeugung, daß, wenn er in den richtigen Zusammenhang tritt, mit den richtigen Leuten arbeitet, das richtige Stück hat und wenn die richtige Sonne scheint, er geradezu Masseninszenierungen abliefern kann. Das ist eine Frage des Zusammentreffens von unterschiedlichen Elementen der Theaterarbeit.

Elemente der Theaterarbeit sind ja außer dem Text hauptsächlich die Menschen, und deshalb würde ich niemals sagen, daß dieses oder jenes nun mehr seine Stärke oder seine Schwäche ist. Das wird sich zeigen. Ich glaube, daß dieses ständige Mobilisieren des punktuellen theatralischen Moments, des punktuellen paradoxalen Effekts einer der entscheidenden Impulse für Lucs Arbeit ist und er das inzwischen zu einer Meisterschaft gebracht hat, die ihm niemand nachmacht. Wenn das zusammengeht mit dem Text und anderen Elementen, kann er eine Schwerelosigkeit erreichen, die völlig erstaunlich, die völlig verblüffend ist und merkwürdigerweise emotionale und intellektuelle Einblicke mit Tiefendimensionen eröffnet. Das ist das Verrückte an ihm. Das kann ich oft gar nicht so genau erklären.

Dieses eigenartige Mischverhältnis zwischen der französischen und deutschen Kultur, in dem sich Luc befindet, ist doch etwas Wunderbares. Aber wie jede Zweisprachigkeit birgt auch diese eine Gefahr in sich. Es ist die Gefahr des nicht genauen Identitätsstandpunktes, des nicht genauen Standorts. Wobei ich nun andererseits nur lachen kann. Wo ist denn unsere Identität? Was ist denn die deutsche Identität? Die Franzosen sind wohl der Meinung, ihre Identität sei noch wesentlich mehr gewährleistet. Das finde ich beneidenswert. Der Luc hat darüber, wie ich weiß, ganz andere Ansichten. Er beobachtet natürlich die französische Realität mit einem viel schärferen Auge als die Franzosen selber und beobachtet dort dieselben schrecklichen Entwicklungen und Verfallserscheinungen kultureller Art, wie sie hier in Deutschland zu sehen sind.

Das hat überhaupt nichts mit Zukunftsangst zu tun. Das sind die normalen Lamentationen sämtlicher Intellektueller zu allen Zeiten. Ihre Funktion ist ja, kassandraartig darauf hinzuweisen, daß die Werte der Kultur einem ununterbrochenen Absterbeprozeß unterworfen sind und daß es sich darum handelt, soviel wie möglich von diesen ständig absterbenden kulturellen Gegebenheiten zu bewahren. Was gar nicht besagt, daß nicht neue entstehen. Das hat auch gar nichts mit einem fürchterlichen, präzis definierbaren Pessimismus zu tun. Es ist schlicht und einfach die ganz normale Warnfunktion, wie sie seit der Erfindung des bürgerlichen Intellektuellen im 18. Jahrhundert existiert.

Ich bin sehr gespannt, welchen Stücken, welchen Projekten Luc sich in Zukunft zuwenden wird. Ich meine, daß es doch ganz viele Dinge gibt, die er erobern, in denen er sich bewegen kann, und daß er für die größten Überraschungen gut ist. Da sind Entwicklungen möglich, die man nicht erzwingen kann, die langsam ankommen, sehr stark wohl auch von personellen Zusammensetzungen abhängig sind. Deswegen sehe ich mich auch gar nicht so imstande, ihm konkret zu raten, was er vielleicht mal als nächstes machen sollte. Ich bin der Meinung, daß ein Regisseur das von sich aus entscheiden muß. Sein immer wieder geäußertes Interesse an Shakespeare macht für mich klar, daß solche ganz massiven dramaturgischen Bewegungen, wie sie ja die Shakespeare-Texte darstellen, ihn reizen und daß er mehr und mehr solche Dinge angreifen will. Zu einem richtigen, definitiven Programm wird er das niemals erheben, jedenfalls nicht zu gegenwärtiger Zeit.

Wenn er mit Texturen von heute und Empfindungen der Jetztzeit, der Gegenwärtigkeit, am direktesten konfrontiert ist, glaubt er, eine ganze Reihe von Erfahrungen machen zu können. Es fragt sich nur, welche Autoren das sind. Die Widersprüchlichkeit und literarische Intrikatheit eines Autors wie Bernard-Marie Koltès, der ihm Shakespeares *Wintermärchen* ins Französische übersetzt hat, und eines

Autors wie Botho Strauß entsprechen natürlich seinem Naturell. Auch die Tatsache des punktuellen Arbeitens, was sowohl ein Charakteristikum von Botho Straußens Arbeit als auch von Koltès' Arbeit ist. Beides sind ja keine Autoren einer großen Gesamtdramaturgie und der Beschäftigung mit Weltentwürfen wie zum Beispiel Heiner Müller. Mit den Texten von Heiner Müller würde sich Luc, glaube ich, gegenwärtig nicht unbedingt gerne beschäftigen wollen.

Mit dem Botho Strauß versteht er sich persönlich sehr gut. Ich weiß, daß er seine Meinung und seinen Rat als Theatermann sehr schätzt und auch anerkennt. Bei klassischen Texten hofft er vielleicht, durch die Zusammenarbeit mit diesen Autoren ein gewisses Manko in der eigenen dramaturgischen Durcharbeitung der Dinge zu bewältigen, und es ist ein Glück, wenn es so etwas noch gibt. Und wenn heutige Theaterautoren so intensiv und direkt, quasi dramaturgisch mit dem Regisseur zusammenarbeiteten – etwas Besseres kann es doch gar nicht geben.

Ich glaube, daß sich die Arbeitsweise von Luc in den letzten Jahren gar nicht so sehr verändert hat. Ich glaube, daß sich sein Verantwortungsgefühl sich selbst und anderen Leuten gegenüber ein bißchen stärker entwickelt hat. Aber es ist immer noch nicht so, daß es ihn fürchterlich behindert, ihn nicht mehr atmen läßt. Er hat sich selbst und andern gegenüber genügend Freiheit erhalten. Allerdings wird das, meiner Meinung nach, eine der entscheidenden Kampflinien von Luc in den nächsten Jahren sein.

Übrigens nicht nur von ihm, sondern von all diesen Theaterleuten, die die Karte der Jugendlichkeit und der Infantilität spielen. Es ist für uns alle – für Peymann ebenso wie für mich – ein Problem, klarzukriegen, daß wir genau so alt sind, wie wir sind. Auch die Tatsache, daß Luc mit seinem Gesundheitszustand Probleme hat, hat nicht dazu geführt, daß er sich nun in einen tief versonnenen, zutiefst erwachsenen und weise gewordenen Menschen verwandelt hätte. Davon kann gar keine Rede sein. Aber aus dem persönlichen Umgang weiß ich natürlich, daß solche Fragen wie das Älterwerden ihn bewegen, und das spiegelt sich auch in seinen Arbeiten. Der Blick auf die Dinge hat sich doch ein bißchen verschattet. Aber das trifft auf uns alle zu.

Walter Schmidinger
VOM VERRENNEN

Luc Bondy kam aus Brüssel zurück, überglücklich über den Erfolg seiner Inszenierung von *Così fan tutte* in Brüssel; wir trafen uns in der Paris Bar, und er erzählte mir davon. Da sagte ich ihm, daß er mit Mozart doch gar nichts zu tun hätte – warum redet er dann davon? Er hat ja auch mit Alban Berg nichts zu tun.

Ich würde sagen, Luc Bondy hat etwas mit Debussy zu tun, mit Saint-Saëns oder Fauré, auf jeden Fall mit Impressionisten – vielleicht sogar mit *Così fan tutte*, da ihn natürlich, über Marivaux und Alfred de Musset, dieses Libretto da Pontes, dieses Spiel der Verwechslung und der Verwirrung der Liebe, der Betrug, die Eifersucht, die Koketterie, dies alles ungeheuer reizt, und weil es ihn auch reizt, dies neu zu sehen. Ferrando in die Loge, in den Zuschauerraum zu setzen, ist ja nicht das Neueste. Das hatten wir ja alles schon. Aber zur Zeit ist es wieder neu: Es ist ja wichtig, daß zur Zeit Neues gemacht wird. Die Welt besteht ja doch nur aus Diebstählen. Leider habe ich *Così fan tutte* nicht gesehen, ich habe nur mit viel Protektion für viele Freunde in Wien und in Brüssel Karten besorgt, und man sagte mir, daß es traumhaft sei.

Luc Bondy und Karl-Ernst Herrmann inszenieren aus dem Geist der Musik, aus dem Geist einer Idee, während – denke ich – ein Herbert Wernicke aus dem Geiste der Modernistik inszeniert: In München ist *Judas Makkabäus* im KZ mit einem Riesengitter, der *Holländer* fährt mit dem Schiff durchs Wohnzimmer – auf jeden Fall macht es Karacho. Es kommt natürlich darauf an, wo man etwas macht. Welche Stadt und welches Publikum wofür bereit sind. Brüssel scheint, auch vorgebildet durch Maurice Béjart, für Inszenierungen aus dem Geist einer Idee heraus bereit zu sein. Seit die Gralshüter Oscar Fritz Schuh, Günther Rennert, Walter Felsenstein abgetreten sind, ist eine gewisse Leere in der Oper; doch jetzt scheint es mir eine Erneuerung zu geben, an der Luc Bondy wesentlichen Anteil hat.

Wenn Luc Bondy und ich miteinander sprechen und streiten, ist es immer Ernst und Spaß in einem. Was es ist, stellt sich erst später heraus, weil wir einander nicht zugeben, wo die Nadel gestochen hat. Ich will Luc Bondy dort stechen, wo ich erhoffen und wünschen kann, daß sich durch diesen Treffer ein Rädchen in Bewegung setzt, für ihn damit eine positive Selbstkritik beginnt – das ist ein liebendes Moment. Ich habe keinerlei pädagogische oder psychologische

Fähigkeiten, Therese Giehse hat mir aber einmal dies gesagt: »Ich liebe Sie nicht so, wie Sie sind, ich liebe Sie so, wie Sie gerne sein möchten. Und wenn ich Ihnen dazu verhelfen kann, so zu werden, wie Sie sich wünschen, dann helfe ich Ihnen. Ich sage Ihnen aber gleich: Das tut weh. Es könnte sein, daß ich Ihnen die Wahrheit sage: lächelnd, heiter, lustig, ernst, bitter, tödlich, das weiß man nicht.«

Man weiß nie, in welchem Moment man einen Menschen erreicht, in welcher Konstellation sich ein Mensch einem nähert. Und oft überspielt jemand eine Angst, man bedenkt es nicht – haut ihm eine hin: es ist dann grauenvoll. Das ist Luc Bondy und mir gegenseitig passiert, und wir haben doch zwölf Jahre dabei überdauert. Es ist, glaube ich, das Wesentliche, daß man sich immer in irgendeiner Weise begegnen kann.

Wir verrennen uns ja dauernd. Ich glaube, daß kein Mensch ununterbrochen Höhepunkte haben kann, diese Höhepunkte halten und dauernd übertreffen kann. Wenn man so will, kann man das Gefühl haben, daß er sich verrennt. Und manchmal, und das ist das Schöne, manchmal mit Erfolg. Aber daran, wo wir uns am meisten verrannt haben, daran hängt unser Herz am meisten. Ich habe zwölf Jahre am Residenztheater in München gearbeitet, und wenn – selten genug – mich jemand auf der Straße angesprochen hat, dann hat sich jemand für die *See* bedankt. Jetzt könnte ich sagen: »Waren diese anderen Inszenierungen, waren sie alle umsonst, woran hing denn mein Herz am meisten und in was hast du dich verrannt?«

Luc Bondy wird nun nach Wien gehen, ein großer Wunsch von ihm geht in Erfüllung, er dreht einen zweiten Film: Schnitzlers *Weites Land*; Michel Piccoli garantiert dafür, daß die Produktionskosten wieder eingespielt werden. *Das weite Land* ist schon ein großes Theaterstück, eine große Philosophie, um den Tod geht es, um den Tod in jeder Form. Um die Verwesung, um die Vergangenheit. Das sind auch seine Themen: Verwesung, Vergehen, Verflüchtigen. Proust, das ist seine Welt. Die Todessymphonie, die Luc Bondy im *Weiten Land* erkannt hat.

Ich habe oft das Gefühl gehabt, daß Luc Bondy sich verrennt – es ist eine Anmaßung aus der Distanz –, und er ist schon immer wieder in die richtige Spur gekommen. Und wenn er sich total verrennt, so ist Luc Bondy bereit zu sagen: Dieses Verrennen ist mein Weg. Wir wissen alle, wohin wir gehören, in jeder Weise wissen wir es irgendwann, trotzdem reizt uns immer das, wohin wir nicht gehören. Das ist doch das, was fasziniert. Wir wollen uns doch etwas erobern, was wir nicht können. Natürlich ist es die Gescheitheit der ganz Großen, daß sie wissen, wo ihre Grenzen sind, aber auch das Maßlose hat in der Kunst seine absolute Berechtigung!

Vor der ersten Probe zur *See* sagte ich zu Luc Bondy, daß einer der Schauspieler von den Salzburger Festspielen, wo er unter der Regie von Giorgio Strehler spielte, zurückkommen wird. Dieser Schauspieler würde hereinkommen und nur von Strehler sprechen und das dürfe ihn – Luc Bondy – nicht stören, er solle sich hinsetzen und andächtig zuhören. Und ich wettete mit Luc Bondy um eine Flasche Champagner, daß dies alles in den ersten fünf Minuten passieren würde. Alle Kollegen waren bei der Leseprobe anwesend, als letzter kam der Kollege, der in Salzburg spielte. »Also mit dem Giorgio war es wunderbar«, und er beachtete Luc Bondy überhaupt nicht. »Also mit Strehler war das so, wir haben nicht viel geprobt, wir haben uns auf Anhieb verstanden.« Da sagte Luc Bondy – laut: »Ich bekomme jetzt schon zwei Flaschen Champagner!«

Psychologie ist das große Gebiet von Luc Bondy. Fünf Stunden übte er in den Proben zur *See* mit mir den Satz: »In Religion war ich der Beste.« Ich fragte ihn, warum er auf diesen Satz so großen Wert lege? »Weil alle Leute nur in Religion die Besten waren. Die anderen Noten waren miserabel.« Ich mußte den Satz also weiter üben, und wehe, wenn ich den genauen Tonfall nicht erwischte! »In Religion war ich der Beste.« Lola Müthel mußte daraufhin »Ahh« sagen. Ich dachte, daß er eben ein junger Bursche ist, ich lasse ihn… Bei der Premiere sagte ich also genau im richtigen Tonfall, mit der einstudierten Betonung: »In Religion war ich der Beste« – und durch den Zuschauerraum ging ein »Ahh«!

Ich hatte ihn kennengelernt, als er noch die Besetzung für das Stück suchte, und ich riet ihm, wen er besetzen sollte. Kurt Meisel gab ihm die bestmögliche Besetzung. Luc Bondy fuhr dann in Urlaub und schrieb mir einen Brief. »Hilf mir gegen diese Staatsschauspieler.« Dann kam er, und ich brauchte ihn nicht zu unterstützen. Die Staatsschauspieler waren von dem Buben hingerissen und bezaubert und sagten immer: »Was Sie jetzt gesagt haben, das müssen wir jetzt handwerklich und technisch umsetzen, dann spielen wir ihnen das vor!« Er hat sich sehr wohlgefühlt, obwohl wir alle große Angst hatten, weil das Stück schon mehrmals durchgefallen war. Er hatte alle gewonnen; durch seine Phantasie, durch seinen Charme, durch seine Überzeugungskraft, durch sein Zweifeln an sich. Das hat er mit Stein gemeinsam; Stein zweifelt an sich, wie ich es noch nie bei jemandem erlebt habe – und diese Zweifel verschwinden, wenn die Schauspieler das, was er sagt, dann umsetzen.

Die Inszenierung war Weltklasse, die Arbeit war ideal – mit allen Zerwürfnissen und allen Streitigkeiten. Eine Schauspielerin sagte: »Ich stehe nicht mit dem Rücken zum Publikum«, eine andere weinte ständig, weil sie schwitzte. Es war ideal, weil plötzlich diese Staatsschauspieler das Sendungsbewußtsein hatten, einem jungen Regisseur zu einem Namen zu verhelfen. Das war ganz eigenartig. Auch das Bühnenbild hat alle begeistert. Die Technik hatte ganz neue Dinge zu tun, sie wurde gefordert. Das Residenztheater war außer Rand und Band.

Luc Bondy kam jeden Tag mit etwas, das einen beflügelt hat. Er hat mich in einem hohen Stehkragen spielen lassen, dadurch hatte ich etwas Erstarrtes, Eingegipstes. Ich habe mich so in diese Rolle hineinversetzen können wie in keine andere in meinem ganzen Leben.

Denn ich war ja, bevor ich es auf der Bühne wurde, selbst Stoffverkäufer gewesen! Ich habe dieses Dasein mit furchtbaren Kunden, mit Buchhaltung, mit Post, mit Schriftverkehr, mit all dem nur überlebt, weil ich damals als Stoffverkäufer in Linz ununterbrochen an das Theater gedacht habe!

Die Auseinandersetzung zwischen Mrs. Rafi, die von Lola Müthel gespielt wurde, und mir als Stoffverkäufer Hatch haben wir nächtelang besprochen. Luc Bondy sagte, daß Hatch nur durch diese Idee, Menschen kämen von einem anderen Planeten, überleben könne, und das baute er auch in seiner Phantasie so aus, daß ich mich fragte: »Bist Du schon da, oder fährst Du wieder auf den Mars zurück? Und fahre ich mit?« Oder er sagte: »Du liebst Mrs. Rafi, die Dich so quält und tyrannisiert. Und weil Du, als Liebender, sie nicht kriegst, stichst Du ihr die Schere in den Unterleib, und sie schreit.« Dann hat er Schreie von Vergewaltigungen geübt.

Luc Bondy konnte folgendes vermitteln: Ein Mensch, eben Hatch, hat diese Idee, daß von einem fremden Planeten Menschen kommen würden. Und diese Idee benötigt dieser Mensch zum Überleben. Das andere war, daß eine egozentrische, eiskalte, tyrannische, herzlose, gemeine, widerliche, vulgäre und böse Frau eine Laienspielgruppe gründet, und in dieser Laienspielgruppe sucht sie sich, weil sie ja die Gründerin ist, die schönste Rolle aus, spielt den Orpheus, und in der Trauer um die verlorene Eurydike gelingt es ihr, die Unterwelt zu Tränen zu rühren. Und diese Diskrepanz, daß das

Menschsein mit Kunst oder Künstlersein doch nichts zu tun habe, obwohl wir ja immer sagen, daß das nicht zu trennen sei, das war die Hauptidee, die er mit Lola Müthel erarbeitet hatte, und das hat sich vermittelt.

Ilse Ritter
EIN LIEBENDER

Ich habe in vier Inszenierungen Luc Bondys gespielt. Die Arbeit, die am heftigsten kritisiert wurde, war Shakespeares *Macbeth*. Aber wodurch wurden die heftigen Reaktionen ausgelöst? Es gab die größte Aufregung über die Hexenszenen, in der die Nackten auftraten. Sie waren nicht das, was man von Hexen erwartet, und vielleicht hat es die Leute auch geärgert, daß diese Hexen nicht so hexenhaft waren, wie sie es sich vorstellten – aber niemand hat je Hexen gesehen. Nichts, auch nicht die Besetzung entsprach der landläufigen Vorstellung davon, wie Macbeth oder Lady Macbeth sind. Hermann Lause ist ein sehr zerbrechlicher Mensch, ein Antiheld, einer, der mehr unter der Welt leidet, als sie im Griff zu haben.

Erstmals habe ich mit Luc Bondy bei seiner ersten Arbeit an der Schaubühne am Halleschen Ufer, Else Lasker-Schülers *Wupper*, gearbeitet. Ein Stück mit vielen Darstellern und vielen Rollen. Es war sehr schwer für ihn, mit den Angstzuständen vor der ersten Leseprobe fertig zu werden.

Und bei *Macbeth* war das genauso. Ich erinnere mich noch, daß er Herzstiche bekam und sagte: »Ich muß rausgehen, mir wird so heiß!« Ich finde es sehr liebenswert, daß er so ist.

Ich kannte Luc aber schon von Düsseldorf. Ich spielte dort in *Minna von Barnhelm*. Eine Schauspielerin sagte mir, daß demnächst ein interessanter Junge kommen würde, mit dessen Vater sie befreundet sei. Und das erste, was ich empfand, war, daß dies das interessanteste Gesicht im Haus war. Wir wollten in *Leonce und Lena* zusammen arbeiten, das ging aber nicht, weil ich gleichzeitig anders besetzt war. Ich ging aber dann zwischendurch immer auf seine Proben, um zuzusehen.

Es war für Luc ein Problem, in ein festes Ensemble hineinzukommen. Denn das ist wie ein Vorsprechen. An der Schaubühne mußte er seinen Lebenslauf, alles, was er gemacht hatte, erzählen. Ich erinnere mich, daß ich das ziemlich lustig fand. Und er hat das ganz brav und auch mit Humor gemacht.

Lucs Arbeitsweise war für das Ensemble am Anfang schwierig, und das ist ganz normal, weil diese Gruppe von Menschen doch auf einen »Führer«, auf Peter Stein jahrelang eingeschworen war. Wenn dann jemand neu hinzukommt – und sei er noch so interessant –, wird er erstmal angegriffen. Das war dann aber das Problem des

Ensembles. Ein Nicht-offen-Sein der Schauspieler, die nur für einen Menschen offen sein und nichts Neues an sich herankommen lassen wollten. Es war am Anfang wirklich schwer, weil Luc Bondy so arbeitet, daß er auf die Phantasie und die Mitarbeit der Schauspieler angewiesen ist.

Die ersten Reaktionen, auch von sehr guten Schauspielern, waren: »Ja, du bist doch der Regisseur, sag' doch mal was!« Das ist bei Luc Bondys Arbeitsweise absurd. Ich fand es von Anfang an wunderbar, weil seine Arbeitsweise mir sehr entspricht. Sie ist ein Geschenk für mich. Ich bin immer selig, wenn ein Mensch sich für meine Phantasie interessiert, sie gefördert und unterstützt hat. Und was bei ihm wichtig und angenehm ist: die Atmosphäre der Proben. Er betrachtet nicht wie ein sezierender Arzt, er sieht wie ein Liebender, ein Mit-Agierender zu. Würde man sein Gesicht während der Proben filmen, könnte man darin sehen, was auf der Bühne passiert.

Mir war seine Arbeitsweise nahe, weil ich damals weniger noch als heute fertige Dinge abliefern konnte. Ich bin darauf angewiesen, daß man meine Impulse unterstützt, sie fördert und beschützt. Weil ich genau weiß, daß es in den ersten Proben nicht möglich ist, Fertiges abzuliefern. Dies wäre auch kein künstlerischer Vorgang. Luc Bondy stellt nichts hin, er baut langsam und systematisch auf. Damit findet bei ihm auch kein »Radikalbruch« statt, es ist ein dauernder Vorgang des Ausprobierens, des Verwerfens. Das kann bis ganz zum Schluß gehen, was manchmal für den Schauspieler dann doch sehr verunsichernd ist. Es kann dann tatsächlich noch zwei Tage vor der Premiere etwas Wesentliches nochmal völlig in Frage gestellt werden. Da komme ich natürlich auch ins Flattern.

Natürlich gab es manchmal einen Punkt, an dem wir nicht weit genug kamen. Bei *Macbeth* hätten wir sicher noch weitermachen können. Von den Menschen wird in diesem Stück sehr viel gefordert. Es gibt wohl keinen Schauspieler, der wirklich nachvollziehen kann, was es heißt, einen Menschen getötet zu haben. Das sind ja alles nur Annäherungen in der Phantasie. Daher kommt es vielleicht, daß ein Unstern über dem Stück steht. Man kann den Mord immer nur aus einer Situation ableiten, in der man einen Menschen seelisch getötet oder so verletzt hat, daß er für lange Zeit nicht mehr auf die Beine kommt. Weil man es nicht weiß, was das wirklich heißt, ein anderes Leben zu beseitigen, um seinem eigenen Leben, wie man meint, etwas Gutes zu tun.

Luc Bondy hat dies, und das fand ich ganz toll, in einem sehr einfachen und jedem verständlichen Bild zu zeigen versucht: Adam und Eva, nachdem sie vom Baum der Erkenntnis gegessen haben und sich plötzlich nackt fühlen. Deswegen auch dieses sehr einprägsame Bild zweier plötzlich nackter Menschen, die sich schämen, die sich ihrer Nacktheit bewußt sind und ihre Ausgestoßenheit und ihre Selbstverantwortlichkeit fühlen. Es gibt keinen Gott, auf den sie ihre Verantwortlichkeit abwälzen können. Sie haben das getan, und damit müssen sie weiterleben, sie haben gegen das Gesetz verstoßen und müssen als Geschöpfe damit weiterexistieren.

Man kommt mit der Vorstellung nie so nah da ran. Man ist doch zu sicher, irgendwo im Hinterkopf, daß man das in seinem Leben nicht erleben wird. Es wäre toll, wenn das alles erreichbar wäre, aber das habe ich zum Beispiel bei dieser Rolle nicht erleben können. Wo ein Schauspieler vielleicht ansetzen kann, ist der Ehrgeiz. Jeder von uns will bestimmte Dinge erreichen und manche Menschen auch auf Kosten anderer, egal, was da passiert oder wer dabei umfällt. »Ich will das und das erreichen.« Da ist ein Punkt, wo man ansetzen könnte, so etwas von seinem eigenen Leben her zu verstehen. Luc hat uns zum Beispiel damit geholfen, daß er uns Dostojewskijs *Schuld und Sühne* lesen ließ. Da ist der Mensch, der sagt: »Ich mache das jetzt, ich will die Verantwortung für das, was ich tun will, tragen, und mal sehen, was dann entsteht.« Was entsteht, ist furchtbar. Dann haben wir *Hitler im Bunker* gelesen, eine spannende Geschichte, in der auch geschildert wird, in welchem desolaten Zustand Hitler am Schluß war – sich selbst belügend, seine Welt nur noch auf den Schäferhund und seine Geliebte einengend. Angstzustände, hysterische Anfälle, ein völlig zerstörter Mensch. Die Zerstörung, die nach außen geht, spiegelt sich im Menschen wider.

Was für jeden Künstler gilt, das gilt auch für Luc Bondy: Er kann im Grunde nur von dem Leben erzählen, das durch ihn durchgegangen ist. Es bleibt theoretisch, wenn man nicht das Gefühl hat, es ist das eigene Leben. Luc Bondy erzählt ganz viel von sich. Er hat mir einmal gesagt, daß es ein Zustand von großer Wachheit und großer Intensität war, diese Krankheit zu haben und damit umgehen zu müssen. Also fast wie »high« sein.

Andererseits ist seine Identität als Jude, ist die Judenverfolgung in Deutschland kein zentrales Thema für ihn, vielleicht weil er so wenig mit seinem Leben damit verbindet. Das sind Dinge, die man ihm erzählt hat. Er hat, Gott sei Dank, darunter nicht mehr leiden müssen. Und die Stücke, die Luc Bondy inszeniert hat, sind ja meist gar nicht so politisch.

Er ist politisch insofern interessiert, als er sagt, daß ganz persönliche Vorgänge in einem Menschen viel auslösen können. Ein paar Neurosen von Hitler, was haben die ausgelöst, oder eine Unfähigkeit zu lieben, was hat die ausgelöst. Eine Frau, die einen schwachen Mann zu bestimmten Dingen bringt, ein ganz persönlicher Vorgang zwischen zwei Menschen, kann Kriege auslösen. Wenn man gewissen Menschen Macht in die Hände gibt, was das auslösen kann. Das sind ganz persönliche Verquetschungen und Verschiebungen bei Menschen.

Lucs politischer Anspruch hat sich im Laufe der Zeit zu diesem Mikrokosmos hin eher verstärkt. Daß man von der Psychologie der Personen aus die Welt betrachtet: das hat ihn immer interessiert, und ich glaube, daß ihn das weiterhin noch stärker interessieren wird. Ich empfinde das auch so, daß alles, was im Großen passiert, Auswirkungen dieses kleinen Kerns sind. Thomas Bernhards *Am Ziel* ist auch so ein Mikrokosmos. Einer hat die Macht, und einer wird gefügig gemacht. Da sind es nur zwei Menschen. Das kleinste aller Modelle: Das ist die Mutter mit ihrem Kind, das sie so dressiert hat, daß es dauernd für sie verfügbar ist.

Was Luc Bondy mir dabei am Anfang sagte, konnte ich mir nicht vorstellen. Er sagte mir: »Du kannst durch das Lesen des Stücks nicht verstehen, in welchem Ausmaß die Rolle für Dich interessant sein kann.« Ich hatte ja immer nur drei Sätze, dann war wieder nichts. Ich selbst habe lieber einen Brief geschrieben und geweint, wenn ich etwas wirklich nicht ausdrücken konnte. Insofern kannte ich den Vorgang, wenn ein Mensch sprachlos ist. Ich war das Opfer. Ich wurde ständig hin und her geschickt: »So, jetzt gehst Du vor, jetzt nimmst Du das raus, jetzt tust Du das in den Schrank, jetzt nimmst Du das nächste Ding raus, jetzt bringst Du das da hin.« Es entstand dann innen drin so ein Vulkan, der sich niederschlug in kurzen aggressiven Ausbrüchen, plötzlichem Weinen oder Schreien. Ja, es gab Aggressionen, aber mit der großen Zuneigung und der großen Achtung, die man gegenseitig voreinander hat. Keine Sekunde haben wir unsere Zuneigung verleugnet.

DER ERFINDER
Bruno Ganz über die Arbeit und den Umgang mit Luc Bondy

Der Luc ist gewissermaßen menschlich auf mich zugekommen. Er hatte großes Interesse, etwas mit mir zu machen, und es hat sich dann eine Art Liebesbeziehung, denn es ist mehr als nur Freundschaft, zwischen uns entwickelt. Ich fand das Stück, das erste mit ihm (*Die Fremdenführerin*), zwar interessant, aber ich mochte meine Rolle als Lehrer nicht. Ich habe dann trotzdem akzeptiert, weil endlich etwas passieren mußte und es auch keine Alternative dazu gab oder das wenigstens so dargestellt wurde.

Ich bereue nicht, es gemacht zu haben, aber es war natürlich als Basis für eine erste Arbeit etwas ungünstig. Es gibt zwar verschiedene Techniken, eine Sache von sich fern zu halten, eine Art Distanz einzunehmen, damit das Spielen möglich und nicht nur eine Qual wird. Aber bei der *Fremdenführerin* ist das irgendwie nicht gegangen. Ich meine, es ist wie ein mathematisches Problem, ich habe nie eine Form gefunden. Soll ich mich jetzt aufblasen, oder soll ich mich kleiner machen? Irgendwie hat das nicht funktioniert, es war eine unerlöste Arbeit.

Da ich aus der Schule von Peter Stein komme, bin ich die absolute Zuverlässigkeit gewöhnt. Beim Luc weiß man das nie so genau. Es geht so weit, daß ich manchmal nicht weiß, ob er das Stück überhaupt gelesen hat. Selbstverständlich weiß ich, daß er das Stück fünfundzwanzigmal gelesen hat, aber manchmal gibt es Probensituationen, wo ich das Gefühl habe, daß er gar nicht weiß, worum es in dem Stück eigentlich geht. Es ist eigenartig. Er ist sehr nervös im Sinne von Geschwindigkeit. Er sieht etwas, und zwei Sekunden später langweilt ihn das. Dann schmeißt er es weg und probiert etwas Neues. Und das ist für mich, der ich gewöhnt bin oder es lieber habe, auch von meinem eigenen Haushalt her als Schauspieler, etwas aufzubauen, sehr, sehr schwierig. Es ist reizvoll und sehr anregend, aber ich habe Schwierigkeiten damit. Ich habe ein anderes Tempo.

Im Gegensatz zu Stein hat er auch dieses Bedürfnis nach vorheriger Absicherung durch große theoretische Arbeit nicht. Ich glaube, seine Lust ist wirklich, herumzuprobieren, möglichst Tag und Nacht mit Schauspielern zusammenzusein, ihnen auch vorzuspielen, was er übrigens sehr gut kann. Er kann wahnsinnig gut Leute imitieren. Wenn er vorspielt, ist er von einem ganz großen schauspielerischen Talent. Ich glaube nicht, daß er auf die Bühne gehen und vor einem Publikum eine Rolle spielen könnte. Aber wenn er Schauspielern vorspielt, dann ist er wunderbar. Obwohl er meiner Meinung nach ein ganz hochintelligenter Typ ist und natürlich in der Lage ist, abstrakte, theoretische Texte zu lesen, hat er bei der Vorbereitung einer Inszenierung nicht viel Lust, sich theoretisch mit dem Stück auseinanderzusetzen. Aber ich mag ihm Unrecht tun.

Man muß aber auch unterscheiden zwischen privatem und beruflichem Umgang. Privat habe ich keine Probleme mit ihm. Da finde ich alles wunderbar. Mir macht es auch einen ganz großen Eindruck, daß einer zweimal den Krebs besiegt hat. Man muß das mal sagen! Ich habe ihn ein paarmal gesehen während seiner Chemotherapie in Zürich, nach der zweiten Operation. Daß jemand so etwas übersteht und dann überhaupt noch arbeitet, das ist ein Mirakel. Das ist weder eine Entschuldigung noch eine Art von besonderem Mitleid, das ist einfach ein Fakt, der meine Haltung ihm gegenüber auch beeinflußt. Ich kann das nicht einfach aus meinem Kopf wegdrücken. Ich weiß, daß das so ist, weil ich gesehen habe, wie jemand aussieht und wie reduziert jemand ist, der eine solch fürchterliche Geschichte hinter sich gebracht hat. Man denkt natürlich auch an so etwas, wenn man mit ihm arbeitet.

Diese Art Lebensgier, diese Lust zu leben, diese Schlauheit, diese Intelligenz, diese Schnelligkeit seines Kopfs. Was mich immer ein bißchen irritiert, ist seine Nervosität. Es ist schwierig, mit ihm längere Zeit zu reden. Nicht immer. Aber es passiert eben doch relativ oft, daß man merkt, wie er anfängt, mit dem Bein zu wippen, mit dem Knie zu wackeln und mit den Augen in eine andere Richtung zu schauen. Ich kann mit solchen Leuten nicht reden. Das ist wahrscheinlich genau das, womit ich als Schauspieler Schwierigkeiten habe. Seine Ungeduld, seine Lust, sich zu unterhalten während einer Probe. Unterhalten zu werden, sich selber zu unterhalten. Das braucht immer ein gewisses Futter, und das müssen beide Teile gemeinsam liefern: er und die Schauspieler. Damit habe ich Mühe.

Also nochmal: der Unterschied zwischen Luc Bondy und Peter Stein. Das fängt schon an mit der Auswahl der Stücke. Bondy erzählt eigentlich immer dieselbe Geschichte. Sein Thema ist ein erotisches Thema, es geht ihm um Liebesverstrickungen zwischen Menschen. Stein dagegen hat verschiedene Themen. Wenn er ein Stück aussucht, will er etwas beweisen, will er eine ganz *bestimmte* Geschichte erzählen. Er weiß, warum er das Stück macht, wo es hinzielt. Wenn er *Die Neger* macht, dann weiß er, wie der Schluß aussieht. Wenn er *Klassenfeind* macht, will er etwas über Kreuzberg und die Situation an den Schulen erzählen. Der Luc erzählt eigentlich immanent. Es geht ihm nicht darum, irgend etwas zu beweisen, sondern es geht ihm immer um die im umfassenden Sinn erotische Bewegung, das Spiel um Erotik zwischen Menschen. Das hat zweifellos auch mit dem Temperament und der Herkunft zu tun. Der Sohn eines jüdischen Intellektuellen, der in Frankreich im Internat aufgewachsen ist – das muß zwangsläufig eine andere Person geben als der Sohn eines protestantischen Firmenmanagers, der in Frankfurt aufgewachsen ist.

Zwischen Luc und mir gibt es natürlich unterschiedliche Grade in der Heftigkeit des Erfinden-Wollens. Er liebt es, endlos um eine Sache herum zu erfinden, während ich irgendwann mal dann langsam anfangen möchte, etwas zu finden, und aufhören möchte zu erfinden. Er ist eigentlich immer mit dem Erfinden beschäftigt. Was sehr sympathisch ist. Nur manchmal, wenn er ganz sicher ist, wird er ganz ruhig, hört auf zu zappeln und trifft dann auch ganz klare, eindeutige Entscheidungen. Immer wenn er nicht ganz genau weiß, worum es geht, muß die Sache zu Tode erfunden werden, oder wenn er Glück hat, ist der Erfindungsreichtum so, daß man von einer Sekunde zur andern immer glänzend unterhalten ist, man aber nie dazu kommt zu fragen: Was passiert da eigentlich? Bei *Das heiße Herz* von Ostrowski hatte ich manchmal das Gefühl, daß er zuviel erfunden hat, weil er der Sache insgesamt nicht getraut hat, weil er mit ihr nicht zurecht kam, weil er irgend etwas von dem Stück nicht erwischt hat, worum es sich gelohnt hätte zu erfinden. Es ist nur erfunden, und man merkt die ganze Zeit, daß er – das ist ein altes Wort, und vielleicht gibt es das gar nicht mehr – eine Art Zentrum oder einen Nerv der Sache nicht getroffen hat. Und dann hangelt er sich von einer Erfindung zur anderen.

Mein Eindruck ist, daß er sich vor Molières *Misanthrope* sehr viel mehr überlegt hat zu dem Stück als bei der *Fremdenführerin*, und zwar nicht nur über die Figur des Misanthropen, die ja kompliziert genug ist, sondern über das »Gesellschaftliche«. Ich glaube, er hat eine Menge über die Zustände unter dem Sonnenkönig gelesen. Da gibt es ja Literatur: z.B. La Bruyère und Saint-Simon. Er hat sich sicher Gedanken gemacht über die Beziehung zwischen Alceste und den Höflingen. Aber, natürlich, in dem Moment, als acht Leute auf die Bühne kamen, hatte er dasselbe Problem wie immer, wenn mehr als drei dastehen.

Als ich den *Misanthrope* auf deutsch in Alexandrinern las, war ich verblüfft von der großen Architektur, von der Bauweise des Stücks. Ich war jedoch irritiert, als ich die Fassung, die wir spielten, zum ersten Mal gelesen habe. Die Eingriffe, die da vorgenommen worden sind – daß beispielsweise ein Diener herausgenommen wurde –, dafür gibt es plausible Erklärungen, aber ich hatte kein gutes Gefühl dabei. Ich war irritiert und bin es eigentlich immer noch. Man fühlt sich als Schauspieler schon ganz schön ungeschützt und nackt in dieser Art Sprache, die da stattfindet. Die Verse würden einen etwas einhüllen und beschützen, man könnte wahrscheinlich sanfter vorgehen und mehr mobilisieren. Ich habe die deutschen Übersetzungen nebeneinander gelesen und verglichen mit dem Original, um zu sehen, was in der Übertragung von Botho Strauß und Bondy passiert ist. Die deutschen Übersetzungen sind problematisch. Dieses In-Versform-Bringen und das Aufrecht-Erhalten der Alexandriner, das führt teilweise zu groben Manipulationen. Ich verstehe gut, daß man Lust bekommt, dem mal etwas radikal anderes entgegenzusetzen, und noch besser verstehe ich, daß das nicht unbedingt so sein muß wie bei Enzensberger. Aber ich war nicht glücklich damit.

FIEBER UND LEICHTIGKEIT
Georges Banu fragt Michel Piccoli

Banu: Als ich Luc Bondy bat, seinen idealen Schauspieler zu beschreiben, hat er mir geantwortet: »Das ist Piccoli.«

Piccoli: Nach einer solchen Erklärung habe ich nichts mehr zu sagen.

Und er fuhr fort: »Denn das ist der Schauspieler, der am meisten anbietet.« Heißt das, er ist ein Regisseur, der auf Schauspieler hört?

Nicht nur, daß er auf Schauspieler hört. Ich glaube sogar, daß er Schauspieler braucht, auf die er hören kann. Die anbieten und nicht versuchen, aus falschem Schamgefühl nichts zu riskieren. Bei Probenbeginn gibt es ja eine Menge vielleicht ganz nötiger Zurückhaltung; aber dann muß man das gewaltsam überwinden. Denn Luc Bondy braucht Schauspieler, die ihm soviel geben wie er umgekehrt den Schauspielern. Er ist da, um anzuregen und dann zu korrigieren, um zu nehmen und zu verwerfen. Und dabei braucht er, er ganz besonders, das Gefühl des Schauspielers, das Stück aus Freude zu spielen. Schauspieler, die nur ausgezeichnete Exekutoren seiner Vorschläge wären, würden ihm nicht genügen. Er gibt ja den Schauspielern so viel Freiheit, damit sie ihm das Beste vorschlagen können oder eben auch das Schlechteste.

Wie regt er diese spielerische, schauspielerische Kreativität an?

Ich habe dreimal mit ihm gearbeitet und ganz allmählich herausgefunden, an welchem Punkt es spielerisch wird. Er ist da wie ein kleiner Junge. Er hat überhaupt keinen Respekt vor dem Theater, wie ihn ein großer Regisseur von der Schaubühne haben könnte. Nein – er macht Theater, wie jedes Kind es machen könnte. Ganz einfach, um etwas Wunderbares zu produzieren, ja, etwas Wunderbares. Er ist immer im Zustand höchster Verwunderung, und das versetzt den Schauspieler in den Zustand, spielen zu wollen – mit ihm, für ihn. Anders gesagt: Er gibt uns nie das Gefühl, der Direktor oder Dirigent zu sein.

Er hat mir gelegentlich verraten, daß die Vorschläge, die ihr ihm macht, in ihm Assoziationen hervorrufen. Gedanken, die ihm die Arbeit bei den Proben erst ermöglichen. Setzt er also mehr auf solche Assoziationen als auf eine dramaturgische Vorbereitung?

Niemals hat er Absichtserklärungen gegeben. Niemals machte er Reverenz vor einer Schule oder vor einem Meister der Vergangenheit. Vielmehr neigt er dauernd dazu, zu sagen: »Wißt ihr, wie der Beruf des Regisseurs entstanden ist? Zwei Schauspieler arbeiten zusammen, und dann sagt der eine zum anderen: Willst du nicht in den Zuschauerraum gehen und mir sagen, was ich mache?«

Wie geht ihr an den Text – mit Lesungen oder direkt auf die Bühne?

Es gibt zwar einige Lesungen, aber wenige. Viel weniger zum Beispiel als bei Chéreau, der enorm viel sagt dabei, ganz so, als wollte er schon alles sagen, was es nachher bei den Proben zu sagen gibt. Bondy gibt Elemente seiner Vorstellung, aber er macht sie eigentlich erst auf der Bühne sinnlich vorstellbar. Und dabei bewegt er sich pausenlos zwischen dem Regiepult und der Bühne hin und her. Er spricht dann ganz nah zu den Akteuren. Er braucht diese große Nähe, diese Intimität: für die Arbeit, für die Gemeinsamkeit, für das Vertrauen.

Läßt er sich stören beim Probieren, zum Beispiel von Neugierigen?

So leise es bei Peter Brook immer ist, so sehr ist es bei Luc Bondy wie im Irrenhaus. Er ist offen für Publikum während der Proben; nicht um sich in Szene zu setzen, sondern mehr um es an seiner Seite zu fühlen. Immer ist er in einem fieberhaften Zustand, und er muß deswegen immer mitten unter Menschen sein. Er braucht das zum Leben.

Verlangt er, daß das Ensemble ständig, während aller Proben, anwesend ist – wie Strehler gelegentlich?

Nein. Aber er bittet die Schauspieler, zu kommen und zu schauen, was die anderen gemacht haben, und immer besteht er darauf: »Sag' mir, was du darüber denkst.« Er braucht diese Aufmerksamkeit der anderen auch.

Was mich beim Weiten Land *fasziniert hat, war die Ausgeglichenheit, die Stimmung.*

Er hat tatsächlich die Gabe, wie kaum ein anderer, in Stimmung zu versetzen – ich sage nicht: zu inszenieren. Er ist ein Jongleur, und die Bälle sind die Komödianten.

Wenn er aber schon mal Anweisungen, Anregungen gibt, woran orientiert er sich: an Vorgängen aus dem Leben oder aus der Kunst?

Oft erzählt er Anekdoten, alltägliche oder historische. Aber er sagt nie, eine Figur habe so und so zu sein. Er gibt Empfehlungen zur Situation, nie zur Person. Allerdings bat er beim *Wintermärchen*, nur die Konturen wie bei einem Kupferstich herzustellen, bevor wir dann Gesten, Haltungen und den körperlichen Ausdruck finden sollten, um den Stil und die Kraft des Textes wiederzugeben. Er wollte da gerade keine alltäglichen, modernen Formen. Und ich muß sagen, daß es für mich ein Motiv ist, heute Theater oder auch Komödie zu spielen: um mit einer Geste etwas Fernes auszudrücken – ein stärkeres Motiv als etwa die Lust, Traurigkeit, Fröhlichkeit oder Unglück auszudrücken.

Und die Gefühle, die Beziehung zu ihnen? Die Stimmungen?

Ich kann da nur sagen: Weil er auch Oper macht, geht er damit sehr sensibel um – und hat dabei oft sehr einfache Ideen. Für eine Text-stelle des Leontes zum Beispiel hat er mir erklärt, daß sie einfach einer Opernarie gleichen müsse. Das hat mir mehr geholfen als vieles sonst.

Probt er lange? Und wann legt er sich fest?

Er probt sehr zögernd. Beim *Wintermärchen* hat er acht Tage vor der Premiere gemerkt, daß er ganz falsche Situationen und einen eher konträren Rhythmus gefunden hatte, verglichen jedenfalls mit seinen Wünschen – und dann hat er alles umgekrempelt. Das macht Brook zwar auch, aber Luc Bondy macht das dauernd.

Hat er den einzelnen oder mehr das Ensemble im Blick beim Probieren?

Beides interessiert ihn. Aber letzten Endes stürzt er sich wohl mit Leidenschaft darauf, daß die Aufführung so etwas wie ein Choral oder ein Konzert wird.

Was liebt er an Schauspielern nicht?

Ich fürchte, er liebt es nicht, daß Schauspieler zu sehr Schauspieler sind. Luc Bondy ist zwar wie im Theater geboren, er atmet Theater; aber zugleich interessiert ihn alles ringsum.

Und wie steht es um die Expressivität, also auch um die Deutlichkeit einer Rolle, einer Figur?

Manchmal habe ich das Gefühl, je extravaganter die Vorschläge sind, desto zufriedener ist er. Je überladener, jedenfalls beim ersten Entwurf, etwas ist, desto mehr gefällt es ihm – zunächst. Er sortiert, aber ohne etwas von vornherein zurückzuweisen. Und immer betont er, daß er es auch nicht besser wüßte oder nicht weiter wüßte. Das ist manchmal so schlimm, als wäre er ein Versager.

Wie hat er Sie besetzt?

Man hat mir gesagt, ein Regisseur möchte mich sehen für *Das weite Land*, es war Luc Bondy, und dann haben wir uns an einen Tisch gesetzt.

Man sagt ja, die besten Verabredungen werden beim Essen getroffen.

Das sagt unser Premierminister. Arbeit kann ja auch ein Vergnügen sein.

Wenn man Luc Bondy reden hört, überrascht einen die Häufigkeit der Vokabel »Leichtigkeit«.

Ich habe es gehört. Er liebt die Leichtigkeit und die Extravaganz. Wenn er Schauspielern nur in zwei Worten sagen dürfte, was er will, dann wären das die Worte Fieber und Leichtigkeit. Ich würde das Wort Freude hinzufügen – die Freude bei der Arbeit mit ihm, die das Theater zum Fest macht.

(Deutsch von Monika Schmidt)

Libgart Schwarz
WEISST DU WER DU FÜR MICH BIST

Tun und Werden steht bei Dir 1:1. Weil wenn ich sagen würde, Du bist der, der sich ohne Reserve ausliefern kann (für mich ist das eine Fähigkeit), dann stimmt das schon, nur muß ich dann auch sagen, Du bist auch der, der ohne Rückhalt ausgeliefert dreinschauen kann. So sah ich Dich z.B. in Köln, als Du vor der Premiere von *Macbeth* in der Kantine neben mir standest und auf einmal Dich zu mir herdrehtest, aber es ist bitte nicht das erste, was mir einfällt, wenn ich an Dich denke.

Man könnte das Ausliefern auch als eine Lust und unbändige Neugierde auf das Leben ansehen oder als ein Nicht-verzichten-Wollen (wahrscheinlich bist Du schon der, der vom Wert des Verzichts nichts hält – aber seit neuem ist das, glaube ich, anders), hin und wieder machtest Du gewaltige Anläufe in diese Richtung und fragtest mich auch um was, weil Du mich wahrscheinlich für die Frau Oberverzichterin hältst, und wenn ich entsprechend was sagte, waren das aber (hoffentlich) die einzigen Momente, wo ich Dir nicht so sympathisch war.

Mein lieber Luc, das alles wollte ich jetzt gar nicht schreiben – und es ist so gekommen –, das geht ja niemanden was an. Ich hatte vor, einige Bilder von Dir, die sich mir im Laufe des langen Lebens eingegraben haben, mal hin und wieder ganz von selbst in mir aufleben, aufzuschreiben, um daran zu sehen, wie Du, ohne daß wir die Absicht hatten, ein Teil meines Lebens geworden bist. Denn dieses Phänomen der Empfindung von unverrücklicher Verbindung!

Nun bin ich lange auf und ab gegangen und dachte, dieses Pathos empfinde ich zwar, aber man muß es anders formulieren (weil, der Satz kann so nicht weitergehen), aber ich weiß nicht, wie ich es anders sagen soll, und darum kann der Satz kein Ende haben.

Einige Bilder von Dir aus unterschiedlichen Situationen und Zeiten – sie sind wie Auftrittsbilder und haben den Gestus von »da bin ich« – könnte ich nebeneinander legen, und sie würden nicht sehr voneinander abweichen.

Eben wanderte eine Dohle das Dach entlang. Die hat auch so einen kräftigen Gang wie Du, hat auch nichts Zusätzliches im Sinn (ohne Arg), als was sie gerade will, und ist wahrscheinlich darum nicht zu fassen.

Dann gehst Du mit fliegendem Hemd um die Ecke auf Ischia.

Sagst gerade: »Wie hab ich das für Dich organisiert«, als Du mir auf dem Schiff entgegenkommst auf Skyros.

Legst Deinen Arm auf die Sitzbank in Kronberg (dieses Bild leuchtet mir manchmal besonders hell auf, ist schon fast zum Inbild geworden). Es hat mich damals so verwundert, wie man einem Arm so viel Platz lassen kann.

Ein halbes Gesicht von Dir mit noch langen braunen Locken und ein Lächeln – DAMALS IN NÜRNBERG. Das ist überhaupt das erste Bild von Dir.

Und dann eine vor Aufregung ganz leise gewordene Stimme (wo das war, weiß ich nicht mehr), aber Du hast Peter von Deinen Drohbriefen, die Du bekommen hast, erzählt, als Du in Hamburg *Glaube Liebe Hoffnung* inszeniert hattest.

Ein anderes Mal hattest Du auch wieder diese Stimme, und da ist sie untrennbar mit einem grell karierten Schal (gelb, rot usw.) verbunden, als Du in der Ansbacher Straße auf den Balkon kamst, von einem Gespräch mit Filmleuten, die Dich gerade gräßlich betrogen hatten. Aber Du bist ganz stark in den Beinen geworden, so wie Du auch auf Ischia ganz stark den Strand entlanggingst, als wir gerade viele häßliche (es gibt ja auch schöne) alte Menschen gesehen hatten, und an einem Nachmittag auf der Probebühne für *Die Wupper* auf den Werner Rehm, glaube ich, zugingst, aus einer weiten Entfernung.

Andere Menschen werden vielleicht in bestimmten Momenten in den Händen stark und fuchteln herum, oder sie sitzen und schaben mit den Beinen unterm Tisch (wie Wim), Du gehst, und als ich die Dohle vorhin sah, hat sie mich im Gehen an Dich erinnert. Also wird künftig womöglich das Bild der Dohle, mich an Dich erinnernd, in mir haften bleiben.

In Sils, als wir am Drehbuch arbeiteten: Einer von uns sagte gerade: »Und da machen wir einen Schnitt«, worauf wir uns in die Augen schauten. Glaub' es mir bitte, es klingt sonst so witzig.

Im Speiseraum, als Du im Vorbeigehen einfach ein Wurstblatt von einem der Tische nahmst.

Dann war einmal im Hotel nebenan eine Abendgesellschaft. Und Du hast mich links überholt, und ich sah Deinen Rücken im Türausschnitt zu einem hellen Raum (jetzt während des Aufschreibens sah ich Dich am Drehort in der Konstanzer Straße, in einer Pause zum Aufbau für die Einstellung »Zigeunerbesuch«, vor dem Fernseher, in den dann nachher mein Bruder, zwischen den Beinen eines Mädchens hervor, hineinschauen sollte) – an die Zeit des Films darf ich mich gar nicht zu erinnern anfangen, es beginnen sich die Bilder zu überstürzen, und sie fangen an, Geschichten zu werden, und nicht mehr Eindrücke. Erinnerst Du Dich zum Beispiel auch an einen Morgen, wo Du zu uns Frauen (Edith Heerdegen saß am Fenster am Schreibtisch, sie legte ein Ginkoblatt in einen Brief an ihren Mann) in die Kabinettgarderobe kamst, um Dich bei uns schön zu unterhalten (wie Du sagtest), denn Du kamst gerade von einem Gespräch über Geldprobleme.

Lieber Luc, über die Arbeit mit Dir mich zu äußern, wozu hier der richtige Anlaß wäre, dürfte nicht so flüchtig geschehen, wie ich es hier nun nur tun konnte. So erfährst Du an diesen paar Bildern, was sich von Dir in mir eingemeindet oder eingenistet hat, was da selbständig weiterwirkt und so ein Teil von Dir meiner wurde, was mir meine Empfindung für Dich vielleicht verständlich macht.

Zwischenspiel

Botho Strauß, Luc Bondy und Klaus Michael Grüber

DIE LEDERTASCHE
Von Botho Strauß für Luc Bondy

In einer Lederwarenboutique am Rande einer belebten Einkaufspassage. Drei Kundinnen, die einander zuschmunzeln, während der Verkäufer hinter dem Tisch in einem Abstieg zum Kellerlager verschwindet und von unten heraufspricht.
Zwei Polizistinnen stehen als Wachdienst gerade und ungerührt rechter- und linkerseits des Tisches. Sie tragen weiße Blusen, Käppis, dreiviertellange Röcke und einen Revolvergürtel um die Hüfte geschnallt. Sie lächeln und suchen sich mit den Augen, ohne die Haltung zu verändern.

DER VERKÄUFER Sie wollen medium, es gibt aber nur noch small… Ich bin noch ganz verwirrt. Eben der Anruf, meine Freundin kommt in die Wehen, morgen kriegt sie ein Kind. Und mein Kollege, der mich vertreten soll, will ins Theater! Small, ich habe nur noch die kleine Taschengröße. Small, alles small. Verdammt nochmal! Ein Kind ist schließlich wichtiger als ein Theaterstück. Ein einmaliges Gastspiel! Ich verstehe das nicht, wie kann man nur so unkollegial sein? Eine verdammte Unordnung herrscht hier unten! Sie kennen mein Leben nicht! Sonst wüßten Sie, woran ich arbeite wie ein Besessener! Seitdem ich von zuhause weg bin, seit frühester Jugend, im Grunde seit dem ersten Gedanken, den ich überhaupt gefaßt habe – ist mir alles gegeneinander in die Quere gekommen. Sortiere, sortiere! ruf ich mir zu, wo ich geh und steh, sortiere, sortiere!, das ist mein Daseinsruf! (*Er kommt aus dem Abstieg hervor.*)
Nehmen Sie das Ausstellungsstück, die Tasche dort im Regal, die ist medium, ich fette sie ein, dann ist sie wie neu. Sie alle drei wollen die gleiche Tasche? Wer war zuerst da?
ZWEITE KUNDIN Die Dame, die zuerst da war, hat die Tasche erst gewollt, nachdem ich mich für sie interessierte.
DRITTE KUNDIN Und ich war gestern bereits hier, als Ihr Kollege im Laden war, und hatte mich so gut wie entschieden für die Tasche.
ERSTE KUNDIN Aber Sie haben sie nicht für sich reservieren lassen!
DRITTE KUNDIN Das konnte ich nicht. Denn ich wollte es mir noch einmal überlegen, ich wollte noch einmal darüber schlafen, wie ich es praktisch vor jeder Anschaffung tue. Der kleinsten wie der größten.

DER VERKÄUFER (*zur Ersten Polizistin*) Wer hat nun ein Anrecht auf die Tasche?

ERSTE POLIZISTIN Das können wir nicht entscheiden.

ZWEITE POLIZISTIN Wir sind Ordnungshüterinnen und keine Rechtssprecherinnen.

DER VERKÄUFER Das heißt: wenn ich die Tasche an die meistbietende Dame verkaufe, würden Sie einschreiten?

ZWEITE POLIZISTIN Auf der Stelle.

ERSTE POLIZISTIN Wir müßten Sie anzeigen.

DER VERKÄUFER Keine der Damen möchte sich mit der kleineren Ausführung desselben Modells zufriedengeben, von denen ich ein halbes Dutzend zur Verfügung hätte. Keine der drei Damen hat sich aber bis jetzt für das verstaubte Ausstellungsstück mit den Gerbfehlern entscheiden können. Wie soll es weitergehen?

DRITTE KUNDIN Ich würde es nehmen mit Nachlaß!

ERSTE KUNDIN Ich auch!

ZWEITE KUNDIN Ich nehme es so.

DER VERKÄUFER (*zu den Polizistinnen*) Was soll ich tun?

ZWEITE POLIZISTIN Geben Sie es der Dame, die es nimmt, wie es ist.

ERSTE POLIZISTIN Das hättest du nicht sagen dürfen! ...

DER VERKÄUFER (*zur Zweiten Kundin*) Gut, nehmen Sie es, und die Sache ist ausgestanden.

ERSTE KUNDIN (*zur Zweiten Kundin*) Ich gratuliere. Sie haben mich um das schönste Geburtstagsgeschenk für meine gelähmte Tochter gebracht.

DRITTE KUNDIN Ich fasse sehr schwer einen festen Entschluß. Das ist mir geblieben von einer Nervenkrise, die ich einmal hatte. Ich dachte, ich könnte bei dieser Tasche damit beginnen, meine Entschlüsse wieder etwas fester zu fassen. Jetzt haben Sie mich um Jahre zurückgeworfen.

ZWEITE KUNDIN Also gut. Ich verzichte. Ich nehme sie auch nur mit Nachlaß.

ER VERKÄUFER Ich gebe keinen Nachlaß. Niemandem von Ihnen wird ein Nachlaß gewährt. Ich könnte es gar nicht verantworten. Ich vertrete hier irgendeinen Geschäftsinhaber, den ich persönlich gar nicht kenne. (*Zu den Polizistinnen*) Kennen Sie ihn eigentlich?

ZWEITE POLIZISTIN Natürlich kennen wir ihn.

ERSTE POLIZISTIN Ja, ein freundlicher Mann.

DER VERKÄUFER Würde er etwas dagegen haben, wenn ich Nachlaß gewähre?

ERSTE POLIZISTIN Darüber dürfen wir keine Auskunft geben.

ZWEITE POLIZISTIN Das wissen Sie doch.

DER VERKÄUFER Sehen Sie, meine Damen, mit diesen schönen Schutzengeln verbringe ich nun meine Tage und kann ihnen doch, wenn's drauf ankommt, keinen nützlichen Ratschlag entlocken. Etwa einen solchen, der zur Verhütung einer strafbaren Handlung diente. Sie schreiten erst ein, wenn es schon zu spät ist.

ZWEITE KUNDIN Warten wir. Wir werden von selbst zu einer Lösung finden.

ERSTE KUNDIN Ja. Warten wir. Lassen wir die Situation auf uns einwirken.

DRITTE KUNDIN Prüfen wir unsere echten Wünsche.

ERSTE KUNDIN Und Träume.

DER VERKÄUFER Ich sehe inzwischen noch einmal genau im Lager nach…

ZWEITE KUNDIN Sie wollen verschwinden, Sie wollen ab durch den Keller zu Ihrer Freundin, die in den Wehen liegt!

ZWEITE POLIZISTIN Das kann er nicht!

ERSTE POLIZISTIN Der Keller hat keinen Ausgang.

ERSTE KUNDIN Bleiben Sie doch in Ruhe hier. Lassen Sie uns ganz ruhig bleiben.

DRITTE KUNDIN Es wird mein schönster Einkauf. Ganz ohne Eile, ohne Hast.

ZWEITE KUNDIN Und ohne Ware. Möglicherweise. Wenn Sie die Tasche nicht kriegen sollten.

DRITTE KUNDIN Nun gut. Aber auch dann ist es ein lohnendes Stündchen gewesen.

ZWEITE KUNDIN (zur Ersten Kundin) Warum wollen Sie die Tasche eigentlich?

ERSTE KUNDIN Ich will sie nur, weil Sie sie wollen. Das haben Sie bereits messerscharf erkannt.

ZWEITE KUNDIN Ist das eine besondere Beziehung, die Sie zu mir aufbauen über die Tasche, also ich meine, ein Trieb?

ERSTE KUNDIN Ja, ein Trieb.

ZWEITE KUNDIN Ach so.

ZWEITE POLIZISTIN Mir ist etwas eingefallen. Ich wüßte, wie –

ERSTE POLIZISTIN Kätzchen, bitte halte den Mund!

ERSTE KUNDIN Der Verkäufer ist verschwunden.

ZWEITE KUNDIN Er grämt sich im Keller.

DRITTE KUNDIN Er wartet auch nur, bis ihm etwas einfällt.

ERSTE KUNDIN Jemand müßte ihn morgen vertreten, wenn sein Kind zur Welt kommt.

ZWEITE KUNDIN Sein Kind? Ein Kind. Seine Freundin bekommt ein Kind, hat er gesagt. Nicht seine Frau und nicht sein Kind, sagte er.

ERSTE KUNDIN Ich könnte mir vorstellen, daß mir nichts mehr an der Tasche läge, wenn ich sie vom Platz des Verkäufers aus einen ganzen Tag lang vor der Nase hätte. Ich würde sie vermutlich ohne feuchte Wimpern an eine von Ihnen beiden verkaufen.

ZWEITE KUNDIN Die Ware ändert ihr Gesicht, wenn man sie vom Platz des Verkäufers betrachtet. Das ist richtig. Aber ich würde doch versuchen, sie zum Nettoladenpreis mit nach Hause zu nehmen.

ERSTE KUNDIN Sie würden den Verkäufer in seiner Schwierigkeit nur vertreten, um die Tasche noch billiger zu bekommen?!

DRITTE KUNDIN Wenn ich den Verkäufer vertreten würde, damit er sich um die Geburt eines ihm nahestehenden Kindes kümmert, dann würde ich sofort den Preis der Tasche heraufsetzen, so daß für mich gar nicht mehr dran zu denken ist.

ZWEITE POLIZISTIN Ich muß es sagen, ich muß. Ich weiß doch, wie…!

ERSTE POLIZISTIN Willst du deinen Posten verlieren? Willst du deine hübsche kleine Stelle verlieren, Kätzchen?

(*Der Verkäufer kommt aus dem Abstieg heraus.*)

DER VERKÄUFER Ich habe noch eine large gefunden. Ist jemand daran interessiert?

(*Ausrufe von Zweiter Polizistin und Kundinnen »Ach!«, »Oje!«*)

ZWEITE KUNDIN Die käme ja wohl nur für eine von uns in Frage.

ERSTE KUNDIN Und für wen bitte?

ZWEITE KUNDIN Immer, wer fragt.

ERSTE KUNDIN Tragen Sie die mal, wenn sie voll ist!

ZWEITE KUNDIN Machen wir uns nichts vor: die dicke Tasche wird es nicht werden.

DRITTE KUNDIN Ich liebe es, keine Lösung zu finden. Alles bleibt in der Schwebe. Ein angenehmes Gefühl.

(*Der Verkäufer wirft die Tasche nach unten.*)

ZWEITE KUNDIN Der Tag vergeht, der Ladenschluß rückt näher, und morgen sind wir wieder da.

DER VERKÄUFER Morgen?

ZWEITE KUNDIN Was würden Sie sagen: wir kommen morgen her und vertreten Sie, damit Sie Ihrer Freundin bei den Geburtswehen beistehen können? Wir werden uns einen ganzen Tag lang die Tasche einmal aus Ihrer Perspektive ansehen.

DRITTE KUNDIN Sie haben doch sicherlich nicht das geringste Interesse an ihr, an dem Ding?

DER VERKÄUFER Ich persönlich nicht, nein. Aber es muß schon was dran sein an dem Ding, meine Freundin z.B. –

ZWEITE POLIZISTIN Ja! Ja! Ja!

ERSTE POLIZISTIN (*stampft mit dem Fuß auf*) Liebling!

ZWEITE POLIZISTIN Aber seine Freundin wollte sie doch so gerne haben! Wie oft ist sie hergekommen, hat die Tasche angehimmelt, hat sie gestreichelt, in den Arm genommen, aber Sie haben es nicht bemerkt, Sie sind immer so hart gewesen zu ihr wegen des Kinds, und jetzt schenken Sie ihr die Tasche, schenken Sie ihr endlich die wunderschöne Tasche, ich bitte Sie, die Gelegenheit ist da: ein Kind kommt zur Welt!

ERSTE POLIZISTIN (*geht zur Zweiten Polizistin*) Bitte gib mir deine Waffe und deinen Ausweis. Die Sache ist entschieden. Sie können gehen, meine Damen. Der Verkäufer kauft die Tasche als Geschenk für seine Freundin zum Nettoladenpreis. Der Wachdienst wird umbesetzt. Das Geschäft bleibt morgen geschlossen … Haben Sie das gewollt? Ich frage Sie: haben Sie das gewollt? (*Die Kundinnen wenden sich ab und verlassen betrübt den Laden.*)

Luc Bondy und Dieter Sturm bei den Proben zu *Die Fremdenführerin*

III.

Die Inszenierungen
chronologisch
und die Resonanz der Kritik

STANISLAW WITKIEWICZ: NARR UND NONNE

Deutsch von Heinrich Kunstmann
Premiere: 19. Februar 1971
Junges Theater Göttingen

Christian Schneller *Mieczyslaw Walpurg*, Evelyn Urban *Schwester Anna*, Gunhild Branchart *Schwester Barbara*, Klaus Lange *Dr. Jan Burdygiel*, Rainer Güther *Dr. Efraim Grün*, Ernst A. Hartung *Prof. Erest Walldorf*, Thomas Lang *Alfred*, Walter Ullrich *Pafnucy.*
Bühne   Johannes Schütz
Kostüme   Johannes Schütz/Ingeborg Rothmeier

Henning Rischbieter:
Kann sein, daß an dieser Privat-Theater-Aufführung einiges symptomatisch ist für eine neueste Stimmung unter jungen westlichen Theaterleuten. Im Programmheft äußert sich der in Paris, im Dunstkreis der Argentinier Lavelli und Garcia herangebildete, sehr junge Regisseur Luc Bondy programmatisch: »Diese Form eines ausgesprochen expressiven, rhythmisierten Theaters dient dazu, daß jemand, der ins Theater geht, sich völlig vergessen kann ... Sammlung, Hingabe, Versenkung ... im religiösen Sinn ... ein Theater, das auf eine Sensibilisierung der Menschen zielt ... keine intellektuelle, sondern eine sinnliche Kommunikation.«

So wenig wie diese (hier bruchstückweise zitierten) Konfessionen von Phraseologie frei sind, so wenig ist die Aufführung frei von bedenkenlosen Effekten, untereinander unverbundenen, zusammengeliehenen Ausdrucks- und Wirkungsmitteln. Aber Effekt wird erzielt: in der Premiere (gut 150, mit dem Theater wahrscheinlich eng verbundene Besucher im vollgestopften Zuschauerraum) gab es donnernden, anhaltenden Applaus, Getrampel, Bravorufe.

Bondy benutzt den Text, um die Schauspieler fratzenhaft zu verkleiden, in Stimmverzerrungen und übergroße Gesten zu treiben, um sie ausdrucksgymnastisch zu arrangieren. Den Frauen hat er am meisten schrille Exzessivität abverlangt, in der sie am wenigsten souverän sind.

Ich weiß nicht, was diese Art von purem Theater soll. Programm und Praxis des Regisseurs sind für mich an einem andern, mir fremden Ufer angesiedelt. Den Punkt, wo der entschlossene Dilettantismus dieses Theaters (das Liebhaberische, gedanklich Ungeklärte, Modische) in zwecklose Professionalität umschlägt, vermag ich nicht genau auszumachen. Doch gelangweilt habe ich mich nicht.

Birke Bruck und Evelyn Urban in *Die Zofen*

JEAN GENET: DIE ZOFEN

Premiere: 9. Oktober 1971
Fabrik, Hamburg

Birke Bruck *Claire*, Evelyn Urban *Solange*, Helen von Münchhofen
Gnädige Frau.
Bühne   Heinz Balthes

Hans Bertram Bock:
Bondy hatte in einer Hamburger Fabrikhalle Genets Tragödie *Die Zofen* mit
einem brillanten Darstellerteam als »expressionistisches Stück« interpretiert. In
einem von Heinz Balthes mit wenigen Versatzstücken und Sandmassen dekorier-
ten Aktionsquadrat der Hallenmitte ließ Bondy die häßlichen, kahlköpfigen weib-
lichen Akteure mit einer Mischung aus Pathos, Artistik und groben Effekten die
Variationen der Rebellion und Resignation durchexerzieren. In der überfüllten
Fabrikhalle hatten die Zuschauer (viele Jugendliche) jeden Fußbreit Boden
okkupiert.

EUGENE IONESCO: DIE STÜHLE

Premiere: 19. Februar 1972
Städtische Bühnen Nürnberg

Barbara Petritsch *Sie*, Dietmar Mues *Er*, Arno E. Hausch *Redner*.
Bühne   Rolf Glittenberg

Michael Dultz:
Dieses symbolträchtige Endspiel ist schwerlich auf eine Gesellschaftsordnung,
einen Ort, eine Zeit zu fixieren. Es braucht vor allem Atmosphäre. Und das kann
Rolf Glittenberg: Ein schwarzes Loch hat er aufgebaut, schwarze Klinker rundum,
schwarzer Marmorboden, schwarze Schiebetüren, vier schwarze Engel-Torsi, die
ein helles Glasdach tragen.

Dieser kunstvolle Raum ähnelt einem Krematorium ebenso wie einem
Jugendstil-Bahnhof. Den optischen Reiz vergrößert noch der Wasser-Rahmen:
Eine flache Plastik-Wanne umgibt das Podest.

Luc Bondys Versuch, körperlich-sinnliches Theater zu zelebrieren, gelingt nur
halb. Viele der Zeichen und Haltungen, die er mit seinen Darstellern erfand, werden – zumal im ersten Teil – bald Selbstzweck, sie transportieren keine Inhalte,
sondern gefallen sich in ihrer artistischen Manieriertheit. Die Pausen tragen nicht,
Langeweile macht sich breit.

Erst im zweiten Teil, wenn die Aktionen sich verstärken, Möbel und Wasser in
die Szene einbezogen werden, verdichtet sich das artifizielle Spiel, bereitet es unge-
trübtes Vergnügen, ihm zuzuschauen.

128

RAINER WERNER FASSBINDER: BREMER FREIHEIT

Premiere: 6. Juni 1972
Städtische Bühnen Nürnberg

Hildegard Krost *Geesche Gottfried, zuletzt Unternehmerin,* Iwan Burkhard *Miltenberger, ihr erster Mann,* Lutz Everth *Timm, ihr Vater,* Adelheid Sanden *Mutter,* Herbert Dardel *Gottfried, ihr zweiter Mann,* Claus Just *Zimmermann, ein Freund,* Lebrecht Honig *Rumpf, ein Freund,* Kurt Mejstrik *Johann, ihr Bruder,* Marion Schweizer *Luisa Mauer, eine Freundin,* Adolf Breinbauer *Bohm, ein Vetter,* Karl Hüls *Pater Markus.*
Bühne und Kostüme   Rolf Glittenberg

Hans Bertram Bock:
Ich glaube, hier ging es ihm um den schönen Schauer, um Ästhetik.

Michael Dultz:
Es war vorauszusehen, daß Bondys Versuch, Dialog und Körpersprache zu verschmelzen, bei nun elf – zugegeben recht unterschiedlich begabten – Schauspielern keinen Erfolg haben dürfte. Das bleibt in Bondys Fassbinder-Fassung in Ansätzen stecken wie so manches in dieser seiner zweiten und vorläufig letzten Nürnberger Regiearbeit.

GEORG BÜCHNER: LEONCE UND LENA

Premiere: 18. November 1972
Schauspielhaus Düsseldorf

Edgar Walther *König Peter*, Bernd Heinzelmann *Prinz Leonce*, Irmgart Benesch *Prinzessin Lena*, Carsten Bodinus *Valerio*, Sybille Brunner *Gouvernante*, Karl-Heinz Tittelbach *Hofmeister*, Wolfgang Höper *Präsident des Staatsrats*, Hansjakob Gröblinghoff *Hofprediger*, Marianne Hoika *Rosetta*, u.a.

Ausstattung	Thomas Richter-Forgàch
Musik	Michael Rüggeberg

Rainer Hartmann:
Ein unbekannter Regisseur, Schauspieler ohne große Namen. Man geht ohne besondere Erwartungen hin, sinnierend über die Klippen des Stücks, für dessen Inszenierung selbst ein Kortner 1963 in München neben Lob auch mancherlei Prügel bezog. Und was folgt, ist Verzauberung, ist somnambule Suggestion, ist ein Bühnentraum von ungeahnter Einheitlichkeit über ein Stück, das in all seiner Genialität eine romantische Vision aus Splittern ist.
   Die Magie dieses Büchner-Abends entsteht aus der Verklammerung von Sprach- und Bewegungsregie, aus einem sehr bewußt gegliederten Ablauf von gestischem Spiel und Ruhe, von ungewöhnlich verständigem Textvortrag und bedächtigen Pausen. Eine sehr musikalische Gliederung, die durch die Schicht der Musik zusätzliche Akzente erhält.

Reinhard Kill:
Bondy hat überraschende Arrangements gefunden, führt seine Darsteller immer wieder zu sich berührenden Gefühlszentren, löst diese auf, verbindet sie erneut, erfindet andere Bezugs-Konstellationen. Er hat – etwa ein Fünftel – gestrichen, Aussagen umgestellt, getrennte Textstellen ineinander verschoben, Worte Valerios Leonce gegeben und umgekehrt. (Das sind zwar Eingriffe, die man nicht leicht halten sollte; aber im Ergebnis sind sie keine Vergewaltigung des Bühnen-Stücks.)

WILLIAM SHAKESPEARE: WAS IHR WOLLT

Bearbeitet von Luc Bondy und Klaus Völker
nach den Übersetzungen von J. J. Eschenburg
und A. W. Schlegel
Übersetzung der Sonnette: Karl Kraus
Premiere: 19. April 1973
Schauspielhaus Wuppertal

Wolfgang Schmidtholstein *Orsino*, Jutta Hahn *Sebastian und Viola, seine Schwester*, Malte Horstmann *Antonio*, E. Heinrich Krause *Valentin*, Erika Eller *Olivia*, Klaus Sichler *Junker Tobias Rülps*, Ludwig Hirsch *Junker Andreas Fieberwang*, Lothar Diettrich *Malvolio*, Herwig Mark *Fabio*, Angelika Pfeiffenberger *Marie*, u.a.

Bühne	Erich Wonder
Kostüme	Peter Schulz
Musik	Peer Raben

Hans Schwab-Felisch:
Das wundersame Sehnsuchtsland Illyrien befindet sich in einem Taumel von Übermut und unerlöster Nostalgie. Sie zielt ab auf den utopischen Mythos von der Vertauschbarkeit der Geschlechter, weiter gefaßt: von der wiederhergestellten Einheit nach dem Zerfall.

JOHANN WOLFGANG VON GOETHE: STELLA

Bearbeitung von Luc Bondy und Ingo Waßerka
Premiere: 14. Septemer 1973
Hessisches Staatstheater Darmstadt

Hildburg Schmidt *Stella*, Elisabeth Schwarz *Cäcilie*, Ortrud Groß *Lucie*, Maria Kayssler *Ottilie*, Ulrike Johannson *Annchen*, Dieter Wernecke *Fernando*, Siegfried Heinrichson *Verwalter*, u.a.
Bühne und Kostüme   Erich Wonder

Reinhard Baumgart:
Die stille, saugende Szene, die diesen Theaterabend eröffnet, hat Goethe nicht geschrieben. Da versammeln sich langsam sieben Mädchenkinder um einen Tisch zum Essen, um eine ernste, schwarzgekleidete Frau, alle sieben barfuß, in langen weißen Gewändern. Eine junge Frau (Stella?) tritt in den Raum, mit einem Buch und dem Ausruf »Ach!«. Auch sie setzt sich, ist aber mit Gedanken, Gefühlen ganz offensichtlich nicht anwesend. Gleich wird sie anfangen, in die leere Luft hineinzureden, über einen unerträglichen Verlust und einen Fernando. Sie wird aufspringen, in das Tischtuch verkrallt, sie wird Tischtuch und alles Geschirr zu Boden reißen und schließlich selbst auf den Boden fallen. Die weißen, barfüßigen Kinder tragen sie dann ruhig, als sei etwas ganz Alltägliches geschehen, aus dem Raum, von der Bühne.

Schneewittchen und die sieben Zwerge? So könnte man ganz ohne Hohn fragen, denn von Märchentrance und Glauben an ein Märchenglück ist dieses Stück ja ganz offensichtlich mitbestimmt. Auch das glückliche Ende, an dem die unglücklich Verliebten, also Fernando, Stella und Cäcilie das nur Wünschbare, nur Vorstellbare versuchen wollen, Leben und Lieben zu dritt – auch dieses Schlußbild hat Luc Bondy ernst, zwingend und sprachlos inszeniert: Nacheinander nimmt jeder der drei einen Stuhl und bringt ihn vor an die Rampe, dann tragen sie alle drei den Tisch nach vorn und nehmen, während das Licht schon ausgeht, Platz.

Rückblickend kommt es mir fast so vor, als hätte Bondy die ganze *Stella* nur wegen einiger so entrückter Momente auf die Bühne gebracht. Von diesem erst vierundzwanzigjährigen Regisseur wurden ja in letzter Zeit fast Wunderdinge berichtet, vor allem über seine Inszenierungen von *Leonce und Lena* und *Was ihr wollt*, über seine Empfindlichkeit für utopische Motive. Danach schien auch sein Interesse für *Stella*, mit ihrem irdischen Himmelfahrtsmoment am Ende, nur einleuchtend. Aber zwischen der Unglückstrance am Anfang und dem wahrgemachten Traum zum Schluß liegt eben ein ganzes Stück, mit einer zart fast verwehenden, schwer spielbaren Sprache, mit Menschen und Situationen von sanftem, kaum dramatischem Umriß. In Darmstadt verschwammen schließlich die Weichheit des Stücks und die widerstandslose Weichheit der Inszenierung nur haltlos ineinander.

Was man Luc Bondy zugute halten könnte: Er wollte dieses heftige Gefühlstableau aus dem Jahre 1775 durch keinerlei gesellschaftskritische Schlaumeierei, durch keine Ironie und Distanz entlasten, er will in keinem Augenblick etwa zeigen, daß man sich solche Empfindsamkeiten, so selige und unselige Verwirrungen eben nur unter bestimmten Bedingungen, in bestimmten sozialen Höhenlagen leisten kann. Bondy führt das alles ganz unfragwürdig in entweder stillen, sensiblen Haltungen oder ekstatischen Ausbrüchen vor. »Ganz Herz, Gefühl« sollen die Szenen sein, wie Stella sagt, oder, wie Bondy notiert: »Einen inneren Zustand beschreiben, Weltinnenraum. Daraus folgt: *ein* Raum.« Den hat Erich Wonder gebaut, als eine schwarze Trauerhöhle, mit edel wenig Mobiliar bestückt, durch eine große Fensterwand bald blendend, bald gedämpft erhellt.

Weltinnenraum: Wer so hoch spielt, riskiert natürlich Abstürze. Augenblicke von geglücktem Pathos und Augenblicke unfreiwilliger Komik stürzen in dieser *Stella* denn auch hilflos ineinander. So hat Bondy etwa das Wiedersehen zwischen Stella und dem zurückgekehrten Fernando in eine Folge von widersprüchlichen Nummern aufgelöst. Zunächst sitzen die beiden nur fassungslos, erschöpft, laut und parallel vor sich hinatmend, nebeneinander. Dann folgt eine Serie von zartem, catcherhaftem Sichanspringen, und schon muß das überanstrengte Publikum lachen.

Aber, was man Bondy noch zugute halten könnte: liest sich sein im Programmheft abgedruckter Entwurf für die Inszenierung nicht Schritt für Schritt so sensibel wie logisch, waren etwa nur die Darmstädter Darsteller der Stella und des Fernando dieser Sensibilität und diesem Ehrgeiz kläglich nicht gewachsen? Offensichtlich war doch, daß die Figuren am Rande, die ohnehin einen realistischeren Umriß haben, daß etwa die herbe Wirtin (hier als Haushälterin Stellas) oder die nüchterne, von allen Gefühlsseligkeiten nur peinlich berührte Lucie, daß also solche Nebenrollen (Maria Kayssler, Ortrud Groß) eher überzeugten als die im Zentrum. Und offensichtlich war auch, daß nur die vom Frankfurter Ensemble ausgeliehene Elisabeth Schwarz als Cäcilie eine feste, menschenähnliche Figur in dieses Zentrum stellte.

Wenn Dieter Wernecke dagegen mit markiger Jungtragödienstimme seine Fernandotexte aufsagte, zerrissen alle zarten Stimmungsschleier, da sprach die nackte Notdurft, die nackte Routine. Dazu war er offenbar auf steife, hölzerne Haltung dressiert, trug eine goldene Brille und ein unbewegt verkniffenes Gesicht. So sieht in einer mittelmäßigen Operette der pedantische Buchhalter aus, sicher nicht das Labilitätsgenie, an dem das Leben gleich zweier Frauen hängt. Hildburg Schmidt, die Stella, war dem Regisseur offenbar beweglicher, tapferer in sein Konzept gefolgt und wirkte doch, gerade wegen ihres vollen Einsatzes, fast immer zu frisch, zu rüstig für diese fallsüchtige, ekstatische, in Grenzzuständen balancierende junge Frau, die sie glaubhaft machen sollte.

Womit wir, fürchte ich, nun auf den faulen Kern des ehrgeizigen Unternehmens stoßen. Denn mit der leider nur schwachen Realisation ist ja so etwas empfindsam groß Entworfenes nicht zu entschuldigen. Das ist schon ein schlimmer Witz: Da will eine Aufführung unbedingte Gefühle und ein unbedingtes Glück zeigen, führt das alles aber vor mit Schauspielern, die hilflos oder gelehrig, ganz und gar »bedingt« dressiert, immer nur die Einfälle, Empfindungen, Gedanken eines Regisseurs nachspielen müssen. Nie jedenfalls sah ich diesem Fernando, selten dieser Stella einmal an, daß sie irgend etwas aus eigener Energie, Phantasie hatten entwickeln dürfen, fast alles »brachten« sie wie beflissen wiedergegebenen Lehrstoff.

So viel übereifrige Unfreiheit mitzuerleben, machte mich am Ende mehr wütend als nur müde.

Und das Publikum? Saß, schien mir, diese Abonnentenvorstellung so fromm und unbewegt ab wie konventionelle Klassikerinszenierungen auch. Daß diese sehr fernen, sehr feierlichen Autoren eben ziemlich langweilig sind, dafür wertvoll, das konnte man wohl befriedigt und gähnend wieder einmal nach Hause nehmen. So ein junger, unbedingter Sensibilist richtet schon einiges an in der sogenannten Provinz, unter den Schauspielern und Zuschauern.

Sehr geehrter Herr Baumgart,

Nie habe ich eine Kritik anläßlich einer meiner Arbeiten so gründlich und ein wenig betroffen, muß ich gestehen, studiert wie die Ihre in der S.2. Natürlich muß ich als Regisseur Angriffe in Ihrem Gehalt akzeptieren, aber nicht begreifen konnte ich den leicht aggressiven, persönlich sehr angreifenden Unterton Ihrer Besprechung. Dies ist der Grund meines Schreibens. A la Sainte-Beuve schilderten Sie eher Ihre Entäuschung über "einen jungen Regisseur über den man "ja fast wundersame Dinge berichtet," wie Sie unnötiger Weise erwähnten, als nüchtern, unvoreingenommen, auch wenn negativ zu behandeln. Es kam mir vor als wollten Sie meinen bescheidenen Ruhm, und er ist wirklich bescheiden, durch Ihre herabwürdige Haltung in Frage stellen. Also meine Entwicklung schon im Keim ersticken lassen. Haben Sie, sehr geehrter Herr Baumgart, es tatsächlich nötig Ihre Schlagkraft für einen von Ihnen anscheinend überschätzten Regisseur so reaktiv einzusetzen und mit solchen fast

Bankverbindung: Deutsche Bank München, Zweigstelle Maximilianstraße 26, Konto-Nr. 40 44 624

pädagogischen Bemerkungen wie
"ehrgeizige Inszenierung" (woraus schliessen Sie den Ehrgeiz
und "unbedingter Sensibilist" [da trifft mich der Schlag!)
zu argumentieren?
Wie Sie hoffentlich bemerken werden, versuche ich hier
nicht meine Arbeit als solche zu verteidigen, sondern
wundere mich über Ihren persönlichen Angriff. Sie
schildern mich noch dazu als kleiner Schauspieler-Terrorist,
der sich in der Provinz austoben will. Dies entspricht nicht
der Wahrheit, da ich mit den Schauspieler ganz anders arbeite.
Ich brauche ihre Anregungen, übernehme ihre Vorschläge.
Was der Formalismus betrifft, nun ich schätze ihn auch nicht...
aber warum soll ich erst nach drei Inszenierung die Methode
— oder sagen wir lieber die Art — freies und spontanes sowie
in Palitsch "Frühlings Erwachen", herstellen können? Denn sogar
dies stellt sich im Theater her.

Das Bedürfnis hatte ich, Ihnen meine Einwände und
Gedanke zu Ihre kritik mitzuteilen.
                    Hochachtungsvoll
                                    Luc Bondy.

Bankverbindung: Deutsche Bank München, Zweigstelle Maximilianstraße 26, Konto-Nr. 40 44 624

136

Walter Schmidinger in *Die See*

EDWARD BOND: DIE SEE

Deutsch von Harald Müller
Premiere: 30. November 1973
Residenztheater München

Christian Kohlund *Willy Carsons*, Siegfried Lowitz *Evans*, Walter Schmidinger *Hatch, Tuchhändler*, Hans Quest *Hollarcut und Vicar*, Toni Berger *Carter*, Otto Bolesch *Thompson*, Lola Müthel *Louise Rafi*, Christiane Buchegger *Rose Jones*, Gertrud Kückelmann *Jessica Tilehouse*, Elfriede Kuzmany *Mafanwy Price*, Rita Russek *Jilly*, Ursula Müller *Rachel*, Elsbeth Peter *Davis*.
Bühne und Kostüme   Rolf Glittenberg

Peter Handke:
Luc Bondys Inszenierung wurde immerhin ein Kunststück. Auch die nötige Leere zwischen den großen Einfällen war da, und so wurde die Inszenierung ein *monumentales* Kunststück. Statt der kleineren Pointen hat Bondy oft die im Stück fehlenden Vorgeschichten für manche Reden der Figuren stumm vorweggenommen: die mächtige Mrs. Rafi, die auf dem Kliff völlig unvermittelt ihr vertanes Leben beklagt, unterbricht schon in den Anfangsszenen des Stücks ihr stumpfsinniges Gekappel mit dem Tuchhändler und horcht zweimal, fast erstaunt, auf das Brausen des Meeres ...

Fast zu verbindungssüchtig dagegen, daß der Tuchhändler, der in seinem Wahnsinnsrausch plötzlich seinen Kundinnen andichtet, sie würden ihn beim Anproben »das Dunkle unten« sehen lassen, schon viel früher einer von den Damen an den Busen faßte.

Befreiend und erleichternd in der Münchner Inszenierung ist die letzte Szene, in der Bond den weisen Säufer die Welt erklären läßt.

Der Schauspieler Siegfried Lowitz spricht diese Deklaration mehr als Selbstgespräch eines still für sich Betrunkenen, brabbelnd, unerschütterlich heiter, als ob er dabei an was anderes, Schöneres denkt; die tiefsinnigsten Bemerkungen lallt er nur noch unverständlich, im Halbschlaf, voll von Erinnerungen, auf die wir neidisch sein könnten. Und so ist einem *Die See* schon recht.

Ist das ein Angriff, eine Anklage? Ja. Aber: »Alle Angeklagten sind schön«, heißt es bei Kafka. Und nach so vielen mühsamen Bestreitungen und Verneinungen erscheint allmählich der pauschale Schmerz Bonds in kurzer, flüchtiger Schönheit ...

Günther Engelhard:
So stilvoll und exakt wie Luc Bondy hat in Deutschland schon lange kein Regisseur die Darstellung der Liaison zwischen wuchernder Phantasie und mickriger Realität vermittelt. Dies ist die Chance des Stückes von Edward Bond.

ÖDÖN VON HORVATH: GLAUBE LIEBE HOFFNUNG

Premiere: 1. September 1974
Deutsches Schauspielhaus Hamburg

Anne-Marie Kuster *Elisabeth*, Wolf-Dietrich Sprenger *Ein Schupo*, *Alfons Klostermeyer*, Charles Brauer *Oberpräperator*, E. O. Fuhrmann *Präperator*, Peter Lehmbrock *Vizepräperator*, Karl Meixner *Der Baron mit dem Trauerflor*, Enzi Fuchs *Irene Prantl*, Angela Schmid *Frau Amtsgerichtsrat*, Josef Dahmen *Er selbst, der Herr Amtsgerichtsrat*, Karl Obermayr *Ein Invalider*, Andrea Grosske *Eine Arbeiterfrau*, Knut Hinz *Ein Buchhalter*, Heide Grübl *Maria*, Rolf Jülich *Ein Kriminaler*, Wolf Dietrich Berg *Der Oberinspektor*, Josef Fröhlich *Ein zweiter Schupo*, Gerhard Olschewski *Ein dritter Schupo*, Dietmar Mues *Joachim, der tollkühne Lebensretter*.

Bühne	Rolf Glittenberg
Kostüme	Walter Schwab
Musik	Peer Raben

Werner Burkhardt:
Ganz offensichtlich gehört Bondy in die Reihe jener jungen Regisseure, die wieder geduldig dem Text nachhorchen, lieber reden, ja singen als schreien lassen, und die beim Eintritt für einen neuen Schönheitskult manchmal an die Grenze stoßen, hinter der Manierismus, narzistisches l'art pour l'art, ja Kitsch hausen.

Scharf, doch nie lieblos konturiert, drehen sich die Figuren dieses Reigens aus dem Dunkel in das Dunkel ... Die toten Puppen tanzen.

139

HORST LAUBE: DER DAUERKLAVIERSPIELER

Premiere: 16. Oktober 1974
Schauspiel Frankfurt

Peter Franke *Heinrich Abend*, Barbara Petritsch *Lore Abend, seine Frau*, Axel Bauer *Willi Abend, sein Bruder*, Traugott Buhre *Ewald Meyer, Klavierlehrer*, Edgar M. Böhlke *Professor Schleemann, Anatom; Trompeter; 1. Gast*, Peter Roggisch *Veit Harlan*, Klaus Steiger *Rothschild*, Elisabeth Schwarz *Die aus Trautenau*, Robert Tillian *Posaunist; Peter Frankenfeld*, Gerhard Retschy *Saxophonist; 3. Gast; 1 Polizist*, Peter Danzeisen *Geiger; Schauspieler*, Werner Schwuchow *Jupp, Wirt*, Klaus Wennemann *Konrad, ein Betrunkener*, Jens Weisser *Kellner; Maler*, Eva-Maria Strien *Regine Frowein; alte Flüchtlingsfrau*, Barbara Sukowa *Schwester Ingeborg; eine Frontsängerin; Flüchtlingsfrau; Lonny Kellner*, Walter Dennechaud *2. Gast; Herr Bieler, Geschäftsführer*, Ute Cremer *Frau des 3. Gastes*, Heinrich Minden *Bildhauer; alter Flüchtling*, Frank Rehfeld *Alter Mann; Wirt des Lokals »Zur guten Heimat«*, Martin Pawlowsky *2. Polizist; Ein Steward*, Kurt Dommisch *Älterer Mann*, Cläre Kaiser *Seine Frau*, u. a.

Bühne	Erich Wonder
Kostüme	Nina Ritter
Musik	Peer Raben

Hellmuth Karasek:
Was mit kräftigen Anschlägen beginnt, zertröpfelt zur dünngewalzten Etüde. Das Stück quält sich nicht nur durch den biographischen Musterkoffer (Aufstieg, Bewährung, Versuchung, Niederlage), sondern auch durch die deutsche Zeitgeschichte (Dreißiger Jahre, Hitler, Krieg, Nachkrieg im Wartesaal, Wirtschaftswunder). Auf einmal spielt dann der *Dauerklavierspieler*, wie das Leben so spielt: die bemühte Banalität fällt auf das Stück zurück, die Zufälle schütteln nicht mehr die Personen, sondern beuteln das Drama, und die Langeweile kriecht nicht die Szenen, sondern die Zuschauer an.

Dabei hatte Laube in dem jungen Luc Bondy einen Regisseur gefunden, der das Stück mindestens bis zur Pause allen Seichtigkeiten entriß. Bondy, der sich mit Bonds *See* in München und Horváths *Glaube Liebe Hoffnung* in Hamburg durch Phantasie und eindringliche Geduld als starke Regie-Begabung profiliert hat, fand auch in Frankfurt stimmungsvoll-stimmige Bilder für kleinbürgerliche Träume, die er wie Nebel an den Kanten der schäbigen Realität aufreißen läßt.

EDWARD BOND: DIE HOCHZEIT DES PAPSTES

Deutsch von Angela Röhl und Burkhard Mauer
Premiere: 28. Februar 1975
Schauspiel Frankfurt

Klaus Wennemann *Scopey*, Christian Redl *Bill*, Thomas Ott *Ron*, Martin Pawlowsky *Len*, Robert Tillian *Lorry*, Jens Weisser *Joe*, Peter Danzeisen *Byo*, Axel Bauer *Alen*, Barbara Sukowa *Pat*, Martina Krauel *June*.

Bühne	Erich Wonder
Kostüme	Patrice Cauchetier
Musik	Peer Raben

Benjamin Henrichs:

Die Frankfurter Bond-Aufführung verschweigt leider (je länger sie dauert, um so hartnäckiger) die Gründe ihrer Existenz. Engagement, Dringlichkeit, Risiko – jedes persönliche Reagieren auf den Text wird bald überdeckt von einem viel mehr vordergründigen, lediglich ästhetischen Interesse: dem Spaß des Regisseurs an elegant beherrschten Kunstmitteln. Sobald sich das Stück wegbewegt von der Totale zur Nahaufnahme, vom Gruppenbild zur Figurenbeschreibung, verfallen Bondys Mittel, werden summarisch, flach, indifferent; für die Geschichte des Stücks, die sich aus den zerstreuten Gruppenszenen des Anfangs langsam herauslöst, weckt Bondys Inszenierung kaum noch Interesse.

Es wäre zu einfach, für das Desinteresse, das Scopeys Geschichte in der Frankfurter Aufführung ausgelöst hat, den freundlich-unentschlossenen Schauspieler Klaus Wennemann haftbar zu machen. Der tiefere Grund liegt woanders, scheinbar bei einer Äußerlichkeit: der Beleuchtung.

Luc Bondy ist ein Regisseur, der sich nach einem Theater der Bilder, des freien Phantasierens viel heftiger sehnt als nach einem Theater der entschiedenen Interpretationen. Sein Bildersinn aber macht ihn abhängig von den Bildermachern des Theaters, den Bühnenbildnern. Von denen läßt er sich seine Inszenierungen regelrecht verbauen. In Hamburg (bei Horváths *Glaube Liebe Hoffnung*) unterwarf er sich der monumentalen Variante des Bühnenbildner-Theaters (Rolf Glittenberg), in Frankfurt nun der subtilen: den Erfindungen Erich Wonders, der nicht nur ein hochbegabter Bühnenbauer, sondern auch der raffinierteste Lichtbildner des deutschen Theaters ist.

Für Bonds Stück haben sich Bondy und Wonder die erlesensten Licht-Spiele ausgedacht: Mal ist die Bühne in grauen, unendlich trüben Dunst gehüllt, dann wieder schimmert es abendrötlich – aus zwei Reihen von Stablaternen, die links und rechts vom Zuschauerraum aufgestellt sind. Zuviel Beleuchtung, zu wenig Licht – Beleuchtungen, die das Auge nicht auf den Schauspieler hinführen, die im Gegenteil das Gesicht des Schauspielers verschwimmen lassen und so viele schauspielerische Einzelheiten opfern will für die Wohlgefälligkeit eines Bildes, eines Arrangements. Und am Ende, wie so oft bei Bondy, explodieren die Effekte: Das Seitenlicht wirft dramatische Schatten, ein Sirenenton heult auf, zwei Stablampen beginnen (wie beim Polizeiwagen) blinkend zu kreisen – und ein Mädchen, das einen Mord entdeckt, schreit so schrill, so falsch, als käme es aus einem Horrorfilm.

Sicher ist das dauernde Dämmerlicht, das Luc Bondy über seinen Inszenierungen ausbreitet, nicht nur ein ästhetisches Phänomen – es ist auch ein intellektuelles und ein psychologisches. Ich glaube, man kommt nicht weiter, wenn man nun Bondy regelmäßig leeren Ästhetizismus (oder gröber: süßlichen Kitsch) vorwirft. In Bondys Inszenierungen artikuliert sich viel weniger Artisten-Größenwahn als eine tiefe Angst vor den Wörtern, vor Bedeutungen und Entscheidungen. Die Zaubereien, die Bondy und Wonder veranstalten, sind auch eine Art Versteckspiel. Wenn man glanzvoll genug vorführen kann, wie man Theater macht, kann man eine Zeitlang die Aussage, warum man Theater macht, verweigern. Theater, so betrieben, sagt nichts. Wenn es seine Reize genügend oft ausgestellt hat, wird ihnen niemand mehr zuschauen mögen. Dann spätestens werden Bondy und Wonder zu sich selber kommen.

PIERRE CARLET DE CHAMBLAIN DE MARIVAUX: DIE UNBESTÄNDIGKEIT DER LIEBE

Deutsch von Astrid Fischer-Windorf und Jean-Louis Marie
Premiere: 25. Oktober 1975
Schauspiel Frankfurt

Barbara Sukowa *Silvia*, Peter Franke *Arlequin*, Matthias Fuchs *Prinz*, Marlen Diekhoff *Flaminia*, Klaus Steiger *Trivelin*, Corinna Stein *Lisette*, Frank Rehfeldt *Edelmann*, Helmut Eisch *Hofbeamter*.

Bühne	Erich Wonder
Kostüme	Walter Schwab
Musik	Peer Raben

Georg Hensel:
Diese Komödie ist ein Spielwerk privater Gefühle, und Luc Bondy hat sie vollends privatisiert, indem er sie aus ihren Zeitverhältnissen gelöst und in dieses Liebeslabor verlegt hat, um das er den Prinzen ständig herumschleichen läßt – er beobachtet durch Türen und Luken, wie weit sich die Gefühlssubstanzen schon zu seinen Gunsten verändert haben.

Die Kunst des Rokoko steht im Dienst einer Schönheit, die sich selbst genug ist: noch will man die Welt nicht ändern, man will sie nicht einmal mehr wie im Barock repräsentieren, man will sie nur genießen. Luc Bondy hat die Künstlichkeit des Rokoko übersetzt in gegenwärtige Manierismen und die modische Libertinage des Rokoko in das, was man heutzutage modisch Permissivität nennt. Er läßt die Körpersprache seiner Marivaux-Kunstfiguren immer wieder ausbrechen in den ungenierten, direkt zugreifenden Jargon seiner Generation.

ELSE LASKER-SCHÜLER: DIE WUPPER

Premiere: 3. Juni 1976
Schaubühne am Halleschen Ufer Berlin

Jutta Lampe *Charlotte Sonntag, Fabrikbesitzerin,* Werner Rehm *Heinrich, ihr Sohn,* Hans Diehl *Eduard, ihr Sohn,* Sabine Andreas *Marta, ihre Tochter,* Gerd Wameling *Dr. jur. Bruno von Simon,* Otto Sander *Großvater Wallbrecker,* Monika Hansen *Amanda Pius, seine Tochter,* Gerd David *Carl Pius, sein Enkel,* Ilse Ritter *Mutter Pius, Carls Großmutter väterlicherseits,* Rüdiger Hacker *Der Pendelfrede-rech,* Günter Lampe *Lange Anna,* Willem Menne *Der Gläserne Amadeus,* Ingo Lampe *August Puderbach, Färber,* Angela Winkler *Lieschen, sein Schwesterchen,* Ingrid Hoffmann *Grete Stomms, Lies-chens Freundin,* Wolf Redl *Willem, Zuhälter, ehemaliger Weber,* Christine Oesterlein *Auguste, Dienstbotin,* Libgart Schwarz *Berta, Dienstbotin,* u.a.

Bühne	Karl-Ernst Herrmann
Kostüme	Moidele Bickel/Joachim Herzog
Musik	Peer Raben

Peter Iden:
Von allem das Erstaunlichste an dieser schönen Aufführung der *Wupper* von Else Lasker-Schüler durch die Schaubühne ist die weise Liebe, mit welcher der junge Regisseur Luc Bondy auf die Menschen in dem Stück eingegangen ist. Es gibt in seiner Inszenierung tatsächlich keine Figur, die nur ausgestellt oder denunzierend abgetan würde. Alle leben, das heißt: man sieht in der Gegenwart dieser Menschen immer auch die lange Vorgeschichte der Widersprüche, die sie beunruhigen, umtreiben, bedrohen – manche ersticken daran. Sie versuchen, gegen ihre Unruhe eine Form zu finden für sich, das Nützliche, das Vernünftige zu tun, an ein Lebensreglement sich zu halten. Aber diese Form zerbricht, zerreißt ihnen dauernd, läßt sich nicht behaupten. Daß Versöhnung mit sich selbst ihnen so sehr mißlingt – daher rührt dann ihr Leiden. Jemand muß viel über Menschen wissen und viel für Menschen empfinden, um auf einer Bühne so wie Bondy von ihnen erzählen zu können.

Die große Menschenkenntnis dieses Regisseurs ist nun in seiner ersten Arbeit an der Schaubühne auf Schauspieler getroffen, deren Interesse an der widersprüchlichen Realität von Figuren der Theaterliteratur (zum Glück für das gegenwärtige deutsche Theater) immer stärker gewesen ist als irgendwelche äußerlich-ideologischen Absichten, die der Bühne noch jetzt von links zur Erfüllung angetragen werden. Bondy hat mithin für seinen Ansatz, in das Stück nicht zunächst über dessen »Handlung« oder über atmosphärische Werte, sondern über die Schilderung seiner Menschen vorzudringen, die besten Voraussetzungen gehabt. Es ist eine besondere Qualität der Aufführung, daß auf diesem Weg dennoch auch der Bau des Stücks, seine dramaturgische Konstruktion, sehr genau sich herausbildet.

Bilder von Menschen also, Menschenbilder; aus ihnen lebt und entfaltet sich der Abend. Da sind zuerst zwei Frauen. In ihnen sind die beiden Welten verkörpert, die das Stück gegeneinander stellt – das Milieu der Arbeiter in Wuppertal vor dem Ersten Weltkrieg und das der Fabrikantenfamilie Sonntag. Jutta Lampe spielt die Witwe des Fabrikanten. Es ist die Rolle einer älteren Frau, deren zwei Söhne (Werner Rehm und Hans Diehl) die Herrschaft über den Betrieb schon an einen jungen Technokraten (Gerd Wameling) verloren haben, der seine Karriere am Ende durch die Heirat mit der Sonntag-Tochter (Sabine Andreas) absichert. Wir sehen diese verlöschenden Großbürger, Exponenten einer absinkenden Schicht, in einem prachtvoll herbstlichen Garten, unter tiefhängenden Zweigen, scherzend, speisend, mit spielerischen Gesten über den Ernst ihrer Lage sich wegtäuschend. Freilich, dieser Ernst bricht immer wieder durch. Es ist eine wunderbar lockere und zugleich sehr beklemmende Szene, wenn Werner Rehm (der ältere Sohn) der Mutter, eben Jutta Lampe, einen großen, albernen Jungen vorspielt, sie aus ihrer Wehmut lösen will – und die Frau, obwohl nicht ohne zu lächeln, der Anstrengung ihres Sohnes die Sorge um den Zusammenhalt ihrer Familie mit der sachten Eindringlichkeit des Alters entgegenhält. Die Schauspielerin ist hier viel jünger als die Figur, die sie darstellt. Aber wie sie sich älter macht, über Alter etwas mitteilt in schmalen, kleinen Gesten, oft nur einer winzigen Regung, einem Schatten, der über ihr Gesicht geht, einer stummen Bewegung der Lippen – das ist von großem Zauber, weil Altsein hier nicht als ein Zustand ausgegeben, sondern erspielt wird als die Fähigkeit, sich wortlos an mehr erinnern zu können als die Jüngeren, man kann auch sagen: erspielt wird als der Zwang, mehr Vergangenheit bedenken zu müssen als die anderen.

Auf der sozial gegenüberliegenden Seite spielt Ilse Ritter die Großmutter Pius. In dieser Alten steckt noch viel Kraft, Lebenselan, Trieb. Die Ritter (auch sie um Jahrzehnte jünger als die Figur) kehrt diese Energien eindrucksvoll heraus, schiebt die Frau mit ihren Instinkten, Listigkeiten oft in den Mittelpunkt von Szenen; auch hier bedeutet Alter: mehr Erfahrungen haben, mehr ahnen von der Welt, nur daß es andere Erfahrungen sind und andere Ahnungen als die der reichen Frau. Doch kann auch diese Alte die Ihren nicht zusammenhalten, auch ihr stürzen die Ordnungen ein, scheitern die Pläne. Das Werben des Sohnes um die Mutter Sonntag findet eine Entsprechung, wenn die alte Pius, mit den Verführungsgesten eines jungen Mädchens, die Nähe des Enkels sucht: Extremer Ausdruck der Hoffnung, welche die Lasker-Schüler einmal in die Gedichtzeile gefaßt hat: »Wenn wir uns herzen, sterben wir nicht.« Die überwältigende Zärtlichkeit, mit der das verstörte Lieschen (Angela Winkler, an deren Spiel am deutlichsten wird, wie Natur immer wieder die Fasson eines Menschen aufbrechen kann) den Großvater Wallbecker (Otto Sander) umfängt, gibt ein anderes Bild für diesen Gedanken. Auch in den drei Herumtreibern, die sich am Ende in jede Szene schieben, ist noch so ein Verlangen nach Liebe (Rüdiger Hacker, Günter Lampe, Willem Menne): Gescheiterte, nun scheinbar befreit von den Zwängen der anderen – aber darum nicht weniger elend.

Alle fallen. Die Aufführung malt ein Panorama des Verfalls. Es prägt sich früh vor allem in der Figur des jungen Carl Pius (Gerd David) aus, der heraus will aus seinem Milieu in einen anderen Stand. Aber man sieht, schon ehe er abgewiesen wird von den Sonntags, das Vergebliche der Anstrengung: In der Eröffnungsszene mit dem Großvater läßt Bondy den Alten klar den Jungen beherrschen, der kommt nicht einmal los von seiner Familie, wie denn gar sollte er aus seiner Klasse sich lösen können? Während des Essens bei Sonntags bleibt er, geduldet, ein Fremder. Man spürt die Front, die sich gegen ihn aufbaut. Es ist, nur aus einer anderen Perspektive gesehen, die gleiche, die Hans Diehl als der totwunde, jüngere Sohn der Fabrikantenfamilie erlebt, wenn er im Hause der Pius Besuch macht.

Daß diese Menschen nicht zusammenkommen können, hat Bondy mit vielen Details liebevoll und traurig belegt. Die Schauspieler (auch Libgart Schwarz als Dienstmädchen bei den Reichen) haben dafür Ausdrucksnuancen, die schon in das Entstehen einer Sehnsucht, eines Verlangens, ein Moment des Verzagens einbringen.

Karl-Ernst Herrmanns zweiteiliges Bühnenbild – der sterbende Park als Ambiente der Sonntags und für die Zone der Arbeiter eine Fläche aus hellen Brettern, die zur Mitte hin eine Mulde bilden, in der als rote Pfütze das Wasser der Wupper steht – markiert die Trennung der Welten vielleicht allerdings doch um eine Spur zu grob. Der Stilwechsel von einem zum anderen Bildentwurf ist ein sehr krasses und schwerfälliges Signal. Er belastet die Aufführung auch dadurch, daß er lange Umbaupausen nötig macht.

Nicht immer hält dann auch Bondys Schauspieler-Führung gegen diesen Kontrast der Szenerien die Spannung. Das macht sich vor allem im dritten Bild bemerkbar, in dem, auf einem Rummelplatz (was eine phantasievolle Chiffre der Lasker-Schüler ist), die sonst auseinandergehaltenen Bereiche der Arbeiter und der Fabrikanten sich überlagern – die Szene wirkt gegen Ende eigenartig müde. – Doch ist hier, zum Schluß der Spielzeit, gegen viele Widrigkeiten des Lebens und des Theaters, noch eine Aufführung entstanden, die ihre Schönheit darin hat, wie sie mit den immer gefährdeten Mitteln der Bühne das Ausmaß der Gefährdung von Menschen als den realistischen Kern ihres, unseres Lebens vor Augen führt.

ALFRED DE MUSSET: MAN SPIELT NICHT MIT DER LIEBE

Übersetzung und Fassung unter Verwendung
der Übersetzung von Hans Jakob
Premiere: 13. Februar 1977
Schaubühne am Halleschen Ufer Berlin

Werner Rehm *Baron*, Rüdiger Hacker *Perdikan, sein Sohn*, Ilse Ritter *Camille, seine Nichte*, Günter Lampe *Blasius, Erzieher des Perdikan*, Christine Oesterlein *Frau Sammet, Erzieherin von Camille*, Eberhard Feik *Bridanius, Pfarrer*, Tina Engel *Rosette, Milchschwester von Camille*, Gerd David, Gerd Wameling *Chor*.
Bühne und Kostüme   Susanne Raschig

Henning Rischbieter:
Auf eine Formel gebracht: Nicht das Verspielte von Liebesbeziehungen sollte dargestellt werden, sondern teilnehmen sollten die Zuschauer daran, wie Liebe verspielt wird. In vollem Ernst also bedeutet die Aufführung: man spielt nicht mit der Liebe. Die Groteskfiguren um die Liebenden herum werden zu Realfiguren: komische und erschreckende Produkte der Sozialverhältnisse.

Bis zur Pause sah es nach Gelingen aus. Perdikan (Rüdiger Hacker) hatte in leichtem, sinnlich erheitertem Gestus den Vater, die Cousine, das Land, die Erde begrüßt, wiedergefunden. Camille (Ilse Ritter) hatte sich spröde gezeigt, an einen Grabstein statt an den Geliebten fixiert, doch auch Sprünge, Risse in ihrer Klosterjungferlichkeit waren sichtbar geworden. Jene größere, oben knapp beschriebene Debatte über Liebe und Leid, Männer- und Frauenrolle war von Ilse Ritter am Brunnen, auf der Brunnenmauer mit höchster Kunst-Gegenwärtigkeit geführt worden: als eine letzte Probe auf eine andere Existenz als die im Kloster. Deren schrecklich-selbstverständliche Todesähnlichkeit, Todesnähe schilderte sie mit plastischer Konsequenz. Hacker – zweimal das Wasser im Brunnen, das Element, gegen die Lebensfeindlichkeit zu Hilfe nehmend – hatte sich angemessen gegen die Kunstintensität Ilse Ritters behauptet.

Was mißlang nach der Pause? Was schwächte den Abend, daß er mit mittlerem, fast lauem Applaus endete? Die physische und psychische Gewichtigkeit, Genauigkeit der Inszenierung geriet ins Mißverhältnis zum Stück, dessen Dünnigkeit deutlicher wurde, als die Aufführung in die dritte Stunde eingetreten war. Daß die Inszenatoren keine Distanz zum Stück entwickelt hatten: der schöne Ernst ihres Unternehmens also wendete sich gegen sie. Dem Melodram nach der Pause waren auch die Schauspieler nicht mehr gewachsen: da langte die artifizielle Vielfalt und Delikatesse Ilse Ritters ebensowenig mehr zu wie der nun nur noch tönende, theaterhaft schönsprechende Rüdiger Hacker. Da Ansätze zur Distanz nicht entwickelt worden waren, hätte zur nun nötigen Identifikation mit dem Melodram ein Mehr an Kraft und Glanz gehört, breitere und freiere theatralische Individualitäten, als sie hier zu Gebote standen.

HENRIK IBSEN: GESPENSTER

Premiere: 5. Juli 1977
Deutsches Schauspielhaus Hamburg

Doris Schade *Frau Alving*, Wolf-Dietrich Sprenger *Osvald*, Hans-Michael Rehberg *Pastor Manders*, Barbara Sukowa *Regine*, Axel Bauer *Tischler Engstrand*.
Bühne und Kostüme   Rolf Glittenberg

Benjamin Henrichs:
Ein »bürgerliches Familiendrama« in drei Akten. Und so bürgerlich, so familiär fängt es an: Ein Vater versucht, erst plump-verlegen, dann zunehmend deutlich und grob, die (Stief-)Tochter von seinem Plan zu begeistern, ein Bordell für bessere Seeleute aufzumachen, und bietet dem Mädchen so etwas wie die Position einer leitenden Angestellten in dem neuen Betrieb an. Die Tochter lehnt dankend ab.
   Barbara Sukowa, die Regine in Luc Bondys Hamburger *Gespenster*-Inszenierung läßt sich ein paar Augenblicke Zeit, bevor sie nein sagt. Sie ist keineswegs verwundert oder gar entrüstet über den väterlichen Vorschlag. Sie überlegt sich die Sache, nein: rechnet sie durch und kommt schnell zu einem für sie unvorteilhaften Resultat. Ein Geschäft wird nichts, weil es sich nicht lohnt. Und weil der Vater, der schmierig-joviale Tischler Engstrand (Axel Bauer), nicht so schnell begreifen will, wie sie die Sache in ihrem Kopf geklärt hat, schlägt sie ihn, tritt ihn, der ein Krüppel ist, an die kaputten Beine – worauf Engstrand halb humpelnd, halb hüpfend die Flucht ergreift.
   Agressivität, eine ganz andere Agressivität freilich, bestimmt auch die nächste Szene. Der Pastor Manders (Hans-Michael Rehberg) tritt auf. Regine, Dienstmädchen im Hause Alving, will, wie es ihr Beruf verlangt, dem Gottesmann beim Ausziehen des Mantels behilflich sein – wogegen sich Manders seltsam heftig, fast verzweifelt wehrt. Ganz offensichtlich bringt ihn die leibliche Nähe und Zudringlichkeit des Mädchens aus der Fassung; verschreckt läßt er nacheinander Hut und Aktentasche zu Boden fallen. »Die gnädige Frau meint, ich sei noch voller geworden«, sagt Regine und sagt es wie eine dezente Aufforderung an den Pastor, sich ihren voller gewordenen Körper doch einmal genauer anzusehen. Was Manders aber erst wagt, als sie sich einmal von ihm abwendet, er ihr hoffnungslos und doch mit brennenden Augen nachsehen kann. Wie da ein Mensch Gefühle und Lüste in sich niederdrückt, ein anderer Gefühle und Lüste mit größter Geschäftskälte zum eigenen Vorteil ausnutzt; das habe ich so deutlich noch in keiner *Gepenster*-Inszenierung gesehen. So deutlich, obwohl (oder weil) Bondy auch diesmal ohne alle Verdeutlichungs- (früher sagte man Verfremdungs-) Techniken des neueren Regie-Theaters auskommt. Weil er (wie bei seiner Musset-Inszenierung an der Schaubühne) die ungeheuerlichsten Einsichten über Menschen auf die beiläufigste, leiseste Art mitteilt.
   Wer sich angewöhnt hat, eine Theateraufführung vor allem nach Reiz- und Schauwerten abzusuchen, wer es genießt, wenn ihm jede Geste den aufkläreri-

schen Scharfsinn und den ästhetischen Ehrgeiz des Regisseurs mitteilt, der kann diese Hamburger *Gespenster* auch enttäuschend, kunstlos, flüchtig finden. Das ist eine von den Aufführungen, in denen der Zuschauer selbst Entdeckungsarbeit leisten muß; die nicht dauernd stolz ihre Entdeckungen wie Trophäen (prunkvoll und tot) präsentieren.

Die Theatersaison, die jetzt zu Ende geht, ist so etwas wie ein Ibsen-Jahr gewesen. Rudolf Noelte und Nicolas Brieger haben *Nora*, Niels-Peter Rudolph und Peter Zadek haben *Hedda Gabler* inszeniert. Jede dieser Aufführungen ist auch eine Konfrontation gewesen, also etwas ziemlich Spektakuläres: Rudolphs und Briegers Angriffe auf ein korruptes, vermoderndes Bürgertum; Noeltes Versuch, sein eigenes, mitleidvoll-hoffnungsloses Bild vom Menschen gegen Ibsen durchzusetzen, der ein mitleidloser Autor war, aber keiner ohne Hoffnung; schließlich Zadeks großartige, höchst subtile Attacke auf Ibsens Beweisführungstheater – die Auseinandersetzung eines wahrhaft realistischen Regisseurs mit einer dogmatischen, Menschen oft nur wie Beweisstücke behandelnden Dramaturgie.

Bondys Beschäftigung mit Ibsen läßt sich mit keiner dieser Definitionen beschreiben; ihre Einzelergebnisse wollen sich nicht zu einem sensationellen Großergebnis summieren. Theater zum Hinsehen, nicht unbedingt zum Debattieren. Bondy hat sich dem Stück und seinen Figuren erst einmal anvertraut, nicht gleich im voraus sein Mißtrauen formuliert. Er hat in dem Stück Auskünfte über Menschen gesucht – und Suchen kann auch wieder eine ratlose, ergebnislose Tätigkeit sein. Trotzdem ist die Aufführung nie in aparter Undeutlichkeit verschwommen. Wenn man fragt, was denn Bondy nun zur großen Ibsen-Diskussion beigegetragen habe, dann ist die Antwort wenig und viel: Man sieht ein paar sehr widersprüchlichen Menschen zu, widersprüchlicher, als man sie bei diesem, seiner Sinne und seiner Absichten so mächtigen Stückeschreiber vermutet hätte. Und vor allem: Die Widersprüche werden nicht interessanter gemacht, als sie sind, nie als die bekannte, bloß theaterhafte »Zerrissenheit« vorgeführt. Alles Nordisch-Düstere, Strindberghafte, Dämonisch-Verquälte ist diesem Hamburger Ibsen ausgetrieben. Widersprüchliche Menschen können sehr unscheinbare Menschen sein.

In der dritten Szene dieses fast nur aus Zweier-, und das heißt Kampfszenen bestehenden Stücks trifft Pastor Manders auf Frau Alving (Doris Schade). Die beiden haben eine Liebesgeschichte hinter sich, die nie eine geworden ist: Als Frau Alving nach einem Jahr Ehe ihrem Mann, dem trunk- und weibersüchtigen Kammerherrn Alving, davongelaufen war, zu Manders fliehen wollte, da hat sie der fromme Mann wieder nach Hause geschickt – weniger aus Gottgefälligkeit, mehr aus Angst vor dem Gerede der Leute, am meisten aus Angst vor der eigenen, ihm peinlich bewußten, ihn immer wieder in Panik versetzenden Sexualität. Rehberg und Doris Schade erzählen diese Vorgeschichte auch da noch mit, wo es zwischen ihnen scheinbar nur noch um profane Themen, um Finanzierungsprobleme, um Brandversicherungen geht: Da ist immer noch die alte Schüchternheit zwischen ihnen, das ewige Ungeschick (als sie zusammen die Papiere studieren wollen, vertauschen sie erst einmal ihre Lesebrillen). Eine große, ewig unerfüllte Liebe, die aber mit den Jahren etwas alt und kindisch und läppisch geworden ist – eine Romanze, die längst die Züge einer Clownerie angenommen hat.

Rehberg, der in den letzten Jahren zu einem der ganz wichtigen Schauspieler des deutschen Theaters geworden ist, führt, zum Lachen und zum Schrecken genau, einen Menschen vor, dem das Leben kläglich danebengegangen ist; der aber immer noch standhaft versucht, den komischen Jammer seiner Existenz zur heroischen, gottgewollten Tragik zu verklären. Dabei sieht man seinen fahrig-erregten Gebärden und seinen finster glühenden Blicken nur zu gut an, daß sein religiöser Fanatismus bloß der (lächerlich falsche) Ausdruck seiner erotischen, erotomanischen Bedürfnisse ist. Und sein Mißgeschick in der Welt der Gegenstände, sein Mißgeschick mit Handschuhen, Hüten, Aktenmappen, ist nur der harmloseste Teil eines totalen Desasters, eines vollständigen Lebensungeschicks. Wenn der Tischler Engstrand diesen Pastor immer wieder neu hereinlegt (wobei er sich genau dieser öligen Bibel- und Trostsprüche bedient, die Manders selber ständig benutzt), dann wird daraus bei Bondy eine überwältigend komische Szene voller Tricks und Tiefschläge: der Sieg des Clowns über den dummen (frommen) August.

Viel Komik ist in der Inszenierung – ohne daß dies nun gleich wieder zu einer effektvollen, gut zu diskutierenden These (Die *Gespenster*, eine Komödie?) mißbraucht würde. Es ist eine Komik, die mit Zuneigung zu den Figuren zu tun hat, eine Komik ohne Schadenfreude und Niedertracht. In jeder Figur wird wenigstens die Möglichkeit zu einem etwas besseren Leben sichtbar; selbst wenn die Unmöglichkeit jeder Veränderung offensichtlich ist. Engstrands berechnende Widerlichkeit hat auch ihren Komödianten-Charme; man freut sich, wie da ein Schuft die Phrasen einer bigotten Gesellschaft zitiert, parodiert und damit alle, die an solche Phrasen noch glauben, übers Ohr haut. Und Regines eiskalte, über Gefühle und Menschen hinweggehende Entschlossenheit, Karriere zu machen, den sozialen Aufstieg zu schaffen, ist nicht nur schiere Bosheit, sondern auch Einsicht: daß die Verhältnisse, in denen sie jetzt lebt, sie nur zugrunde richten können. Wenn sie weggeht, zynisch entschlossen, notfalls auch in Engstrands Bordell ihr Geld zu verdienen, und vor ihrem Abgang höhnisch der Frau Alving das Kleid von ihren Schenkeln wegzieht, dann sagt diese gemeine Geste doch etwas Richtiges: daß schließlich auch die Frau Alving, ihrem Ruf und ihren sozialen Privilegien zuliebe, mit einem ungeliebten Mann gelebt und geschlafen, sich prostituiert hat.

Das letzte, fürchterlichste Duell des Familiendramas findet statt zwischen Mutter und Sohn, zwischen Frau Alving und Osvald, der todkrank aus Paris zurückgekehrt ist. Dort hat er angeblich das »freie Leben« kennengelernt – doch wenn er diese andere, bessere Realität gegen den Pastor verteidigt (für den Kunst, wilde Ehe und Unzucht so ziemlich ein und dasselbe sind), tut er es auf eine seltsam schrille, verkrampfte, verzweifelte Weise: Ihn jedenfalls hat dies freie Leben nicht frei gemacht, eher überfordert. Wolf-Dietrich Sprenger spielt in Hamburg die Rolle: kein sogenannter »interessanter« Schauspieler, kein attraktiver Neurotiker (so die Standardbesetzung beim Stadttheater), sondern ein dünner, verängstigter, muttersöhnchenhafter Mensch, ein Kerlchen, das den Bohémien spielen wollte. So, wie er seinen schönen, großen Künstlerhut trägt, lässig eine Meerschaumpfeife raucht, ahnt man schnell, daß hier einer verzweifelte Maskeraden versucht, bevor er zurückfällt in seine erste, einzig wahre Rolle, die des hilflosen Kindes. Und auch Frau Alving kehrt am Ende an den Anfang zurück. Alles, was sie vorher unter Schmerzen begriffen hat: daß sie ihr Leben vertan hat, und zwar aus Feigheit, dieser ganze mühsame Aufbruch zu größerer Vernunft, Ehrlichkeit, Toleranz wird sofort beendet, als es um ihre mütterliche Macht geht – zuletzt scheint sie ganz gluckenhaft zufrieden, daß der Sohn krank und kindisch geworden ist, ein Mensch, den sie pflegen (also beherrschen) kann, den ihr niemand mehr wegnimmt.

Vielleicht gibt es im unauffälligen, auch untergeordneten Reichtum dieser Aufführung doch so etwas wie ein gemeinsames Thema: wie kindisch alle diese Menschen geworden sind, nie erwachsen geworden, kaum zum Denken erwacht. Und plötzlich ist ihr Leben vorbei, vertan, als hätte es gar nicht stattgefunden.

Rolf Glittenberg hat die Bühne gebaut: ein klobiger, dunkler, weit nach vorn an die Rampe gerückter, enger Raum; eine Treppe, die in einen Mauerdurchbruch hineinführt, in ein riesiges finsteres Loch; freudlose Möbel, trostlose Zimmerpflanzen. Aber eine große Glaswand immerhin nach draußen: doch statt Licht und Sonne sieht man immer nur Regen, gleichmäßig fallenden Regen, wie Nebelschwaden. Ein verregnetes Land; von dessen Bewohnern nur wenige so jung und so dramatisch sterben wie Osvald, die meisten undramatisch und unnütz alt werden. Keine Katastrophen sind zu besichtigen und keine Seelenschlachten, bloß ein verregnetes Leben.

Friedrich Luft:
Ein junger Regisseur, Luc Bondy, inszenierte am Hamburger Schauspielhaus Ibsen. Er läßt nur logisch, genau, empfindsam und deutlich Ibsen spielen. Er will nicht, wie so viele seiner Kollegen, dem Dichter über das alte Maul fahren. Er will ihn nicht »aktualisieren«. Er will nicht schlauer erscheinen als der, der das Stück schrieb.

Luc Bondy legt das Wunder dieser dramatischen Konstruktion (und immer auch ihrer dichterischen Kraft) nur frei. Er läßt das Stück spielen. Er läßt die Rollen sich ergeben. Er spielt Ibsen. Er dient nur der Sache.

ALBAN BERG: LULU

Oper nach den Tragödien *Erdgeist* und *Büchse der
Pandora* von Frank Wedekind
Premiere: 3. Juni 1978
Hamburgische Staatsoper

Anja Silja *Lulu*, Kerstin Meyer *Gräfin Geschwitz*, Ursula Boese *Thea-
tergarderobiere*, Olive Fredricks *Gymnasiast*, Herbert Fliether *Medi-
zinalrat*, Peter Haage *Maler*, Günter Reich *Dr. Schön*, William Lewis
Alwa, Dieter Weller *Rodrigo*, Udo Kekow *Tierbändiger*, Toni Blan-
kenheim *Schigolch*, Frieder Stricker *Prinz*, Ernst Wiemann *Theaterdirektor*, Kurt Maschner *Kammerdiener*, Günter Reich *Jack the
Ripper*.

Musikalische Leitung	Christoph von Dohnányi
Bühne	Rolf Glittenberg
Kostüme	Marianne Glittenberg

Dieter Kölmel:
In der letzten, kurzen Szene, in der nicht mehr gesungen, sondern nur mehr
gespielt wird, weil Alban Berg die Partitur nicht mehr vollenden konnte und nur
eine Orchestersuite vorliegt, in der Bilder die Funktion von Worten haben, liegt
der Schlüssel für die neue Hamburger *Lulu*. Hier erst wird der ganze Widerspruch
so recht sinnfällig, der Luc Bondy bei seiner Inszenierung von Bergs Oper wohl
am stärksten beschäftigt hat: der Widerspruch zwischen Menschlichkeit und
Wirklichkeit. Erst hier auch wird die Vermutung Tatsache, daß dieses ganze
kunstvoll-künstliche Ambiente (Bühnenbild: Rolf Glittenberg) sehr viel mit den
Menschen zu tun hat, die sich in ihm aufhalten, in ihm leben müssen, daß es sie
beeinflußt und prägt: das Einzelwesen Mensch in Charakter und Verhalten das
Produkt von Umwelteinflüssen.
Insofern geht Bondy bei dieser Inszenierung einen konträren Weg gegenüber
Günther Rennerts früherer Hamburger *Lulu*, die (seit 1967) für viele Jahre viele
Interpretationsbemühungen stilbildend prägte: die ganze Welt – ein Zirkus. In
einer Manege, quasi als Spiel, führte Rennert die verschiedenen Charaktere vor;
Monster in Menschengestalt, in jedem Fall Gefühlsexoten.
Bondy nimmt diese prügelnden, geprügelten, getretenen und tretenden Kreatu-
ren ernster; er führt sie nicht peitschenknallend und von der sicheren Warte des
Moralisten aus gesehen vor. Da ist doch einiges von der Verletzlichkeit zu spüren,
von der Ohnmacht und dem Druck, dem diese Figuren in dieser Konstellation
und in dieser Umgebung ausgesetzt sind. Er bringt Verständnis auf für das Verhal-
ten etwa Lulus, Dr. Schöns, Alwas, des Malers, und all der anderen, ohne ihre
Handlungsweisen zu entschuldigen; denn wenn es ums Überleben geht, ist für
Heldenmut und Haltungsdünkel kein Platz.

Herbert Glossner:
Luc Bondy, der junge, zu Recht hochgerühmte Regisseur des Sprechtheaters, inszenierte mit *Lulu* in Hamburg seine erste Oper. Und die Stärke dieser Produktion liegt in der Selbstverständlichkeit, der stimmigen Unauffälligkeit, mit der Bondy Berg deutet. Kein Rollenzwang, offenbar – »denen von der Oper muß ich's zeigen« – keine Verkrampfung, sondern präzise, intelligente Arbeit im Einklang mit Wort und Musik, auf weit geöffneter Bühne.

Horst Köpke:
Regisseur Bondy, Bühnenbildner Rolf und Kostümschöpferin Marianne Glittenberg verlegten die Oper in deren Entstehungszeit, also in die frühen zwanziger und dreißiger Jahre, während es bei Noelte die Vorweltkriegszeit gewesen war, als das Schauspiel entstand. Beides ist möglich.

Die Handlung vollzieht sich in einer riesigen heruntergekommenen Vorhalle eines Varietés oder Kinos: es könnte der Mendelssohn-Bau am Kurfürstendamm sein, in den die Berliner Schaubühne einziehen soll. Während das Dekor bei Noelte bis auf das Schlußbild gutbürgerlich-wohlanständig geblieben war, herrscht hier von Anfang an Tingeltangel-Atmosphäre. Es ist eine Begegnungsstätte von Ober- und Unterwelt, wie sie für die zwanziger Jahre typisch gewesen ist.

ANTON TSCHECHOW: PLATONOW

Übersetzung und Bearbeitung von Thomas Brasch
in Zusammenarbeit mit Andrea Breth
Premiere: 16. Dezember 1978
Freie Volksbühne Berlin

Rosel Zech *Anna Petrowna Woinitzewa, Generalswitwe*, Nikolaus
Haenel *Sergej Pawlowitsch Woinitzew, ihr Stiefsohn*, Jutta Hoffmann
Sofia Jegerowna Woinitzewa, dessen Frau, Siegfried Steiner *Iwan Iwa-
nowitsch Triletzki, pensionierter Oberst*, Franz Boehm *Nikolai Iwa-
nowitsch Triletzki, sein Sohn, Arzt*, Uta Müller-Frank *Alexandra
Iwanowa Platonowa*, Peter Fitz *Michail Wassiljewitsch Platonow,
deren Mann, Dorfschullehrer*, Angelika Thomas *Maria Jefimowna
Grekowa*, Henning Schlüter *Abram Abramowitsch Wengerowitsch,
Gutsbesitzer*, Siegfried Kernen *Kivill Porviritsch Hagoljew*, Günter
Tabor *Kneipenbesitzer und Geldverleiher*, Sabi Dorr *Isaak Abramo-
witsch Wengerowitsch, sein Sohn*, Gert Burhard *Timofej Gordejitsch
Bugrow*, Buddy Elias *Gerassim Kusmitsch Petrin*, Werner Lustig *Was-
sili, Lohndiener*, Karl Schulz *Jakow, Lohndiener*, Klaus Pohl *Ossip,
ein Pferdedieb*, Jakob Likhtman *Ein Geiger*.
Bühne   Uwe Oelkers
Kostüme   Susanne Raschig

Benjamin Henrichs:
Der erste Akt: farblose, ziemlich gereizte Leute bei ihren alltäglichen, abgenutz-
ten, ziemlich gereizten Konversationen. Zerbröckelndes Gerede vor zerbröckeln-
dem Gemäuer; Bondy und sein Bühnenbildner Uwe Oelkers haben diesen Akt ins
Freie verlegt, auf einen weiten, staubigen Hof, der begrenzt wird von einem ver-
witternden, ehemals prunkvollen Torbogen. Rechts in die Mauer ist ein kleiner
Verschlag eingebaut, Hühner darin.
    Die unbeschönigte, von keiner Larmoyanz verklärte Abbildung von Trostlosig-
keit: das ist der richtigste, aber auch riskanteste Weg für eine Tschechow-
Inszenierung. Den Zuschauer zwingen, sich für offenkundig uninteressante Leute
zu interessieren; die Langeweile spannend machen, sie aber nicht mit Kunst weglü-
gen. Dem vielleicht zu leuchtenden Bild spätbürgerlicher, spätrussischer Kläglich-
keit (wie es Peter Steins *Sommergäste* zeigten) ein wahrhaft klägliches entgegenzusetzen. Lieber eine zusammenhanglose Anhäufung von Individuen (und
Schauspieler-Individualitäten) zu präsentieren als das Trugbild vollendeter
»Ensemblekunst«.
    Aber, und das erklärt Bondys Scheitern vor allem anderen – gerade dies kann

154

auf dem Theater nur ein Ensemble erreichen, nicht die nach dem Stagione-Prinzip zusammengekaufte Besetzung in der Freien Volksbühne. Ausgerechnet Schauspieler, die sich kaum kennen, sollen Menschen spielen, die sich viel zu gut kennen; deren Apathien und Aggressionen nur aus einem zu lange falsch gelebten Zusammenleben zu erklären sind. Mit Regie-Diktatur kann so etwas scheinbar gelingen, mit virtuoser Schwindelei vielleicht auch. Da Bondy kein Diktator ist und Schwindeleien haßt, gelang es nicht.

Am Ende verließ man das Theater mit durchaus undeutlichen Gefühlen. Ob die Aufführung langweilig ist, ob man sie lieben kann oder noch etwas anderes, ich kann es nicht sagen.

SAMUEL BECKETT: GLÜCKLICHE TAGE

Premiere: 24. Oktober 1980
Schauspiel Köln

Christa Berndl *Winnie*, Peter Lehmbrock *Willie*.
Bühne   Rolf Glittenberg
Kostüme   Marianne Glittenberg

Ulrich Schreiber:
Wenn eine Schauspielerin am Ende der deutschen Fassung von Samuel Becketts
Textstück *Glückliche Tage* die Lehár-Melodie »Lippen schweigen« intoniert und
mit der Mezza voce perfekt in der Tonart hält, ist das schon ein kleines Kunstereignis. Um es zu vergrößern, hat Luc Bondy es auf die Rampe des Kölner Schauspielhauses plaziert, wo Christa Berndl in einem rötlich angeleuchteten Sandberg auf
einem riesigen Tisch über dem Orchestergraben eingebuddelt ist und Lehár mit
der Klassizität eines Mozart vorträgt.

Das Absurde von einst als das Klassische von heute: Ausstatter Rolf Glittenberg
bringt für dieses Verhältnis von Nähe und Ferne eine plausible Raumgestaltung
ein. Sitzt eine Winnie sozusagen auf dem Präsentierteller, so verengt sich hinter ihr
die Breite des Bühnenraums perspektivisch zu einer Schachtel, die sich am Ende
öffnet und einen winzigen Leuchtturm zeigt. Auf der anderen Seite in der Längsachse des Hauses, im Hochparterre, wird die Perspektive einfach durch ein die hinteren Sitzreihen abdeckendes Segeltuch gekappt.

In dem Spannungsfeld, das die Widersprüche grazil ausbalanciert, operiert Christa Berndl mit zwei Stimmen: ihrer natürlichen, die sie für die Stärkegrade oberhalb des Mezzoforte einsetzt, und einer per Kontaktmikrofon über Lautsprecher
ausgestrahlten, die noch ihre Pianissimi buchstabengetreu verständlich macht. Mit
diesem Hilfsmittel lassen sich die Pausen ihres Monologisierens (Partner Peter
Lehmbrock krächzt seine wenigen Repliken mit Grabesheiserkeit) wunderbar
spannen, da sie nicht von Randzonen des Fast-Schweigens umgeben sind.

In solcher Überpräsenz entfaltet die Berndl ein Arsenal der Sprechkunstmittel,
bevor sie nach dem vergeblichen Ankletterungsversuch Willies im Sandberg versinkt. Das verleiht ihrem nutzlosen Spiel mit dem Spiegel oder einem Revolver
eine heitere Zweckbestimmung, die schon in den nächsten Abend hinüberzureichen scheint. Da spielt die Berndl dann, nun in voller Beweglichkeit die weite
Bühne ausmessend, die Königin in *Yvonne, die Burgunderprinzessin* von Witold
Gombrowicz. Wenn sie mit dem Spiegel sich selbst die Sporen gibt und mit dem
Giftfläschchen den Träufelmord an Yvonne sich so spielerisch vorstellt, wie sie in
den *Glücklichen Tagen* mit dem Revolver hantiert hatte, dann erweist sich die
Abfolge von Beckett und Gombrowicz an zwei Abenden als sinnfällig.

156

WITOLD GOMBROWICZ:
YVONNE, DIE BURGUNDERPRINZESSIN
Premiere: 25. Oktober 1980
Schauspiel Köln

Christiane Lemm *Yvonne*, Christa Berndl *Königin Margarethe*, Peter Lehmbrock *König Ignaz*, Roland Renner *Prinz Philipp*, Wolf-Dietrich Sprenger *Kammerherr*, Sandra Markus *Isabelle, Hofdame*, Hans-Jörg Frey *Cyrill, Freund des Prinzen*, Frank Schuster *Zyprian, Freund des Prinzen*, Silvia Fenz und Brigitte Drummer *Yvonnes Tanten*, Rolf Mautz *Innozenz, Höfling*, Josef Quadflieg *Valentin, Lakai*, u.a.

Bühne   Rolf Glittenberg
Kostüme   Marianne Glittenberg

Gerhard Stadelmaier:
Der Mord an Yvonne rettet die Operette der Hofleute vor dem Chaos. Der Tod des einzigen Menschen erlaubt den vielen Masken, das Erinnern zu vergessen. In Becketts *Glücklichen Tagen* hat Luc Bondy den Triumph der Operette über den Tod inszeniert: Winnie ist so lange selig, wie sie sich erinnern kann. In *Yvonne* inszeniert Bondy die Rettung der Operette durch den Tod: Erinnerungen dürfen erst gar nicht mehr notwendig werden.

In den Fenstern und Spiegeln, die Rolf Glittenberg mitten in die labyrinthisch aufgeschnittenen Räume des *Yvonne*-Staates gesetzt hat, spiegeln sich auch Becketts Winnie und Willie – wie in umgekehrten Fratzen, spiegelverkehrt. Luc Bondy vollzieht unnachahmlich genau, grausam und schön, heiter und witzig, scharf und satirisch und gescheit eine Erkundung, wie sie selten zu sehen ist. Erkundet werden Tod und Theater. Das »Leben«, also jeder Ausweg ins »Wirkliche« ist dabei versperrt, und damit jede Ausrede. Der Todestanz ist immer ein Tango, der Mord eine Slapstick-Intrige, die Liebe ein Ringkampf, die Ehe ein Schauerdrama. Der König ist ein Mann mit der Märchenkrone auf dem Kopf. Die Zimmer sind wie Kafkas »Bau« mit umlaufenden Gängen versehen. Die dicken gepolsterten Sessel, das Grammophon, der große Lüster an der Decke sind Versatzstücke, Zitate aus einer Mode-Wirklichkeit, so, wie die Menschen auf der Bühne auch wie Zitate aus Theater-Stücken wirken, die man noch nie gesehen hat und doch alle zu kennen glaubt: und sind doch zusammen ganz neu, ganz eigenartig.

Luc Bondy hält Gombrowiczs *Yvonne* auf haarklein derselben Spitze wie Becketts *Glückliche Tage*: der Brummkreisel dreht sich rascher, eleganter. Er ist ein Gesellschaftskreisel und besteht aus der taumelnden Bewegung einer Bagage, die ihre Glücksmomente (bezahlbar à l'ordinaire mit einem Mord) im »Theater« einer Operette findet. Das mag lebensgefährlich sein, die Balance unendlich schwierig. Bondy zeigt, wie sie mühelos zu halten ist; so kritisiert er zynisch und bravourös den alltäglichsten Zynismus. Fürs Theater, fürs Kölner zumal, entstehen daraus Theater-Glücksmomente. Glücksinszenierung. Großes Theater.

ALBAN BERG: WOZZECK

Oper nach dem Drama von Georg Büchner
Premiere: 5. April 1981
Hamburgische Staatsoper

Klaus Hirte *Wozzeck*, Werner Götz *Tambourmajor*, Frieder Stricker
Andreas, Horst Hiestermann *Hauptmann*, Dieter Weller *Doktor*,
Carl Schultz *1 Handwerksbursch*, Michael Halliwell *2. Handwerks-
bursch*, Heinz Kruse *Der Narr*, Anja Silja *Marie*, Elisabeth Steiner
Margret, Gernot Milon *Mariens Knabe*.

Musikalische Leitung	Christoph von Dohnányi
Bühne	Rolf Glittenberg
Kostüme	Marianne Glittenberg

Heinz Josef Herbort:
Der wohl intensivste Augenblick: Maries Todesszene. Bondy läßt – zum
Inventions-Zwischenspiel – den Buben nach Maries Gebet *»Heiland, du hast dich
ihrer erbarmt, erbarme dich auch meiner«*, in eine Decke gehüllt, nach hinten abge-
hen – seinem Vater entgegen, der dem Kleinen noch einen Ausgang zeigt, dann
dieselbe Decke vor sich her trägt, sich hinter ihr verbirgt, Marie überrascht, sie in
die Decke hüllt. Marie dreht sich, halb liebend Schutz suchend, halb sich todes-
süchtig dem Messer entgegenwindend, selber in den Tod hinein: Da liegt immer
noch Zärtlichkeit in der Brutalität, und die Ekstase kulminiert im musikalischen
Ausdruck.

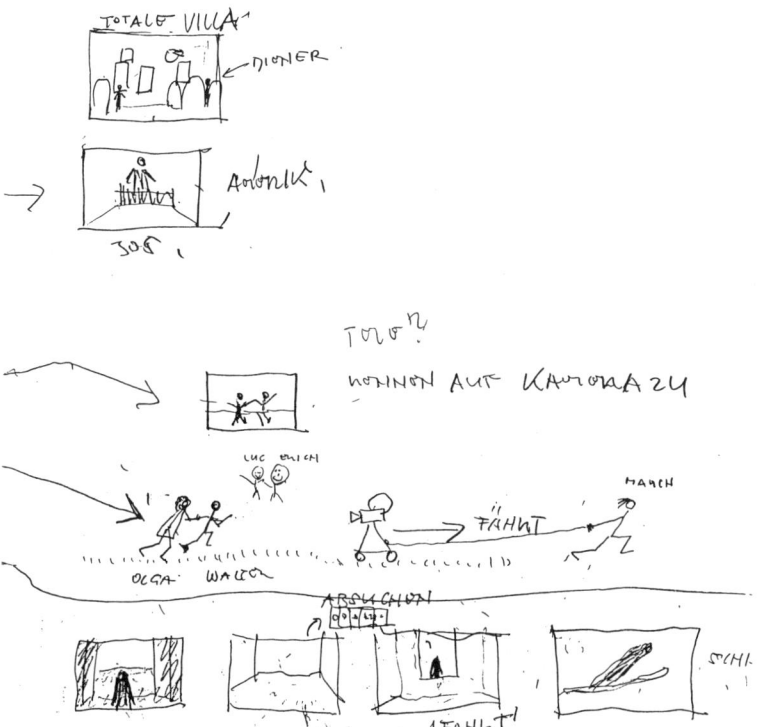

Skizze von Erich Wonder zu *Die Ortliebschen Frauen*

DIE ORTLIEBSCHEN FRAUEN
Film

Buch von Luc Bondy unter Mitarbeit von Libgart Schwarz und
Ellen Hammer
nach einem Roman von Franz Nabl
Erstaufführung: 15. Mai 1981

Mit Libgart Schwarz, Edith Heerdegen, Elisabeth Stepanek,
Klaus Pohl.

Kamera   Ricardo Aronovich
Musik   Peer Raben

Hellmuth Karasek:
Nach der Beerdigung des Vaters kommt die Familie (die Mutter, zwei Töchter, ein
Sohn) zu Hause vor der Wohnung an. Die Wohnungstür will nicht aufgehen. Alle
probieren nervös am Schloß herum, blicken sich verwirrt und ängstlich an, reagieren verstört aufgescheucht, fühlen sich in der Helle des Treppenhauses von einem
fremden Paar wie ertappt.

Dann endlich haben sie die Türe geöffnet. Sie stürzen in das schützende Dunkel
der Wohnung wie Schiffbrüchige in ein Rettungsboot.

Mit dieser Szene, die, objektiv gesehen, eine Lappalie ist, sich aber für die Familie als der Abgrund einer Katastrophe auftut, der man buchstäblich im letzten
Augenblick entrinnt, entschlüsselt sich auch das Familiendrama, das in Luc Bondys erstem Spielfilm, den *Ortliebschen Frauen*, unbarmherzig leise und mit der ausweglosen Logik eines Wahnsystems abläuft.

Denn die sich da ängstlich in das lastende Dunkel der Wohnung verkriechen,
tun das deshalb wie in panischer Angst, weil sie spüren, wie der Tod des Vaters die
längst brüchig gewordene Gemeinschaft endgültig aufzubrechen droht.

Die Mutter, die schwach und wunderlich wird, sich immer mehr in eine starrsin-
nige Vergreisung flüchtet (Edith Heerdegen), ist da nicht mehr als ein morscher
Vorwand für den trotzigen Zusammenhalt. Der Sohn (Klaus Pohl), durch seinen
verkrüppelten Fuß verschüchtert und durch die beiden ihn umgluckenden Schwestern bis zur Unselbstständigkeit verzärtelt, versucht zu entrinnen, indem er sich
verliebt. Und auch die jüngere Tochter (Elisabeth Stepanek), die ihre liebevolle
Fürsorge auf einen Vogel überträgt, läßt sich bald die Werbungen des Vogelfutter-
händlers gefallen.

Alles das versetzt die ältere Tochter (Libgart Schwarz) in höchste Erregung und
Alarmbereitschaft. Und als ob sich die dumpfe Geborgenheit ihrer Kindheit retten und konservieren ließe, zerstört sie den anderen ihre Flucht- und Ausbruchs-
versuche: Sie will doch nur deren Bestes, sagt dem Bruder, daß er das der Mutter
nicht antun dürfe, der Schwester, daß die den Bruder nicht im Stich lassen dürfe –
kurz, sie biegt ihre egoistischen Verlustängste so lange zum Familiensinn um, bis
sie die Schwester und die Mutter unterworfen hat, bis sich die drei gemeinsam darauf konzentrieren, den Bruder vor der Welt draußen zu retten.

160

Luc Bondys Film, der in einer seltsam zeitlosen, am Rand der Gegenwart dahinbleichenden Kleinbürgerwelt spielt, zeigt die zerstörende Kraft einer Sehnsucht nach dem Bewahrenden.

Man mag in der Geschichte einer Familie, die als komplettes Wahnsystem vorgeführt wird, etwas befremdlich Außenseiterisches sehen, etwas, das irgendwo am Rande spielt, dort, wo er zum Irrsinn ausfranst.

Tatsächlich spielt Bondys Film in der Abgeschiedenheit von dunklen Wohnverliesen und abbröckelnden Landschaften, deren Verbindungswege zur Gegenwart wie mit Gras zugewachsen sind. Wenn die Mutter für den Sohn in die Stadt fährt, um ihm eine Arbeit zu verschaffen, ist das ein Schritt in lärmend ungeschütztes Feindesland, wo es bedrohlich und gefährlich anonym zugeht.

Die Außenwelt als Projektion einer dumpfen Innenwelt: Als in dem Haus, in dem die Ortliebsche Familie wohnt, Zigeuner mit wuselnden Kindern und einer bedrohlichen Fruchtbarkeit auftauchen, retten die Schwestern ihren Bruder aufs Land. Und als er dort wieder dem Familiengefängnis zu entkommen scheint, indem er sich mit einer Kollegin anfreundet, die auch bei der Raiffeisenbank arbeitet, wird er in den Keller gelockt und lebenslänglich eingesperrt. Nur so läßt sich, was gegen die letzte Bastion familiärer Liebe anbrandet, endgültig ausschließen.

Bondys Film zeigt die Bürger-Idylle als Horror- und Höllenvision. Daß er für den schier ausweglosen Alptraum das liebevolle Bild geschwisterlicher Eintracht und familiärer Zuwendung nicht fratzenhaft verzerren muß, verdankt er vor allem seiner Hauptdarstellerin Libgart Schwarz, die, während sie sich Mutter, Schwester und Bruder für ihren tyrannischen Liebesbegriff zurechtstutzt, über ein ganzes Arsenal von liebevollen Erpressungen und haßverzerrten Zärtlichkeiten verfügt.

Während sie sich scheinbar sklavisch der Idee Familie unterordnet, wird in den bald herrischen, bald demütigen Ausbrüchen deutlich, wie sie andere nur deshalb so total opfern kann, weil sie sich selbst für das Opfer hält: Der schneidend klagende Tonfall, mit dem sie die anderen aus der Welt prügelt, ist jene Mischung aus Vorwurf und Anspruch (»Ich will ja nur euer Bestes« und »Was habe ich alles für euch geopfert?«), die alle kleinbürgerlichen Fluchtburgen wahnhaft abschottet.

Das Ideal lebt, auch wenn alle dafür absterben müssen: Am Schluß sitzt die Mutter in der Einöde des burgenländischen Bauernhofs im Wind auf einer Bank: für sich und die Welt längst abgestorben. Die kleine Schwester vollstreckt am Bruder, was die »große« an ihr vollzog: die Isolation von der Welt. Und die das alles ungefragt im Namen aller veranstaltet hat, liegt voller Angst und Lust lauschend auf dem Boden, um unten aus dem Keller ihren eingekerkerten Bruder zu hören: Es ist ihr nicht mehr unterscheidbar, ob sie dabei nicht nur in sich selbst hineinhört.

Der Film, der wie in Berührungsängsten vor Requisiten der Gegenwart zurückschreckt, so daß sich ein Fernseher oder ein Auto wie verstörende Fremdkörper ausnehmen, führt Familiensinn als Flucht aus der Zeit vor – und ist damit alles andere als zeitfern.

Am Freitag dieser Woche lädt der Bundesinnenminister in Berlin zu einem Sommerfest: Zum 30. Mal werden die Bundesfilmpreise verteilt ...

Der Deutsche Filmpreis ist eine gute Sache. Und seit den sechziger Jahren haben die Juroren tatsächlich nicht selten »beachtliche Neugier auf experimentelle Vorstöße und Spürsinn für neue Entwicklungen an den Tag gelegt«, wie der angenehm filminteressierte Innenminister Baum im Vorwort zu einer Jubiläums-Broschüre schreibt. Früh schon in ihrer Karriere wurden etwa Kluge, Herzog und Fassbinder ausgezeichnet. Ihnen und anderen haben die Preise geholfen.

Gratulieren wir also nach Berlin, wünschen wir ein schönes Fest. Und reden wir von einem Skandal. Denn gerade im Jubiläumsjahr hat sich die Jury einige Fehlentscheidungen geleistet, die so ärgerlich sind, daß man sie nicht mit dem üblichen Hinweis auf die Unterschiedlichkeit der Geschmäcker abtun kann.

Zum vierten Mal schon seit 1971 kommt der Regisseur Maximilian Schell (dessen kunstgewerblichen Schnickschnack außerhalb der Bundesfilmpreis-Jury kaum jemand ernst nimmt) in den Genuß von Gold, Silber und Geld. Diesmal gibt es Silber und 300 000 Mark für die armseligen *Geschichten aus dem Wienerwald*. Schell, kein Zweifel, hat eine starke Lobby in der Jury ...

Auch der höchst ehrenwerte Peter Lilienthal, dem man eher den Bundesfernseh-Preis gönnen würde, ist 1980 schon zum vierten Mal dabei: mit 300 000 Mark für einen Film, den außer den Juroren noch niemand zu sehen bekam (*Der Aufstand*).

In der Abteilung Kunst kommt der renommierte Theater-Regisseur Luc Bondy zu Ehren: 300 000 Mark für einen Film (*Die Ortliebschen Frauen*), der quälende 110 Minuten beweist, daß ein Theater-Macher nicht unbedingt etwas vom Filmemachen verstehen muß.

Draußen vor der Tür bleiben in Berlin fast alle wichtigen deutschen Filmemacher, deren neue Arbeiten in den letzten Monaten bei der Berlinale und in Cannes internationale Anerkennung fanden: von Werner Schroeter (*Palermo oder Wolfsburg*) bis Nikolaus Schilling (*Der Willi-Busch-Report*), von Ulrike Ottinger (*Bildnis einer Trinkerin*) bis Robert van Ackeren (*Die Reinheit des Herzens*). Ohne das Filmpreis-Geld werden sie es etwas schwerer haben, ihre nächsten Projekte zu realisieren. Daß man ihnen (und anderen, die hier nicht genannt werden können) den Kitschier Schell und den Dilettanten Bondy (nichts gegen dessen Bühnen-Arbeit) vorzog, ist eine gezielte Beleidigung des deutschen Films...

Die Zeit drängt: Sonst wird der Deutsche Filmpreis eines Tages zum Film-Verhöhnungs-Preis. Mit goldenem Band.

Hans C. Blumenberg

– und ein Leserbrief

Ich muß mich bei Ihnen, Herr Blumenberg, entschuldigen; die Tatsache, daß ich für meinen Film *Die Ortliebschen Frauen* einen Bundesfilmpreis bekommen habe, hat Ihren Unmut erregt, mehr noch: es hat Sie in Sorge versetzt über die Zukunft des deutschen Films. Es lag mir fern, eine solche Wirkung zu erzielen – aber ich darf Sie beruhigen: Nicht ich habe den Preis bekommen, sondern die drei koproduzierenden Firmen und deren Vertreter. (Ich finde es allerdings angesichts des grundsätzlichen Skandals der diesjährigen Preisverleihung richtig, daß Sie eine derartige Praxis quasi als Lappalie in Ihrem Kommentar mit Schweigen übergehen.) Ganz besonders tut es mir leid, daß ich mit meiner Person, indem die Jury meinen Film auszeichnete, Anlaß gegeben habe, daß dem deutschen Film eine gezielte Beleidigung widerfahren ist. Ich weiß, daß ich mich als Ausländer in diesem Punkt zurückhaltender hätte verhalten sollen – der kulturelle Zusammenhang, in dem ich aufgewachsen bin (der französische), ist bekanntermaßen filmfeindlich und sollte in der Tat nicht mißbraucht werden, um Einbrüche in die reiche Tradition der bundesdeutschen Filmkultur zu lancieren.

Aufrichtig dankbar bin ich Ihnen, daß Sie sofort erkannt haben, daß es sich bei meinem Film um den eines Theatermannes handelt und daß Sie zu der fundamentalen Einsicht gelangt sind, daß ein Theatermacher nicht unbedingt etwas vom Filmemachen verstehen muß. Diese klare Erkenntnis mußte einmal formuliert werden. Und wie schön, daß Sie nichts gegen meine Bühnenarbeit haben – ich weiß, daß Sie seit Jahren jede meiner Theateraufführungen beobachtet haben.

Scharfsinnig argumentiert finde ich auch, daß Sie meinen Film in die Abteilung Kunst einordnen und dieses als Negativkriterium voraussetzen. Sie haben schon recht: Preise für Kunst im Zusammenhang mit dem populären Medium Film – das ist wirklich in Deutschland eine gezielte Beleidigung. Eine echte kulturpolitische

Tat ist es von Ihnen, daß Sie die Liberalisierung des Paragraphen 218 auf die Filmkritik erweitert haben: Es muß möglich werden, daß Filme straffrei abgetrieben werden, ehe sie das Kinopublikum sehen konnte. Die Verhandlungen über den Verleih von *Die Ortliebschen Frauen* sind eben gescheitert. Ich weiß, wie zurückhaltend Sie Ihre Rolle und Ihren Einfluß beurteilen – aber diesen kleinen Erfolg, daß mein Film keinen Verleiher findet, können Sie bei aller Bescheidenheit doch auf der Habenseite Ihres Kontos zur »Reinerhaltung des deutschen Films« verbuchen.

Im übrigen: Ich werde sofort meine intensive Kontaktpflege zu den Mitgliedern der Jury, die natürlich alle meine Spezis sind, einstellen und mich ganz der Theaterarbeit, meinem eigentlichen Metier, widmen; weiß ich doch, daß ich dabei auf Ihr Wohlwollen und Ihre sachverständige, wenn auch kritische Solidarität hoffen darf. Diese Gewißheit ist mir in meiner Zerknirschung ein Trost.

Mit ergebenem Gruß
Luc Bondy, Köln
Theaterregisseur

Ilse Ritter in *Macbeth*

WILLIAM SHAKESPEARE: MACBETH

Deutsch von Luc Bondy, Volker Canaris und Geoffrey Layton
nach Tieck, Wieland und Eschenburg
Premiere: 30. Januar 1982
Schauspiel Köln

Fred Hospowsky *Duncan, König von Schottland* und *Pförtner,*
Geoffrey Layton *Donalbain,* Roland Renner *Malcolm* und *Hekate,*
Hermann Lause *Macbeth,* Rudolf Kowalski *Banquo,* Hans-Jörg Frey
Macduff, Peter Siegenthaler *Lenox,* Klaus Redlin *Rosse,* Karl Lauber
Angus, Bernd Blasen *Cathness* und *Hauptmann,* Martin Brehm
Fleance, Banquos Sohn, Werner Brehm *Siward, Graf von Nothum-*
berland, Josef Quadflieg *Seyton* und *alter Mann,* Georg Martin Bode
Arzt, Ilse Ritter *Lady Macbeth* und *Lady Macduff,* Hannelore Lübeck
Kammerfrau, Dana Cebulla, Celia Gore-Booth, Stephan-Otto Biß-
meier *Drei Hexen.*

Bühne	Rolf Glittenberg
Kostüme	Marianne Glittenberg

Sybille Wirsing:
An Shakespeare zu scheitern – wer wollte einem solchen Schiffbruch die Anteil-
nahme versagen? Luc Bondys *Macbeth*-Inszenierung, mit der das Schauspiel Köln
jetzt den Betrieb nach dem Umbau des Hauses wiederaufgenommen hat, fordert
aber nicht einmal zum Respekt vor ihrer Pleite heraus. Trotz der einigermaßen
treuen Textwiedergabe drückt sich der Regisseur sowohl vor der Historie, dem
politischen Drama, als auch vor dem monströsen Einzelfall, der Tragödie des
Usurpators. Indem er die Politik ins Dunkle wegrückt und den Charakter samt der
Seele unbesetzt läßt, hat er den Kampf mit den Elementen gar nicht erst riskiert.
Die Havarie findet auf dem Trockenen statt.
Schottland – Schummerland: wer denn die Herren sein mögen, die hinter
wabernden Nebelschleiern auf der kahlen Bühne von Rolf Glittenberg kriegerisch
rasseln, wissen wir nicht. Ihre Kostüme und Instrumente, die Kettenhemde, Flach-
helme und Schwerter weisen sie zwar als mittelalterliche Haudegen aus, und das
ganze Theaterblech legt sogar den Schluß nahe, daß hier ein Stück von Shakespeare gegeben wird, aber der Grund und Boden, auf dem man sich abrackert, ist
nur ein pauschales Terrain. Keine konkrete Spur führt uns in die Verhältnisse ein.
Wer da wem aufs Haupt schlägt, frontal ins Herz sticht oder hinterrücks meu-
chelt, wer, wem gehorsam, welcher Absicht folgt, wer wessen Partei ergreift und
sich dank welcher Autorität zum Diktator aufschwingt, bleibt unerforscht. Kaum
weniger trübe sind die Innenvorgänge in den Busen der Täter beleuchtet. Gewiß,
da ist eine zierliche Soldatenfrau, die den heimkehrenden Ehemann vehement
unter Druck setzt, die schlimmsten Gelüste in ihm aufstachelt und sogar die Ver-

mutung nahelegt, daß der folgende Mord eine eheliche Impotenz ausgleichen soll; jedoch gelangt auch dieses Motiv zu keiner körperlichen Ausbildung.

Nicht, daß Bondy zu wenig Fleisch auf seine Bühne gepackt hätte, eher im Gegenteil. Aber wie er gleich eingangs die schottischen Dämonen, Shakespeares Hochland-Hexen, von drei Gestalten verkörpern läßt, die auf der Bühne ihre bloße Haut zu Markte tragen müssen, erweist sich so ziemlich auf den ersten Blick, daß der Regie schlankweg die Sinnlichkeit fehlt, um die Leiber nicht nur zu demonstrieren, sondern auch zu inszenieren. Bondy möchte die Nacktheit in ihrer widerlichen und ekelhaften Uniform zeigen und stellt doch nur unbekleidete Schauspieler bloß – zwei dicke Damen und einen schmächtigen Jüngling, die alle zusammen keine Kunstfigur abgeben, sondern mit ihren angeschmutzten Vorder- und Hinterteilen nur sehr bedauernswert dran sind. Die Nuditätenschau dieser Körper-Kanaillen wiederholt sich dann im Schlafzimmer des Mörderpaares Mac- beth – ohne dabei an Vitalität zu gewinnen.

Das Auszieh-Theater, das die Mörder im Rohzustand mit ihrem weißen, hemd- und hosenlosen Fleisch im Kontrast zu den blutroten Händen zeigen will, dürfte so schütter nicht einmal auf einer Studentenbühne mehr in Frage kommen; es sei denn, man befände sich irgendwo in der DDR-Provinz, wo der Schockeffekt allen- falls noch so funktioniert. In Köln aber war dann, als Bondy auch noch den Besen- tanz einer Nackedei-Hexe einlegte, wohl endgültig der Karneval ausgebrochen; zum Jubel des Hauses.

Nachträglich sieht es so aus, als habe man den Reinfall eigens ausgeklügelt und programmiert. Die Stärke von Luc Bondy, welcher Art sie immer sein möge, ist jedenfalls nicht das Geschiebe mit den großen dramatischen Brocken. Der Mut dieses jungen Theatermannes, sich einem Gigantenstück auszusetzen, ehrt nicht einmal ihn persönlich, geschweige denn die Theaterleitung, die ihn gewähren ließ. Wenn sich als Kehrseite der effektsicheren Sensibilität, mit der Bondy bisher erfolgreich gearbeitet hat, eine ungeschlachte oder ungestüme Brutalität herausge- stellt hätte, könnte man noch zweifeln, wohin der Genrewechsel demnächst füh- ren wird. Aber wie das Produkt nun nichts anderes verriet als eine phantasielose Kraftmeierei, gehen die Zweifel vorerst notgedrungen in die andere Richtung: Was kann einer tatsächlich, der eine solche Inszenierung übers Herz bringt.

Wer den Verdacht, der sich hier aufdrängen möchte, entschärfen will, kann seine Enttäuschung nur auf den Hauptdarsteller abwälzen: Hermann Lause, dieser scharf und eng profilierte Chargenschauspieler, ist als Macbeth immerhin so komisch, daß man zunächst meinte, hier werde Shakespeare umbesetzt: sein Schottenschlächter als blonder, blasser und spleensüchtiger Bürotyp. Aber als sich zwischen dem ulkigen Feldherrn und seinen Mannschaften dann doch nur die übliche Metzelei abspielte, nur eben mit dröger Sturheit, anstatt mit furchtbarer Majestät oder krassem Wahnsinn, mußte man die Hoffnung auf eine Konsequenz schnell wieder aufgeben. Die Rolle war offenbar ohne besondere Absicht verquer besetzt und Lause ohne tieferen Grund an eine Blutrunst ausgeliefert worden, die überhaupt nicht sein Fach ist. Selbst die berühmte Seelenzerknirschung, der sich Macbeth zum Schluß überantwortet – »Das Leben«, sagt er, »ist ein schattenhafter armer Schauspieler, der seine Stunde auf der Bühne fristet und danach ins Schwei- gen versinkt« –, tönt aus diesem Darsteller nur matt heraus und kommt zu einem Fazit, das sich mit wahrhaft horrender Banalität gegen die Inszenierung selber wendet: »Es ist eine Geschichte ohne Bedeutung, voll von Getöse und Raserei, erzählt von einem Dummkopf.«

Für die Raserei ist als Lady Macbeth die zarte Ilse Ritter zuständig. Sie darf hier so hysterisch wie nie zuvor auftrumpfen, so schrill, wie es ihre Stimme und ihr Temperament irgend hergeben, ehe sie mit einem Hechtsprung in den Bühnengraben hinunterstürzt und auf Nimmerwiedersehen verschwindet – ein schnelles Ende, das man im Interesse aller Beteiligten auch der Inszenierung wünschen möchte. Denn was kümmern uns Schottland und Shakespeare? Hier geht es um die Rehabilitierung von Theaterleuten, die mehr zu verlieren haben als nur eine Schlacht.

Reinhardt Stumm:
Für Bondy ist der *Macbeth* ein riesiges Gedicht, eine Ballade, in der viele Geschichten erzählt werden, ein Text, der aufgebrochen werden kann, der vielerlei Neugierden erregt. Doch, da ist eine Mitte: Da ist eine gescheiterte, eine unreife Liebe zwischen dem Ehepaar Macbeth, da hängen vertrocknete Blüten an einem Baum, da ist etwas Ungeborenes zwischen den beiden, und das zieht sie in den Bann der Dämonen, denen sie schutzlos preisgegeben sind. »Die Leute werden enttäuscht sein«, glaubte Bondy vor der Premiere, denn »da gibt es keine Generalbehauptung, da werden bewußt ganz verschiedene Stilebenen gespielt, das Stück bleibt immer überlegen, wird nicht gezwungen, und ich assoziiere ganz frei, hier dies, das dort«.

Bondy spielt auf allen Registern, die das Shakespeare-Theater kannte: Blutrünstig und schauerlich ist das, komisch und grob, sanft und idyllisch und voller Poesie.

Ein reicher, spannungsvoller, überraschender, phantasievoller Abend mit einer atemberaubenden Lady Macbeth von Ilse Ritter und einem Macbeth von Hermann Lause, der erstaunlich breit war: würdevoll und feige, durchtrieben aus falscher Hoffnung, in Trugbilder vernarrt, berührbar und zunehmend zerfallend bis in die vernichtende Klarheit der letzten Minuten. Ein Abend, der in einem Buhkonzert endete, der die Erwartungen seines Regisseurs nicht trog: »Es wird den Leuten nicht gefallen!«

Werner Schulze-Reimpell:
Die Mechanismen von Macht und Abhängigkeit, Ehrgeiz und Angst, die dieses Stück als furchtbares Spiel der Großen zeigt, spiegeln sich bei Bondy auf der untersten Ebene im ehelichen Bereich. Die dichteste, aufregendste, am genauesten gearbeitete Szene der Aufführung hat dann auch ganz konsequent das eher schäbige Schlafzimmer des Ehepaars Macbeth zum Schauplatz: Szenen einer Ehe auch dies. Dorthin kommt Macbeth nackt und blutverschmiert vom Mord zurück. Ein Hiob, dem vor sich selber graut und der wie wahnsinnig die Blutstropfen vom Boden wischt. Die Lady aber zwingt ihn, den begonnenen Weg weiterzugehen, beißt ihn in die blutigen Finger, damit er ihr die Dolche überläßt. Umsichtig legt sie die falsche Spur, um anschließend vollendet sicher Entsetzen und Trauer ob der Tat zu mimen.

Im weiteren Verlauf des Abends wächst dann aber der Verdacht, als habe Bondy an dem Stück nur diese Binnenspannung, die Beziehung von Eros und Verbrechen, Unfruchtbarkeit und Heldenpose, interessiert. Wenn Shakespeares Stück nach der Pause den dramatischen Atem verliert und sich in einer Kette der Schilderungen der Tyrannei festrennt, verliert auch die Inszenierung alle Stringenz.

So endet die Aufführung, die grandios beginnt und in vielen Szenen großes Format hat, aber auch irritierende Widerhaken gegen die Logik der Situation, mit einem Fragezeichen, das auch manch schauspielerischer Leistung am Rande gilt. Das Publikum zeigte sich zwischen Bravos und Buhs gespalten – und nach vier Stunden erschöpft.

Jutta Lampe, Otto Sander, Miriam Goldschmidt und Edith Clever in *Kalldewey, Farce*

BOTHO STRAUSS: KALLDEWEY, FARCE

Premiere: 19. Juni 1982
Schaubühne am Lehniner Platz Berlin

Otto Sander *Der Mann*, Edith Clever *Die Frau*, Jutta Lampe *K*,
Miriam Goldschmidt *M*, Udo Samel *Zweiter Mann*, Ernst Stötzner
Kellner/Chef, Kristine Upesleja *Ein Mädchen*.

Bühne   Karl-Ernst Herrmann
Kostüme   Moidele Bickel/Andrea Schmidt-Futterer

Hellmuth Karasek:
In Hamburg, wo Niels-Peter Rudolph vor einigen Monaten die Farce uraufführte,
war das eine Art Boulevard-Komödie über den Weltuntergang: Alle plapperten
heftig, kein Grund zur Aufregung. Schrille Lesben und bieder verstockte intellektuelle Spießer hackten da amüsant aufeinander rum, nach zwei Stunden war alles
kaputt.
In Berlin, wo Luc Bondy das Stück jetzt für die Schaubühne inszeniert hat, geht
es auch darum, daß wir nicht mehr weiter wissen. Und ein flotter Boulevard heuti-
ger Zickigkeiten, voll von modischem Schrott und angepaßtem Chic findet auch
hier statt. Doch Bondy und vier (bis fünf) mit äußerster Präzision enthemmte,
glänzend aufgelegte Akteure machen aus dem farcenhaften Ausverkauf der Welt
gleichzeitig ein mythenstiftendes Spektakel: Der Weg von der *Orestie* zu *Kalldewey*
ist zwar weit, aber es ist ein Weg, auf dem das Theater uns jederzeit heimleuchten
kann.

Siegfried Kienzle:
Bondy macht den Abgrund spürbar, der zwischen und hinter den Figuren lauert,
die Leere, Einsamkeit und Kälte hinter der hektischen Aufgeregtheit.

Heinz Klunker:
Aus Abziehbildern werden Menschen, hinter der surrealen Szene wird die reale
Existenz sichtbar, durch die Parodie scheint das nackte Grausen hindurch. Bei
allem klugen Witz stellen sich immer wieder Momente des Betroffenseins ein, und
das Lachen setzt Erkenntnisse frei über uns in unseren Verhältnissen – das Leben
ist eben schon die Therapie.
In Bondys Konzeption, die ganz und gar aufgeht in hinreißendem Schauspieler-
Theater, werden Geschichten von Liebe und Haß, Enttäuschung und Sympathie
zwischen Menschen erzählt, im Ritual nistet das Spiel, Zwänge werden aufgebrochen durch Emotionen. In Bondys Regie entfaltet sich ein Stück, das man vordem
weder so las noch so sah. Und so ist es dann vielleicht doch das Stück der Saison.

THOMAS BERNHARD: AM ZIEL

Premiere: 15. Oktober 1982
Schauspiel Köln

Christa Berndl *Die Mutter*, Ilse Ritter *Die Tochter*, Stephan-Otto Bißmeier *Ein dramatischer Schriftsteller*, Klaudia Noltensmeyer *Ein
Mädchen*.

Bühne   Rolf Glittenberg
Kostüme   Marianne Glittenberg

Werner Schulze-Reimpell:
In Claus Peymanns Inszenierung der Uraufführung in Salzburg und Bochum vor
gut einem Jahr war dies eigentlich ein Ein-Personen-Stück. Marianne Hoppe
spielte damals die Mutter bravourös-bösartig als große Salondamenrolle, ihrer Wirkung hoch bewußt, aber alle Abgründe der Figur sorgsam umschiffend – und war
damit im Einklang mit dem Inszenierungskonzept.

Die zweite Inszenierung des Stücks in Köln versucht, sich den Figuren psychologisch zu nähern, zugleich aber auch die Distanz zu ihnen zu verkürzen. Der ganze
Zuschauerraum wirkt ins Bühnenbild von Rolf Glittenberg einbezogen, denn die
Wände des Spielraums verlängern sich über die Rampe hinweg durch das Parkett
hindurch.

Regisseur Luc Bondy zeigt darin eine exemplarisch zugespitzte Mutter-Tochter-
Beziehung, die einem Herr- und Knecht-Verhältnis aufs Haar gleicht. Triumphie-
rend ruft die Mutter der Tochter zu: »Ich habe mich tödlich an dich gewöhnt«, und
gesteht zugleich, sie habe sie nur für sich selbst auf die Welt gebracht. Christa
Berndl zeigt eine Mutter, die sich durch ihre bloße Existenz rächt für ein sinnlos
vertanes Leben. Jetzt, als Gußwerksbesitzerwitwe, läßt sie niemandem mehr
neben sich Raum, zwingt sie alle zum Verstummen, damit das Grauen des Banalen
nicht zu heftig wird.

Zum Zentrum der Aufführung wird jedoch Ilse Ritter in der nahezu stummen
Rolle der Tochter. Putzlappen der Mutter, verhuschtes Hascherl voller Komplexe,
ballt sie ihre ganze Willenskraft in die wenigen Sätze, die linkische Armbewegun-
gen trotzig und wie einhämmernd unterstreichen.

EIN BRIEFWECHSEL

7. Dezember 1982

Sehr geehrter Herr Bond,

ich wollte Ihnen früher schreiben, aber dann dachte ich, daß ich besser bis nach der ersten Lesung warten sollte; denn, wie Sie selber wissen, der Text wirkt anders, wenn Schauspieler ihn vortragen.

Zuerst möchte ich Ihnen sagen, daß Sie einer der wenigen heutigen Autoren sind, die ich wirklich mag und die immer noch ein tiefes Verständnis vom Theater haben, von der Sprache und der Kraft, das Ungewöhnliche auszudrücken. Vor zehn Jahren inszenierte ich *Die See* in München (und dank dieses Stücks wurde ich als Regisseur bekannt), danach *Die Hochzeit des Papstes* in Frankfurt, und nun, wieder in München, *Sommer*. Ich würde *Die See* gerne in Paris, wenn ich dort in Chéreaus Theater in Nanterre arbeite, noch einmal machen.

Und nun zu den Fragen, oder sagen wir lieber Problemen, die mich beschäftigen, wenn ich *Sommer* lese und darüber nachdenke. Ich werde sie Ihnen mitteilen und wüßte gerne, ob Sie in der Lage wären, einige Gedanken darauf zu verwenden, vorausgesetzt, daß Sie meinen Gedankengängen folgen können.

Die 4. Szene: Der Deutsche. Das ist keine wirklich wichtige Frage, aber ich finde, daß sein Auftritt für Deutschland nicht wirkungsvoll genug ist: Das Problem, glaube ich, ist folgendes: Stellt man einen Deutschen im Englischen dar, zeigen sich seine Eigenschaften durch die Informationen, die er über sich selbst gibt; wohingegen ein Deutscher das nicht mehr wahrnimmt. Für mich wird Ihr Deutscher nicht zum Deutschen, weil er ein Kühlschrankvertreter ist und auf Teufel komm raus Profit machen und ständig essen will (obwohl ich genau das bei einem Besuch der Insel Mauritius bemerkte; auch fiel mir auf, daß sie viel über Geld sprechen) – nein, er wird dadurch ein Deutscher, daß er sich in die Vergangenheit versetzt und penibel beschreibt, was geschehen ist, und überzeugt ist, daß es so sein mußte. Andere seiner Eigenschaften sind die Verdrängung und die Rechtfertigung (da ich aus einer Familie jüdischer Emigranten komme, weiß ich es). Das bezieht sich auf das kleinste Detail im Leben – es ist fast zu einem biologischen Charakteristikum geworden. Ich finde, daß er am Anfang freundlich sein sollte, herzlich, fast offenherzig – sein Publikum ist ihm alles –, und dann, ganz unverhofft, stellt man fest, daß er schreckliche Geschichten erzählt, die einem Übelkeit verursachen. Politisch ist genau das die Falle. (Ich befürchte, wenige Zuschauer werden es bemerken. Beachten Sie, daß viele Leute heute noch so denken wie er.) Dieses ist, glaube ich, mehr ein Übersetzungsproblem. Ich muß für ihn eine Sprache finden, die ihn echt macht, aber nicht derart, daß man zu leicht lacht und sagt: Der hat mit uns nichts zu tun.

Problem Nr. 2: Szene A, Ende Teil 4:

Ich habe das Gefühl, daß dort etwas fehlt. Die Art und Weise, wie David und Ann in den voraufgehenden Szenen dargestellt werden, wirkt gerade durch ihre Knappheit überzeugend. Dann bekommt Ann eine Menge zu hören, über das sie nachdenken will; dann geht sie mit dem Jungen zu einer Insel, und man bekommt fast den Eindruck, daß sie mit ihm aus nervöser Erschöpfung, aus Mitleid und einer inneren Leere schläft. – Was oder was nicht zwischen ihnen passiert, fehlt meiner Meinung nach. Ich finde ihren Text vor und nach dem Abgang des Deutschen zu spärlich. Und angesichts dessen, daß sie etwas Besonderes in den vorangegangenen Szenen wollten, scheint mir diese Geschichte nicht ganz zu Ende verfolgt. Ich würde sehr gerne etwas zwischen den beiden passieren lassen – einen Dialog, etwas Beunruhigendes, ich weiß es nicht… Wenn ich es wüßte, wäre ich selber ein Autor. Das bin ich nicht.

Und nun das Hauptproblem: die fünfte Szene: Die Machtprobe zwischen Marthe und Xenia.

In der dritten Szene haben Sie durch die Geschichte der beiden Frauen etwas aufgebaut. Diese Passagen sind großartig, poetisch – sie sind sehr, sehr ausdrucksvoll. Das Gegenteil davon sind die Szenen mit den jeweiligen klassenspezifischen Geschichten. Ohne Psychologie, fast wie im antiken Drama, teilen zwei Geschichten sich plötzlich etwas mit, und die Menschen verschwinden fast hinter ihnen. Die Geschichten bleiben. Für mich erklärt ein Moment wie der von Xenias Erscheinen in dem Lager – und die Entdeckung, daß Marthe unter den Gefangenen ist, die Art, wie der Offizier seinen Daumen bewegt – alles, was dazu führt, daß man Marthe versteht. Die zwei langen Geschichten sind an sich schon eine Konfrontation. In der fünften Szene ist die Konfrontation zwischen den beiden Frauen, außer den Geschichten über den Verrat und die beiden Bankräuber, nicht von erkennenswerter Tiefe oder wenigstens eindeutig verständlich. Wenn die Tochter nicht dabei gewesen wäre, hätte Marthe Xenia bereits in der dritten Szene ins Gesicht spucken können. Vielleicht fehlt dort eine Auseinandersetzung oder eine bessere Geschichte. In dieser Geschichte gäbe es einen Teil oder einen Moment, in dem man eindeutig sehen könnte, daß sie erstens nur jetzt erzählt werden kann, und zweitens, daß Marthes Feindseligkeit uns unergründlich und für immer in Erinnerung bleiben wird; und so wird diese Szene zu einer zentralen.

Das wär's. Lieber Herr Bond, ich hoffe, daß ich Sie nicht zu sehr überfallen habe, und hoffe auch, daß Sie mir den einen oder anderen Vorschlag machen könnten, ohne zu sehr in Ihrer momentanen Arbeit gestört zu werden.

Mit Bewunderung und den herzlichsten Grüßen,
Luc Bondy.

12. Dezember 1982

Sehr geehrter Herr Bondy,

Danke für Ihren Brief. Ich will versuchen, auf einige ihrer Probleme einzugehen. Da Sie offensichtlich solche Bedenken dem Stück gegenüber haben, meine ich, Sie hätten sich nicht dafür entscheiden sollen. Vielleicht ist es zu spät für Sie, es wieder zurückzuziehen. Ich befürchte, daß Ihre Zweifel die Schauspieler irritieren und verwirren könnten.

Über den Deutschen. Ich schreibe nicht über einen Deutschen, ich schreibe über das Böse. Die Beziehung zwischen Humor und Bösem hat unter anderen Shakespeare und Goethe beschäftigt. Vielleicht sollten Sie sich deren Gedanken dazu anschauen? Ich wünsche, daß der Deutsche als eine Art Witzfigur erscheint. Ich möchte, daß die Zuschauer sagen: »Er hat mit uns nichts zu tun.« Ich wünsche mir, sie sagen, daß er nie etwas Tiefes oder Bemerkenswertes sagen wird. Ich möchte, daß er den Horror unseres Jahrhunderts benennt, ohne ein Verständnis davon zu haben. Ich will die absolute Banalität des Bösen zeigen. Er ist schließlich die zentrale Figur unseres Jahrhunderts – und Sie können sicher sein, daß ich lange darüber nachgedacht habe, wie ich ihn zeige. Ich möchte auch, daß er den poetischsten Text in diesem Stück hat: wenn er die Erde beschreibt, die See und die Toten, die sich vereinigen, um ihn anzuklagen – wie auch später, in dem Goethe-Zitat, der Himmel herunterschaut auf die anderen und sie kommentiert. Der Deutsche ist viele Menschen: und ich werde ihn als einen Clown einführen. Die Geschichte der Toten, die aus dem Wasser aufsteigen, um auf ihn zu zeigen, wird die Rationalisierungen der Zuschauer überwinden – ob sie es zugeben oder nicht. Ich finde nichts bei Ihren Veränderungvorschlägen, wodurch meine Dramaturgie etwas gewinnen würde.

Sie fragen nach dem Ende des vierten Bildes. Wenn Sie den Deutschen richtig verstanden haben und er richtig gespielt wird, werden Sie keine Schwierigkeiten haben. Alles, wonach Sie fragen, wird vermittelt durch den Satz »Die Insel gehört uns«. Natürlich tut sie das. Nicht Xenia und dem Deutschen – und wenn dieses klare, einfache Statement die Zuschauer nicht mit Erleichterung erfüllt, mit Mut, dann gibt es nichts, was ich noch tun kann, damit sie verstehen. Die Art von psychologischer Polsterung, die Sie von mir wünschen, habe ich erbarmungslos preisgegeben, weil sie für die Haupt-Auseinandersetzung des Stücks nicht relevant ist: Anns und Davids eigene Spannungen entwickeln sich aus den Paradoxen, die sie produzieren. Ja – wir werden uns verlieben, wir werden ein Kind haben – und wir werden uns trennen. Nichts von dem, was der Junge oder das Mädchen sagt, deutet auch nur im geringsten daraufhin, sie schlafe mit ihm aus nervöser Erschöpfung! Anns Sätze am Schluß der Szene dokumentieren große Autorität und Wahrnehmungsvermögen. Sie kontrastieren völlig mit ihrem katatonischen Zustand zu Beginn des Stücks (wenn sie sich entweder in spätestens einem Monat umgebracht oder eine bessere Art zu leben gefunden haben wird). Was für ein Mädchen entscheidet sich im letzten Moment dafür, nicht mit dem Mann zu schlafen, mit dem sie einen Urlaub verbringen wird – wo er es von ihr erwartet? Warum sollte sie diesen Urlaub machen? Ihre Geschichte wird graphisch erzählt, in Bildern – die Antwort auf die beharrlichen Stimmen der Außenwelt, ihr *sprachloses* Erscheinen am Ende von Bild vier –, bis sie aufgefordert ist, das Stück in einen bestimmten Kontext zu stellen, mit ihrem letzten Text im vierten Bild. Wenn sie bei der Frühstücksszene angelangt ist, steht sie auf gleicher Stufe mit Marthe – jünger, aber mit der gleichen Kraft. Es ist wichtig, daß ich diese Sequenz nicht zu schwer belastet habe: Die Last der Vergangenheit wiegt schwer auf Marthe und Xenia. Die Stärke der jungen Menschen liegt – am Ende des Stücks, in der »Einigungs-Szene«, in ihrer Fähigkeit, Paradoxe zu schaffen, und vorher darin, Paradoxe offen auszutragen, zu erfahren. (Eine Erfahrung des Mädchens habe ich beschrieben, eine des Jungen ist seine verbale Vergewaltigung Xenias in Anwesenheit seiner Mutter. Sie verstehen, zu diesem Zeitpunkt hat er für sich selbst das Problem des Sterbens noch nicht gelöst: genau wie auch Marthe es noch nicht gelöst hat – zu diesem Zeitpunkt entziehen sich beide der Wahrheit, und so zerbricht ihr falsche Fassade am Ende von Bild zwei.)

Über die letzte Auseinandersetzung zwischen Marthe und Xenia. In diesem Stück habe ich zwei Dinge miteinander verbunden, die marxistische Schriftsteller normalerweise auseinanderzuhalten suchen. Da man sie in unserem Leben nicht auseinanderhalten kann, ist das offensichtlich ein Fehler. Es sind das: die persönliche Biographie und der historische Determinismus. Ich verstehe, wonach Sie bei dieser Szene fragen. Es wäre die Art von Erklärung, die Ibsen oder O'Neill liefern würden. Wonach Xenia und Marthe suchen, ist eine Erklärung dafür, was sie sind, was sie geworden sind – und das können sie nur, indem sie wahre Begebenheiten beschreiben. Es gibt auch hier Geschichten, aber es sind nicht die gebräuchlichen. Sie suchen nach einer Aussage über die Gerechtigkeit – weil ihre Psychologie auf ihrer Interpretation der Gerechtigkeit und nicht ihrer Emotionen gegründet ist. Wer bin ich – das ist ihre Fragestellung. Sie finden die Antwort, indem sie überprüfen, was sie getan haben – nicht in der Weise, daß sie sensationelle neue Enthüllungen hervorbringen, sondern indem sie die Bedeutung der Ereignisse erkennen. Ihre Subjektivität wird objektiviert – und es kann frei vom Sumpf Ibsenscher Psychologie geurteilt werden. Die Wahrheit befindet sich immer an der Oberfläche – und wenn Menschen tief in ihre verborgene Subjektivität hinabtauchen, dann aus dem Wunsch, der Wahrheit zu entkommen. Im Epischen Theater ist die Wahrheit an der Oberfläche: das verleiht ihr die schreckliche, radikale Tiefe. Ich hoffe, Sie verstehen einiges von dem, was ich sage. Wenn nicht, dann können Sie das Stück nicht verstehen. Sie sprechen nicht über ein Ereignis – sie sprechen über das Leben als Ganzes, versuchen, es in einem Augenblick zusammenzufassen.

Xenia ist eine Art weiblicher Oedipus, indem sie nämlich auszieht, die Wahrheit zu suchen. Sie kommt immer wieder zurück, und jedesmal dringt sie weiter vor – besonders jetzt, da sie weiß, daß dieses Jahr ihre letzte Chance bedeutet. Sie braucht Marthes Anerkennung ihrer selbst als die Person, die sie (Xenia) zu sein glaubt. Am Ende zeigt ihr Marthe, daß sie diese Person nicht ist: sie ist nur ein Leichnam. Aber trotzdem, selbst der Leichnam kommt zurück ... – und deshalb das Anspucken. Ich habe mal mit der Idee gespielt, das Anspucken mild zu zeigen. Aber ich bin zu der Überzeugung gelangt, daß es so aggressiv und scheußlich sein muß wie nur möglich: aber es ist eine Tat der Gerechtigkeit, das Spucken hat seinen guten Sinn. Auch für Marthe gibt es ein Problem: in gewisser Weise ist sie Oedipus' Sphinx. Nur daß Oedipus das Rätsel nicht zu lösen vermag. Und daß die Nichtbeantwortung den Tod bedeutet. Aber Marthe weiß, daß sie jenes Spucken noch nicht ausgeführt hat – und daß sie Xenia nicht jedes Jahr in ihr Haus hätte einladen dürfen. Wir können nicht vergeben, bis wir Gerechtigkeit erlangt haben – bis die Gerechtigkeit kenntlich gemacht ist: andernfalls müssen andere unsere Versöhnlichkeit mit dem Leben bezahlen. Marthe kann nicht so gelassen sterben, wie in der Frühstücksszene, bevor sie Xenia nicht angespuckt hat. Das ist psychologisch, aber das ist es nicht: das Wort versagt. Das ist Geschichte. Es wäre albern gewesen für Marthe, hätte sie Xenia schon im dritten Bild angespuckt – denn da wäre es viel mehr eine nur privat-persönliche Handlung gewesen. Natürlich hätte Oedipus Laios auch dann getötet, *wenn* der ihm an der Kreuzung gesagt hätte: »Ich bin Dein Vater.« Er hätte ihm nicht geglaubt. Derselbe Gedankengang zeigt uns, daß im dritten Bild Marthe und Xenia beide am Offensichtlichen vorbeisehen. Und es ist richtig, das zu tun. Ann muß noch gewonnen werden. Noch wichtiger, die Auseinandersetzung muß vom Privaten zum Gesellschaftlichen, vom Besonderen zum Allgemeinen gerichtet – und dann im Akt des Anspuckens gesammelt werden.

Die Geschichte, die Sie wollen, ist vorhanden; aber vielleicht ist es nicht die, die Sie erwartet haben.

Das alles bedeutet eine neue Art zu spielen, weil die üblichen Motive nicht da sind. Die Figuren sind episch, indem ihre Leidenschaften die Welt betreffen und ihre Motive sozialer Art sind. Und doch müssen alle diese Dinge im Besonderen eingefangen sein: im Frühstückstisch, in der Schlüsselgeschichte, dem Nasenbluten.

Ich hoffe, dieser Brief ist Ihnen nützlich. Ich bin immer bereit, meine Stücke zu ändern, wenn man mir dafür einen Grund zeigt. Wonach Sie fragen, sind Dinge, bei denen ich einige Zeit darauf verwandt habe zu lernen, ohne sie auszukommen: auch Sie und Ihre Schauspieler müssen ohne sie auskommen. Ebenso das Publikum. Ibsen und Elliot haben gesagt, daß die Menschen nicht zuviel Realität ertragen können und daß sie der Lebenslüge bedürfen. Das ist nicht wahr. Ohne Wahrheit werden Menschen umgebracht oder leben als Leichname.

Ich wünschte, wir könnten miteinander reden. Ich hoffe, dieser Brief kann das ersetzen.

Ändern Sie nichts ohne meine Einwilligung.

Mit freundlichen Grüßen,
Edward Bond.

(Deutsch von Frank Arnold)

EDWARD BOND: SOMMER

Deutsch von Christian Enzensberger
Premiere: 20. Februar 1983
Münchner Kammerspiele

Doris Schade *Marthe*, Cornelia Froboess *Xenia*, Irene Clarin *Ann*,
Edgar Selge *David*, Hans Quest *Deutscher.*

Bühne	Erich Wonder
Kostüme	Andrea Kaiser
Musik	Peer Raben

Peter Iden:
Bond sagt: Wir müssen darauf bestehen zu leben; das ist der Sinn allen Erinnerns.
Hier setzt Luc Bondys Münchener Inszenierung an. Die beiden jungen Leute
erscheinen in den von der Last der Vergangenheit beladenen, schließlich einen
krassen Gegensatz der Positionen hervortreibenden Gesprächen von Xenia und
Marthe als die Zukunft, um die es geht.

Xenia (das heißt: die Fremde) wird von Cornelia Froboess zunächst als jemand
eingeführt, der seiner selbst einigermaßen sicher ist, noch beschäftigt mit den Problemen der Reise und der Orientierung in dem von früher vertrauten Haus. Bond
gibt dann einer Neigung zum Symbol nach: Die Frau sucht die Schlüssel ihrer Kof-
fer. Man spürt nun bald, daß sie mehr weiß und von mehr beschäftigt wird, als sie
preisgibt.

Dieser fragenden, sich rechtfertigenden und abermals fragenden Fremden steht
als Marthe Doris Schade gegenüber: Eine schwarzgewandete Todesfigur, eingestellt
auf ihr Sterben – aber es gibt auch die Augenblicke, in denen die Bereitschaft, das
Ende anzunehmen, auf einmal nicht mehr trägt, eine tiefe, die äußerste Angst die
Frau erfaßt. Es ist diese Angst, durch die alle Beschwörungen der Schönheit und
des Glücks von Leben ihre dunkle Grundierung, aber in der Darstellung der
Schade auch ihre Wahrheit erhalten. Vor allem durch die insistierende Ernsthaftig-
keit Doris Schades, die das Statische eines Menschen am Lebensrand mit herrli-
chem Mut auf sich nimmt, sind wir in der Aufführung des Dramas von Bond
manchmal wie in einer Tragödie der Griechen.

Nach *Hochzeit des Papstes* (in Frankfurt) und *Die See* (in München) ist Luc Bondy
nun zum drittenmal die szenische Darstellung eines Dramas von Bond gelungen,
das in schmerzenden Bildern abermals von Gewalt und Leiden der Epoche
erzählt; und von der Herausforderung: zu leben.

Rolf Hochhuth:
Ein Abend, den der Regisseur entschieden hat: Luc Bondy hat ihn vielleicht sogar
erst ermöglicht. Denn das bis zur Pause peinigend langweilige Stück hat eine in
Filmen und Theaterstücken schon vielfach abgehandelte Fabel: Der Mörder kehrt
an den Tatort zurück ...

(...) Das gibt es zwar nicht in der Wirklichkeit, aber Psychologie ist auch das letzte, was für Edward Bond in Betracht käme. Was Bondy auf die Nerven gegangen ist: Bonds nicht psychologisch erfaßte, sondern mit ausgestrecktem Zeigefinger plakativ als gut oder bös »ausgestellte« Figuren.

Wie Bondy *dagegen* aninszeniert hat: das zu beobachten, war das eigentliche Erlebnis des Abends.

Joachim Kaiser:
Weil Bond zu wenig hat geben können, mußte die Regie zuviel »machen«. Kunst schlug um in Krampf.

Michel Piccoli und Bulle Ogier in *Terre étrangère*

ARTHUR SCHNITZLER: TERRE ETRANGERE (DAS WEITE LAND)

Französischer Text von Michel Butel
Premiere: 2. Februar 1984
Théâtre des Amandiers, Nanterre

Michel Piccoli, Bulle Ogier, Michelle Marquais, Didier Sandre, Robert Rimbaud, Carola Regnier, Stéphane Jobert, Laure Duthilleul, Bernard Ballet, Dominique Blanc, Roland Amstutz, François Siener, Alain Libolt, Phillippe Morier-Genoud, Marie-Paule André, Gilbert Bahon, Alexandre Fourrier, Jean Reno.

Bühne	Erich Wonder
Kostüme	Peter Pabst
Licht	Max Keller

Sigrid Löffler:
Regisseur Luc Bondy und sein Wiener Bühnenbildner Erich Wonder haben die tödlich-spielerische Umgangsart von Schnitzlers Tragikomödie beim Wort und beim Bild genommen.

Die Spiele, die in und von Schnitzlers Gesellschaft gespielt werden, sind hochkompetitive Macht- und Revierkämpfe, lediglich getarnt durch die entspannte Lässigkeit ihrer Durchführung. Der Tennisplatz und die Gipfeltour sind die Kampfplätze, wo die Männer in allem mörderischen Ernst um die Trophäe »Frau« ringen.

Alle Figuren haben einander ständig im Blick, ob sie nun spielen, auf den Rasenböschungen rund um den Tennisplatz ruhend zuschauen oder sich vorne auf der Terrasse bei Genia Hofreiters Limonade erfrischen – die soziale Kontrolle ist lückenlos. Jede Intimität zwischen zwei Partnern kann sich nur zufällig ergeben und jeden Augenblick gestört werden.

Diese Lausch- und Spähauftritte hat Bondy zu einem Prinzip seiner Inszenierung gemacht. Jede Figur fühlt sich ständig beobachtet. Jede Figur ist ständig damit befaßt, gesprächsweise zu eruieren, wieviel das Gegenüber schon weiß, und gleichzeitig bemüht, möglichst viele neue Tratsch-Partikel in das Gesellschafts-Puzzle einzufügen. So gesehen ist der Garten der Hofreiters in Baden ein ebenso öffentlicher Ort wie das Hotelfoyer in den Dolomiten.

Der meisterlichste (und unheimlichste) Lauscher und Späher ist in Bondys Konzept freilich der Fabrikant Hofreiter selber. Dank Michel Piccoli als Friedrich Hofreiter wird die Schnitzler-Erstaufführung von Nanterre zum atemberaubenden Bühnenereignis.

Piccoli tritt nicht auf, er ist immer längst da, ehe die anderen ihn bemerken. Er steht plötzlich inmitten der hell gekleideten Sommergesellschaft – ein fahler Mann ganz in Schwarz, das dünne Haar an den Schädel geklatscht, die Miene zusammengenommen zu dünnlippigem Sarkasmus, den kurzsichtigen Blick ständig entzündlich verkniffen.

Nichts da vom liebenswürdigen Charme, den Schnitzler seinen Hofreiter bei Bedarf versprühen sehen wollte; nichts da von der Betörungskraft, mit der Wiener Schauspieler, von Attila Hörbiger bis Helmuth Lohner, von Walther Reyer bis O. W. Fischer, den Hofreiter bei aller herrischen Kälte auszustatten pflegen.

Michel Piccoli steht unter den Menschen wie der Tod persönlich. Fabrikant Hofreiter als nekrophiler Typus. Nur in der Destruktivität, im Lebenzerstören, fühlt sich dieser Hofreiter selber lebendig. Er plündert die Gefühle der Menschen um ihn, um an ihrer Lebendigkeit, ihrer Verletzbarkeit zu schmarotzen. Seine Gier, sich seinen Mitmenschen als deren Lebensmittelpunkt zu oktroyieren, ist nichts als der Versuch, an anderen die eigene leichenhafte Kälte zu erwärmen. Nicht anders kann er mit den Menschen kommunizieren, als indem er sie leiden macht oder tötet. So gesehen ist Hofreiters Vorwurf an seine Frau, sie habe mit ihrer tödlichen Tugend ihren Anbeter in den Tod getrieben, nichts als Projektion: Den Leichengeruch, der von ihm selber ausgeht, dichtet er seiner Frau an.

Michel Piccoli spielt das mit fürchterlicher Konsequenz.

Bewundernswert auch Luc Bondys Phantasie im Erfinden von plausiblen Gesprächssituationen, seine genaue Choreographie gesellschaftlicher Rituale. Er vermag zeremoniöse Gesten – das Getränkeservieren, das Händeschütteln, den Handkuß – plötzlich mit intimer Bedeutung aufzuladen, so daß sie von den Liebenden als geheime Signale erkannt und verstanden und mit rührend-lächerlichen Fassungslosigkeiten und kleinen Ungeschicklichkeiten beantwortet werden.

Aus einem solchen Beziehungsgespinst von Flattrigkeiten und Nervositäten konstituiert sich diese Schnitzler-Produktion von Paris. Luc Bondy, der 35jährige Regie-Wunderknabe, hat mit dieser Arbeit Schnitzler zwar spät, aber triumphal in Frankreich durchgesetzt.

Probe zu *Così fan tutte*

WOLFGANG AMADEUS MOZART: COSI FAN TUTTE

Oper mit einem Libretto von Lorenzo da Ponte
Premiere: 17. Juni 1984
Théâtre Royal de la Monnaie, Brüssel

Barbara Madra *Fiordiligi*, Alicia Nafé *Dorabella*, Georgine Resick *Despina*, Jerome Pruett *Ferrando*, Michael Melbye *Gugliemo*, Claudio Nicolai *Don Alfonso*.

Musikalische Leitung	Sir John Pritchard
Bühne und Licht	Karl-Ernst Herrmann
Kostüme	Jorge Jara
Dramaturgie	Geoffrey Layton

Rolf Michaelis:

Die erste Szene von *Così fan tutte* spielt in Luc Bondys Inszenierung nicht in einem Kaffeehaus der Bucht von Neapel, sondern in einem Opernhaus. Was wir als die Fortissimo-Akkorde der C-Dur-Ouvertüre hören, vernehmen die drei Männer in der linken Proszeniums-Loge des Théâtre de la Monnaie in Brüssel als letzte Töne einer Opern-Aufführung, der sie nicht allzu aufmerksam gefolgt zu sein scheinen.

Angeregt vielleicht durch eine Oper von Liebe, Treulosigkeit, Eifersucht, betört womöglich durch den Auftritt einer Primadonna, die noch andere Reize auf die Bühne brachte als die ihrer geschmeidigen Stimmbänder, streiten die Männer – über Frauen. Don Alfonso setzt die Wette: Frauen können nicht treu sein, wankelmütig sind sie alle, »*così fan tutte*« – so machen's alle.

Sanft verlischt das Licht der Kerzen-Pyramiden in den Händen der Stuckmamsellen, der Vorhang hebt sich, und das Spiel auf der Bühne der »Koninklijke Muntschouwburg« beginnt – mit der zweiten Szene des ersten Aktes, mit dem morgendlichen Gartenbild der beiden Schwestern Fiordiligi und Dorabella, deren Lob gerade gesungen wurde.

So ungewöhnlich Lorenzo da Ponte und Wolfgang Amadeus Mozart ihre 1790 in Wien zum erstenmal gespielte komische Oper in zwei Akten *Così fan tutte oder Die Schule der Liebenden* beginnen – mit der dramaturgisch scheinbar unmöglichen Folge von drei Terzetten für dieselben drei Personen, dieselben drei Männerstimmen –, so überraschend, und rasch überzeugend, ist der Anfang von Luc Bondys Inszenierung.

Karl-Ernst Herrmanns Bühnenbild ist nicht nur, wie stets bei diesem Meister »inszenierter Räume«, eine Augenfreude, sondern auch ein technisches Wunder. In der Erinnerung an alte, vergessene, durch Film und Projektionskünste »überholte« Praktiken der Bühnen-Malerei, hat Herrmann eine 190 Meter lange, 11 Meter hohe Leinwand mit wechselnden Szenerien bemalen lassen. Dieses Panorama, von einem Elektromotor und von einer bis auf die Sekunde, bis auf den Millimeter ausgetüftelten Apparatur hintereinander gestaffelter Rollen und Planen bewegt (Technischer Direktor: Henri Oechslin), läuft während der drei Stunden dauernden Aufführung, in großem Bogen, von rechts nach links ab.

Gerade weil Bondy und Herrmann die Lebenslust, ja Lebensgier der vier jungen Menschen mit (unaufdringlichen) Gesten des Begehrens und mit symbolischen Anspielungen inszenieren (der mächtige Stein im Mittelpunkt, der wie die Spitze eines Phallus erscheint und zu tönen scheint, wenn die verkleideten Liebhaber hinter ihm aus der Versenkung auftauchen: die »anderen« Schuhe, die sich die Mädchen überstreifen, wenn sie mit dem Liebhaber der Schwester gehen; das Spiel mit den Tüchern, wenn die verkleideten Galane die Verlobten regelrecht »einwickeln«) – gerade weil die Inszenierung fiebert nach aller und jeder »Überraschung durch Liebe«, strahlt sie jene »versteckte Melancholie« aus, die Wolfgang Hildesheimer in diesem »Dramma giocoso« aufgespürt hat. Es ist ein trauriges Glück, zu dem Luc Bondy die beiden Paare nötigt: Ein weißer Kubus mit Dach aus Stoff, ein Wüstenrot-Einfamilien-Musterhäusle, senkt sich über die zerstrittenen, wieder vereinigten Paare. Ein Gefängnis? Modell eines Strindbergschen Ehekerkers?

Auf jeden Fall gibt es nicht die Beifall schindenden Szenenabgänge, auch nicht am Ende. Don Alfonso versucht, lange vergeblich, die düpierte Kammerzofe Despina, die schmollend an einer Säule lehnt, zu einem »schönen« Opern-Finale ins Ensemble zu ziehen. Umsonst. Als die beiden Drahtzieher dieser verwickelten Liebesgeschichte sich zu ihrer Herrschaft – ihren Opfern? – stellen wollen, werden sie durch das Leinen-Haus, das sich von oben über die Paare senkt, ausgeschlossen.

Hans-Klaus Jungheinrich:
Bondy wird von den spezifischen Begabungen der Akteure gezwungen, gewisse Gegenakzente zur musikalischen Charakterisierung zu setzen. Das wirkt im Kontext zur Musik nicht »falsch«, sondern erhöht das Gefühl von Balance, steigert den Eindruck einer überwältigenden Virtuosität, den die Aufführung hinterläßt.

Libgart Schwarz in *Triumph der Liebe*

PIERRE CARLET DE CHAMBLAIN DE MARIVAUX:
TRIUMPH DER LIEBE

Deutsch von Gerda Scheffel
Premiere: 11. Mai 1985
Schaubühne am Lehniner Platz Berlin

Jutta Lampe *Leonida*, Corinna Kirchhoff *Corinna*, Thomas Holtz-
mann *Hermokrates, Philosoph*, Libgart Schwarz *Leontine, Schwester
des Hermokrates*, Ernst Stötzner *Agis*, Mathias Gnädinger *Dimas,
Gärtner bei Hermokrates*, Paul Burian *Arlequin, Diener bei Hermokrates.*

Bühne	Karl-Ernst Herrmann
Kostüme	Moidele Bickel
Musik	Peter Fischer

C. Bernd Sucher:
Die Zuschauer rasten, als wollten sie mit ihren Bravo-Rufen, mit Applaus und
Getrampel ein Dakapo oder zumindest eine kleine Zugabe ertrotzen. Als weigerten sie sich, aus diesem Kunsttraum geweckt zu werden. Doch Marivaux' *Triumph
der Liebe* war zu Ende. Glücklich strahlte Luc Bondy, der mit dieser Inszenierung
seinen Einstand ins Direktorium der Schaubühne gegeben hat, nahm mal Jutta
Lampe, mal Libgart Schwarz in den Arm. Das war kein üblicher Premieren-
Erfolg; Luc Bondy, seinem Bühnenbildner und dem Ensemble war Außergewöhn-
liches gelungen: Verzauberung und Aufklärung, ein wundersam-böses Liebes-
märchen.
Karl-Ernst Herrmann ließ im Saal A der Schaubühne einen französischen Garten anlegen: in der Tiefe eine meterhohe, halbrunde Hecke, davor, in einem großen Kreis, drei absteigende schwarze Stufen. Sie führen zu einem künstlichen
kreisrunden See, in dessen Mitte ein Inselchen, wiederum rund, emporsteigt, mit
einer malerischen Ruine, zwei Säulen. Dieser Bühnenraum ist trotz des Wasser-
beckens nicht realistisch, keine Filmkulisse. Die dichte Hecke grünt nämlich
unecht und kaschiert eine Tapetentür neben der anderen: eine Theatermauer, Ort
mit vielen Verstecken für Lügner, Intriganten und Fallensteller. Der See – nach zu
langer, 40minütiger, die Spannung mächtig drückender Abpump- und Trockenle-
gepause – taugt vor allem als Symbol für den Zeit- und Lebenskreis. Und die Insel
ist Bildmetapher wohl für Kythera, Ziel der Wünsche aller und doch unerreichbar
für alle, einsamer menschenleerer Glücksort.
Auch die Inszenierung ist nicht realistisch, weil Bondy die von Herrmann ange-
legte und von Gemälden Watteaus inspirierte hübsche Atmosphäre nutzt, um
Marivaux' Figuren dem Zuschauer durch Ironie zu entrücken und ihn durch
Distanz hellsichtig zu machen. So wird deutlich, worauf es Marivaux ankommt,
nämlich zu zeigen, daß es in jedem Menschen sozusagen zwei gibt: einen, der sich
zeigt, und einen, der sich verbirgt.

Bruno Ganz und Corinna Kirchhoff in *Die Fremdenführerin*

BOTHO STRAUSS: DIE FREMDENFÜHRERIN

Premiere: 15. Februar 1986
Schaubühne am Lehniner Platz Berlin

Corinna Kirchhoff *Die Fremdenführerin*, Bruno Ganz *Der Lehrer.*
Bühne   Dieter Hacker/Karl-Ernst Herrmann
Kostüme   Susanne Raschig

Georg Hensel:
Zwei bizarre Felsen beherrschen im ersten, dem touristischen Teil die schräg
ansteigende Bühne, die Dieter Hacker und Karl-Ernst Herrmann entworfen
haben. Ein gläserner Bungalow wandert langsam nach vorn: man lebt modern, in
einer Klarsichtpackung. Im zweiten Teil beherrscht ein Kuppelberg die Bühne.
Aus ihm ist eine Grotte wie eine rechteckige Stube herausgeschnitten. Der Berg
mit der Grotte sieht aus wie das dunkle Gesicht eines Dämons mit gebleckten Zäh-
nen. Die beiden Bühnenbilder, intime Räume mit pompösem Überbau, markie-
ren die Anfangs- und Endstation des Stücks: *Die Fremdenführerin* ist ein Boulevard
in den Mythos.
    Für die von Botho Strauß skizzierten Situationen findet Luc Bondy, der Regis-
seur, wunderschöne Bilder: vor allem begreifen jubelnd schon die Augen. Mit
anmutiger Leichtigkeit bewegt er sich am Lieblingsort der schwarzen Romantik,
zwischen Gefühl, Schrecken und Ironie. Und in heidnischer Unschuld werden
eingefleischte Grenzen überschritten. In ihren besten Partien schwebt diese Mari-
vauxdage über dem zu ahnenden Sumpf des Tiefsinns. Den zweiten Teil aber rettet
auch Bondy nicht. Hier ist der antike Boulevard zu verschwitzt für einen Boulevard und zu unergiebig für die Antike. Der Beifall am Ende galt betont den Schauspielern.

Günter Grack:
Luc Bondy, der Regisseur und künstlerische Direktor der Schaubühne, hat den
neuen Strauß, keine Frage, so feinsinnig wie grobsinnlich inszeniert. Dialogische
Subtilität und gestische Drastik – der Griff zum Slip der Gespielin einerseits, die
Beschlagnahme der Brille des Geliebten zwischen hocherhobenen Zehen andererseits – geben einander nichts nach, und das Premierenpublikum honorierte diese
Balance, nach anfänglicher Reserve, schließlich mit freundlichem, von keinem
Protest getrübtem Beifall. Eine Harmonie, in die sich der Kritiker allerdings nicht
einfügen kann. Ein schwacher Strauß, vielleicht der schwächste, den es je gab,
bleibt auch in der Interpretation durch die starke Schaubühne schwach – er hätte
das Rampenlicht nie erblicken dürfen.

ALEXANDER N. OSTROWSKI: EIN HEISSES HERZ

Übertragen von Günter Jäniche
Premiere: 11. Juni 1986
Schaubühne am Lehniner Platz Berlin

Branko Samarovski *Pawlin Pawlinytsch Kuroslepow,* Miriam
Goldschmidt *Matrjona Charitonowna,* Imogen Kogge *Parascha,*
Roland Schäfer *Narkiss,* Sylvester Groth *Gawrilo,* Ernst Stötzner
Wasja Schustry, Urs Bihler *Silan,* Werner Rehm *Serapion Mardajitsch
Gradobojew,* Günter Fischer *Siderenko,* Rolf Mautz *Shigunow,* Gerd
Wameling *Aristarch,* Udo Samel *Tarach Tarassytsch Chlynow,* Peter
Simonischek *Ein Herr mit großem Schnurrbart* u.a.

Bühne	Ricardo Cavallo
Kostüme	Moidele Bickel

Siegfried Kienzle:
Luc Bondy greift auf ein ganz entlegenes Stück zurück: eine zerklüftete, auseinan-
derstrebende Geschichte, die den Realismus ihrer Entstehungszeit sprengt. Von
dem Maler Ricardo Cavallo läßt er sich in farbigem Pastell seine Räume bauen,
magische Landschaften, fabulierfroh wie bei Chagall, die auch den Zuschauerraum miteinschließen. Ein ansteigender Bretterboden ist Spielfläche, eine klobige
Palisadenwand ersetzt den Vorhang. Sie wird immer wieder ächzend auf- und
zugeschoben. Sie verstellt zuweilen den Blick und zeigt, wie mißtrauisch der Kaufmann Kuroslepow seine Welt verrammelt, wie sperrig er sich nach außen absichert. Kein Psycho-Realismus also in dieser Aufführung, sondern der Ausbruch in
extreme, erschreckende Konfrontationen, wo die Figuren außer sich geraten und
auseinanderbrechen.

Bondy treibt die Situation in die irrlichternde Phantastik, in die beklemmende
Groteske. Schon der Beginn erinnert an den expressiven Barlach. Da windet sich
Kuroslepow, der reiche Kaufmann (Branko Samarovski), in roter Mähne nackt auf
dem Boden und fühlt sich zermalmt vom herabstürzenden Himmel. Winselnd
spürt er in sich und um sich den Weltuntergang. Wenn er träumt, stürzt er in Alp-
träume. Ist er aber wach, so quält er seine Tochter Parascha. Da ihm Geld gestohlen
wurde, läßt er den Burschen Wasja, nur weil er arm ist und Parascha liebt, ins
Gefängnis werfen.

Die Gerechtigkeit ist käuflich. Denn der Stadthauptmann läßt sich von den
Kaufleuten mit Wodka freihalten und bestechen: Als schlecht besoldeter Staatsbe-
amter muß er mit den Reichen in der Stadt paktieren. Auch Wasja muß sich die
Gerechtigkeit kaufen, indem er sich selbst verkauft. Er liefert sich dem reichen,
ewig betrunkenen Unternehmer Chlynow aus, der ihn vom Gefängnis freikauft,
aber dafür zum Hofnarren erniedrigt. Wie dieser Kapitalist mit seinen Launen die
Umwelt terrorisiert, wie er die Habgier der Menschen ausnutzt, um sie zu Spei-
chelleckern und Schweinen abzurichten, das malt Bondy in einer Orgie im

Dampfbad allzu breit aus. Mit Fontänen aus Champagnerflaschen und Tenorarien, mit einer priesterlichen Liszt-Figur am Flügel, taumeln die Figuren durch die schwitzende, grölende Völlerei – ein großes Fressen, das zur Folter wird.

LIEBER, LIEBER WALTER

Ein Brief von Luc Bondy an Walter Schmidinger,
der die Rolle des Kuroslepow zeitweise von
Branko Samarovski übernahm.

Die Zeit der Briefe ist wieder angebrochen ... Aber erst einmal möchte ich Dir sagen, wie bewegt ich bin, daß Du mir und dem ganzen Theater in so einer Notsituation nicht nur hilfst, sondern uns rettest. Es gibt Familien ... auch wenn sie nicht räumlich lokalisierbar sind, Familien von Schauspielern, die gibt es wirklich: Und wie ich Deine Zusage hörte, wußte ich natürlich, wie evident es mit Dir ist ... was treibst Du eigentlich woanders, zu uns gehörst Du sowieso.

So, und jetzt zur Rolle:

Stell dir vor: ein reicher, karger, ziemlich engstirniger Großgrundbesitzer, der ganz allein einen Draht zu den höheren Kräften besitzt: Er allein – und recht hat er – weiß, daß die Apokalypse vorher war, jetzt erzittert und morgen sich offenbaren wird. Keiner sieht, nur er, Dieter Sturm, das Publikum und ich, daß wirklich der HIMMEL HERUNTERFÄLLT.

Deswegen liegt er am Anfang der Aufführung im Nachthemd auf der leeren Bühne, in der Mitte, schweißgebadet nach dem grausigen Himmelssturz, fragend nach dem Himmel, wieso der eigentlich ... usw ...

In diesem ersten Monolog findest Du eigentlich schon viele Elemente dieser Figur, die sich nachher in dieser oder jener Richtung entfalten werden: Reue, ein solcher Säufer zu sein; Empörung, daß nicht der ganze Hof bei diesem enormen Ereignis anwesend ist; kindlicher Schrei nach einer Matrjona, die er sonst mißhandelt à la Russe und doch nicht entbehren kann, wenn die Hölle aus der Erde steigt; dann stolz, allein, ganz allein es zu wissen, daß die Dinge so sein werden, wie er sie erlebend prophezeit.

In der Szene mit Silan – ein großes Tor schließt sein Onkel nach den Glockenschlägen, und man sieht Kuroslepow nur durch einen Schlitz während der Gawrilo-Silan-Szene – bringt er noch einen Teil seiner Vision in die Szene hinein und erwacht dann langsam aus dem schrecklichen Alpdruck, um zur Ordnung – in dem Fall: Chaos – überzugehen. Eigentlich ohne daß er es bewußt weiß, ist ihm, dem Kuroslepow, diese Geschichte mit dem Geld ziemlich egal, solange sich nicht andere Menschen, wie z.B. Gradobojew, darin einmischen. Man könnte manchmal glauben, daß er erst gar nicht ahnen will, daß die Täter in seinem Hause weilen. Sein Weg, auch wenn trotzdem sehr, sehr irdisch, läuft von seinen Obsessionen zu seinem Wodka. Beide können auch zusammenkommen oder lösen sich gegenseitig voneinander ab.

Beziehung zu Silan: Er duldet ihn als Krankenpfleger, um weiter Visionen haben zu dürfen, verflucht und braucht ihn als Realist, liebt und haßt ihn letztlich je nach Laune und kann ein wahrer Tyrann sein. Aber gut ... mit ihm spricht er noch, von ihm erfährt er noch, was ihm diesseits passiert, und kann sehr wohl auch zu diesem Diesseits gehören.

Gawrilo, den quält er wegen der Gitarrenklänge – vielleicht erinnern sie ihn zu stark an die wahren Klänge der Apokalypse, er weiß es selber nicht, für ihn, Kuroslepow, ist er vor allem eine Gitarre, und letztlich schmeißt er ihn auch hinaus.

Zur Matrojna: Dafür spricht einerseits die Saufszene: »Ich rede schon längst kein Wort mit ihr ...«, andererseits der Anfang des letzten Aktes, wo er die Ma. zwingt, mit ihm den herunterfallenden Himmel anzuschauen. Sie ist seine zweite Frau, jünger als er im Stück und ihm erotisch wahrscheinlich soweit überlegen, daß sie inzwischen mit seinem Verwalter schläft.

Die große Saufszene – in der Inszenierung von Luc Bondy nicht die glücklichste Szene – verläuft ganz merkwürdig: Manchmal denkt man: Mit dem Stadthauptmann, dem er letztendlich überlegen ist (Chlynow und Kuroslepow haben ihn wahrscheinlich selber ausgesucht und könnten ihn, falls er ihre Korruption nicht billigen würde, ersetzen durch einen anderen), mit diesem trinkt er, weil er halt erstens gern trinkt, dann fast süchtig ist nach den blutrünstigen Türkengeschichten – als könnten sie ihn für einen Moment von seinen eigenen Obsessionen befreien, und auch überlegt man sich: ob er an diesem schönen Sommerabend den Stadthauptmann nicht lieber von dem Raub in seinem Hof ablenken möchte, weil er diese Einmischung nicht gerade mit Wohlwollen sieht. Stell Dir vor: wie die verschiedenen Mafiafamilien polizeiliche Einmischungen auch nicht mögen und selber die Sache im Hause erledigen möchten.

Grado: »Was ist mit dem Geld?«

Kuro: »Was weg ist, ist weg ...«

Später, dann auch wischt er dem Stadthauptmann insofern eine aus, daß er ihm seinen Prozeß boykottiert und sich vorbehält, Gawrilo selber rauszuschmeißen: Diese Szene zwischen den beiden verläuft von ihm aus: schlitzohrig, doch nicht allzu sichtbar, verkatert, leicht deprimiert ... der Sommerabend ist nicht so verlaufen, wie er es für sein Gemüt gewünscht hätte.

Zu seinem Verhältnis zur Parascha mußt Du wissen, daß er in einer matriarchalischen Welt lebt, und so endet auch das Stück: Wirtschafte nur ...

Er liebt sie und kennt sie nicht! Seiner Tochter ist er näher als seiner Frau. Sie bleibt ein Fremdkörper in der Mischsprache (daher die so günstige Besetzung mit der Miriam).

Einmal brüllt er sie an: »Praskowia gehorche«, dann nie mehr ... doch, einmal im letzten Akt: »Du mußt dem Rang nach bedienen ...«

Im III. Akt beklagt er ihre Flucht, ein gebrochener Mann steht da, der aber noch die Kraft hat, den Stadthauptmann in seine Schranken zu weisen. In diesem Zusammenhang ist wichtig zu wissen: Es gibt bei diesen drei Titanen der Stadt Kalinow einen fast hedonistischen Trieb, sich gegenseitig, wenn nicht anzufetzen, so sich ihre Macht zu beweisen, gleichzeitig mit Genuß die Beleidigungen der jeweiligen Partner einzustecken, um Kraft zu schöpfen zum Gegenschlag.

Bei der Begegnung mit Chlynow sieht man sehr schön den Unterschied der zwei Stück Kosmen: Chlynow, primitiv, verschwenderisch, hedonistisch und extravagant. Kurosplepow: (im Verhältnis zu ihm jetzt) altreich, doch durch metaphysische Nachlässigkeit wahrscheinlich ruiniert, archaischer und Gegner. Aber wie zwei Mafiabosse können sie sich höflich arrangieren und im:

IV. Akt wird er von Chlynow totgesoffen. In einem Dampfbad ist er unbeweglich hinüber wie ein Pinguin. Um ihn herum viel Musik und Gesang, und plötzlich bekommt er einen Rappel, will fliehen und wird von seinen Visionen überfallen. Was da geschieht ... zeige ich Dir auf der Probe ... ich kann mir vorstellen, du hast dein Vergnügen daran.

V. Akt: Er liegt mitten im Hof. Dieser ist vom Bühnenbild jetzt seitenverkehrt: alles ist wie im I. und II. Akt, nur eben seitenverkehrt. Wir blicken auf das Stück durch die Augen von Kuroslepow. Der Himmel fällt wieder, die Frau muß daran Teil haben, während der kriminalistische Plot aufgelöst wird, erkennt er sich noch einmal: da stehe ich noch einmal ... Nur, es ist seine Braut. Für eine Weile ist er dann wieder der absolute Herrenmensch, der Ordnung schafft ... und das auch nur, bis seine Tochter erscheint, die er für eine Fatamorgana hält. Er wird von ihr entmachtet ... entthront in dieser Aufführung und steigt ganz allmählich aus diesem Stück heraus ... daher dieser Schluß.

Bis morgen, Monsieur
und noch einmal je t'embrasse de tout mon heiße Herz!

PS: Ich bemerke, daß ich den V. Akt ein wenig zu karg beschrieben habe: Der beinahe beckettartige Schluß unserer Aufführung wird sehr stark von der Figur des Kuroslepow stimuliert und bestimmt. Die Scheidung zwischen einer realen, sich wieder einrichtenden Welt (vielleicht mehr Ordnung als Utopie) und einer, die belegt ist von dem heruntergefallenen Himmel, dient einer Art Rätsel, das von Kuroslepow uns aufgegeben wird, und man dürfte glauben, daß dieses ganze wahnwitzige Stück in seinem Kopf passiert ist. Sehr real, trotzdem phantastisch und enigmatisch.

Für Dich: die allmähliche Verabschiedung des lieben Gottes von der Erde in den Himmel, dort ist er zuhause.

Luc

DAS WEITE LAND
Film

Buch von Lubor Meir Dohnal und Luc Bondy nach dem Bühnenstück von Arthur Schnitzler
Erstaufführung: 11. August 1987

Mit Michel Piccoli, Bulle Ogier, Wolfgang Hübsch, Barbara Rebeschini, Milena Vucetic, Dominique Blanc, Paul Burian, Jutta Lampe, Gabriel Barylli, Friedrich Hammel, Geoffrey Layton, Paulus Manker u. a.

Kamera	Thomas Mauch
Ausstattung	Ina Peichl

Urs Jenny:
Bondys Theaterinszenierung des *Weiten Landes*, 1984 in Paris, war behutsam und bitter genau in der Entfaltung der Gefühle, mit einer Verführungskraft, die über vier Stunden hielt.

Und jetzt der Film. Er führt das Theater-Starpaar von damals wieder zusammen, Bulle Ogier und Michel Piccoli, umgeben von einem deutsch-österreichisch-französisch gemischten Ensemble; doch er will partout kein Theaterfilm sein, sondern die Geschichte auf seine Weise erzählen, in den schnelleren, ungeduldigeren Schritten, die angeblich den Rhythmus des Kinos bestimmen.

Keine Umwege also, die doch bei jeder Entdeckungsreise das Lohnendste sind, sondern Abkürzungen; viel freie Natur, als Zeitzeichen ein paar aufpolierte Oldtimer-Autos und die kühle Sezessions-Architektur einer Villa bei Wien mit leicht verwildertem Park, insgesamt also viel Wille zum Kino – und doch bleibt Bondys *Weites Land* (mehr als sein Kino-Erstling *Die Ortliebschen Frauen* von 1980) ein Schauspieler-Film. Nur sie sind sein Glück.

MOLIERES MISANTHROPE

Fassung von Botho Strauß
Premiere: 20. November 1987
Schaubühne am Lehniner Platz im Hebbel-Theater, Berlin

Bruno Ganz *Alceste*, Werner Rehm *Philinte, sein Freund*, Renate Krößner *Célimène*, Helga Pedross *Eliante, ihre Kusine*, Udo Samel *Oronte*, Elke Petri *Arsinoé*, Stephan Bißmeier *Acaste*, Sylvester Groth *Clitandre* und Günter Fischer, Mathias Gnädinger, Bernhard Schütz, Rolf Mautz, Peter Kremer.

Bühne	Karl-Ernst Herrmann
Kostüme	Jorge Jara

Benjamin Henrichs:
Aufgeführt wird ein Spiel der leeren Herzen, ein November-Molière. Wir begegnen reizlosen Männern, lustlosen Frauen (und umgekehrt) – kein leises Flehn, kein süßes Kosen, kein Spiel von Liebe und Zufall. Aber auch kein nachtschwarz verzweifeltes, böse strahlendes Drama. Ein Abend, ein Abschied in der Dämmerung: auf die Theaterkonventionen ist ein Schatten gefallen, auf Harmlosigkeit hat sich Schwermut gesenkt. Ein Gipfeltreffen des Theaters (Molière und Strauß, Bruno Ganz und Luc Bondy), doch nicht viel mehr kommt dabei heraus als ein welkes Geraschel.

Peter Iden:
Die Inszenierung Bondys läuft vor uns ab wie ein hochkomplizierter Mechanismus. Wer einen Sinn hat für die Interdependenzen, die auffälligen und die unauffälligen, der Vorgänge und der Stimmungen auf einer Theaterbühne, findet hier viel, an den Einzelheiten und an dem Ganzen. Der Bühnenraum von Karl-Ernst Herrmann, ein dunkelbraun eingefaßtes Halbrund, mit einer umlaufenden Galerie in der Höhe, setzt die Innenarchitektur des Hebbel-Theaters an der Stresemannstraße fort, wo die »Schaubühne« für diese Aufführung gastiert: Zeichen für eine feine Bezüglichkeit, eine wie selbstverständliche Hereinnahme des Publikums in das Spiel. Hoch über dem schattenreich ausgeleuchteten Halbdunkel des Spielorts, der mehr ein Ort der unerfüllten Erwartung als einer des Aufenthalts ist, gibt es ein gläsernes Dach, darauf Herbstblätter, von Zeit zu Zeit aufgewirbelt vom Wind. Ein paarmal, nur für Augenblicke, spielt Bruno Ganz das Publikum in vorsichtig-bedachter Direktheit an, wie der Raum es nahelegt: Auch wir so eine herbstliche Gesellschaft wie jene Molières, zerfallend, ohne Orientierung und ohne Wahrheit? Jedenfalls hinterläßt der Abend die seltsam-verwirrende Benommenheit durch einen leisen Schmerz.

Luc Bondy, Paris 1985

MENSCHENFEIND UND WINTERMÄRCHEN
Probenarbeit in Paris und Berlin, beobachtet von Frank Busch

»Warum reden wir über Deutschland? Ich will jetzt nicht über Deutschland reden!« Wie zur Verdeutlichung läßt Luc Bondy mit lautem Geklapper sein Besteck fallen, schiebt den Teller von sich fort und gibt mir zu verstehen, daß er nun wirklich genug habe. »Je veux bien un café«, ruft er der vorbeieilenden Bedienung zu, steckt sich eine Zigarette in den Mund und fragt den Schweizer Regieassistenten am Nebentisch »Reto, häsch du Füür?«

Wir sitzen in der Cafeteria des »Théâtre des Amandiers« im Pariser Vorort Nanterre. Seit einem Monat probt Luc Bondy dort *Le conte d'hiver*, Shakespeares *Wintermärchen* in einer Neuübersetzung von Bernard-Marie Koltès. Darüber sollten wir uns unterhalten, findet er, nicht über seine Arbeit an der Berliner Schaubühne, wo er zuvor Molières *Menschenfeind* inszeniert hat. »Ich habe überhaupt keine Lust, über Deutschland zu reden, mich ödet Deutschland an«, bekräftigt Bondy noch einmal und fügt, während er in den Essensresten herumstochert, hinzu: »Ich bin nicht verbittert, aber ich fühle mich in diesem Land immer wie ein Schüler. Dieses Land ist ein ewiges Abitur. Deutschland eine ewige Matura.«

Natürlich sind die Kritiker daran schuld. Die deutschen Kritiker haben aus dem Theater eine Art höhere Lehranstalt der Literatur gemacht, findet Bondy: »Die meisten sind doch froh, wenn sie die Interpretation gleich von der Szene weg aufs Papier abschreiben können!« sagt er. Mit seiner Berliner Inszenierung, so scheint es dem Regisseur nun mit dem Abstand von zwei Monaten und tausend Kilometern, ist er diesem Bestreben viel zu sehr entgegengekommen. Meine Bewunderung für die geradezu soziologischen Erklärungen, mit denen Bondy während der Proben für jede Szene eine Verbindung von der höfischen Gesellschaft Molières zur heutigen herstellte, zeigt für ihn offenbar nur, wie sehr ich dem Denken der deutschen Kritik verfallen bin. Daß sich der Zuschauer in seinem *Menschenfeind* wiedererkennen konnte, hält Bondy für keine große Kunstleistung: »Erkennen heißt noch lange nicht berührt sein«, hält er mir entgegen. Trotzdem: Was hatte er in Berlin nicht alles für dieses Wiedererkennen getan.

»Sag mal, Schätzchen, was ist mit dir los, du kaufst nicht mehr bei Kenzo?« Kein Zuschauer hat diesen Satz zu hören bekommen, und doch gehörte er unverzichtbar zu Luc Bondys *Menschenfeind-*

Inszenierung. Er charakterisiert Arsinoé: Eine Frau von Welt, die weiß, wo es langgeht, sich nach der letzten Mode kleidet und spielend zwei Empfänge an einem Tag bewältigt. Doch Arsinoé lebt nicht im Paris der Yuppies, sondern in der Hauptstadt des Sonnenkönigs. Sie ist eine Figur Molières, sie redet über die höfische Gesellschaft Ludwigs des XIV. – in einer Sprache allerdings, die ihr Botho Strauß verliehen hat. Auch in dessen Neuübersetzung des *Misanthrope* gibt es jedoch kein Wort über den japanischen Couturier Kenzo: Das ist ein Einfall des Regisseurs, um bei den Proben den Charakter der Figur zu erklären.

»Ja, ich habe mich vertieft in Ihre Sorgen«, sagt Arsinoé. Während die Schauspielerin Elke Petri noch verschiedene Betonungen probiert, steht Luc Bondy schon auf der Bühne, drängt sie beiseite und schlüpft in ihre Rolle. Indem er sich rückwärts gegen das Piano lehnt, biegt er sein Becken vor und beginnt in einem ebenso verführerischen wie vorwurfsvollen Tonfall: »Sag mal, Schätzchen…« Kaum hat er mit Stellung und Stimme einen Eindruck von der einflußreichen Frau gegeben, die endlich ihre Chance bei dem längst umschwärmten Mann wittert, dreht er sich wieder um und fragt die Schauspielerin, ob sie sich den Typ Frau so vorstellen könne.

Die Antwort wartet er gar nicht erst ab. Schon sprudeln weitere Erklärungen aus ihm hervor. Jetzt bezieht er auch den Schauspieler Bruno Ganz mit ein, der gegenüber am Klavier steht: »Sie gibt dir einen Rat. Scheinbar ganz selbstlos, doch Arsinoé will natürlich etwas dafür. Es gibt ja nichts für nichts. Sie tut, als wäre es umsonst, aber sie will dich, Alceste.« Arsinoé begehrt Alceste, sie ist bereit, ihre gesellschaftliche Macht, ihre Stellung für ihn ins Spiel zu bringen, doch Alceste läßt sich durch dieses Angebot nicht ködern. Er will sich gar nicht erst in die aufreibenden Gesellschaftsspiele des Hofs und seiner Kreise verstricken – und er liebt eine andere: Célimène.

Der Menschenfeind ist ein Stück wie geschaffen zur Bestätigung von Luc Bondys Glaubenssatz: »Eros ist für mich der Motor der Kommunikation.« Begehren hält das Stück in Bewegung: Arsinoé wie Alceste, Eliante wie Philinte, Oronte, Clitandre, Acaste – all diese Figuren der Molièreschen Welt des Botho Strauß lieben, wo sie zurückgewiesen werden. »In einem Punkt versagt die Philosophie Alcestes«, erläutert Luc Bondy die Sichtweise der Hauptfigur: »In der Welt der Liebe gibt es nur Unmöglichkeiten.«

Diese Erfahrung macht Alceste, der Menschenfeind, der alle und alles zu durchschauen glaubt, erst im Laufe des Stücks. So gnadenlos und unerbittlich sein Urteil über die Gesellschaft ist, vor seinem Gefühl für Célimène verstummt es. Blind dafür, daß seine Liebe zu der schönen, jungen Witwe ein einziges großes Mißverständnis ist, glaubt er an eine Kette alltäglicher Mißverständnisse, die sich durch eine Aussprache aufklären könnten. In der Hoffnung auf eine solche Aussprache, kehrt er trotz aller Gesellschaftsverachtung immer wieder zurück in den mondänen Salon Célimènes – in einen Dschungel der Gefühle, wie das Bühnenbildmodell von Karl-Ernst Herrmann durch ein üppiges Gestrüpp von Pflanzen andeutet.

Doch kurz vor der Premiere, als das Bühnenbild endgültig im Kreuzberger Hebbel-Theater installiert wird, fällt der symbolschwere Urwald durch einen Handstreich des Regisseurs. Célimènes Salon, der spiegelbildlich das holzverkleidete Oval des Zuschauerraums wiederholt, wird zum reinen Spiegel. Er zeigt das Hebbel-Theater mit seinen Gründerzeitformen, er zeigt eine Gesellschaft, die ebenso höfisch wie heutig ist, zeigt etwas von der Welt Molières wie von der der Zuschauer, die der Schaubühne vom sachlich-nüchternen Mendelssohn-Bau am Kurfürstendamm in das Kreuzberger Schmuckkästchen gefolgt sind; vor allem aber zeigt dieser Spiegel etwas von Luc Bondy.

Während der Proben zum *Menschenfeind* scheint es, als spiele er alle Rollen für sich mit, als wären die Schauspieler und Schauspielerinnen in einem Spiegelkabinett aus Selbstbildern. Oft folgt er den Schauspielern auf der Bühne mit einem unmerklichen Schlingern seines Oberkörpers, während er sie von seinem Regisseursplatz aus verfolgt.

»Lassen wir den Hof und schließen dies Kapitel«, sagt Arsinoé in der Szene am Piano, als sie merkt, daß sie Alceste auf diesem Weg nicht näherkommt. Natürlich kennt sie den Punkt, an dem Alceste zu treffen ist. Also wechselt sie das Thema, kommt auf Célimène zu sprechen: »Beklagenswert in jedem Fall ist doch Ihr Schicksal in der Liebe.« Alceste hat sich inzwischen von ihr entfernt, den Salon durchquert und gegenüber auf einer Chaiselongue Platz genommen. Während Arsinoé einen vergifteten Zugang zu seinem Herzen findet, indem sie seine Eifersucht schürt, soll die Schauspielerin versuchen, ihm auch räumlich wieder näherzukommen, verlangt der Regisseur und schlägt vor, dafür mehrere, immer wieder unterbrochene Anläufe zu nehmen. Doch wenn Arsinoé sich dann endlich neben Alceste auf die Chaiselongue setzt, treibt sie ihn durch die

Ungeheuerlichkeit ihrer Anschuldigungen gleich wieder hoch. Freilich hat sie Beweise gegen Célimène: »Begleiten Sie mich rasch nach Haus. Ich zeige Ihnen dort, was unbezweifelbar für ihre zweifelhaften Absichten spricht«, erklärt sie, während sie sich erhebt. Der darauffolgende Satz geht dann im Aufbruch unter.

Schon ist Luc Bondy auf der Bühne und macht aus der scheinbaren Nebensächlichkeit eine Ungeheuerlichkeit: Er drängt sich anstelle Elke Petris in die Rolle der Arsinoé, nimmt die Hand von Bruno Ganz, doch nicht um mit ihm, dem Alceste, aufzubrechen, sondern um sich ganz langsam in die Chaiselongue sinken zu lassen, die Röcke auszubreiten, die plötzlich, allein vermittels der Vorstellungskraft, seine behosten Beine bedecken, und mit herausfordernd schüchternem Blick und verheißungsvoller Stimme zu gurren: »Und sollten Sie darauf wieder Augen haben für ein anderes Wesen, so könnte es plötzlich vor Ihnen stehen … «

Auch dieser Vorstoß Arsinoés allerdings blieb den Zuschauern der Aufführung verborgen: Bondys Freude daran, die Schauspielerinnen und Schauspieler als Spiegelbilder seiner Körperphantasien zu sehen, macht ihn nicht blind für die Bühnenwirkung. Der lange seidige Rock von Arsinoés Kostüm läßt die frivole Beinbewegung des Regisseurs in seinen Blue Jeans zu einer plumpen Geste werden, sobald die Schauspielerin sein Vor-Bild nachahmt.

Also doch Aufbruch, aber dann, wenn Alceste Arsinoé bis an die Treppe gefolgt ist, die von der Rampe in den Orchestergraben führt, bleibt sie stehen und säuselt ihre verräterische Verheißung. Dazu legt sie ganz sacht ihren Kopf gegen seine Schulter. Unbeschreiblich weiblich wirkt diese Haltung, wenn Elke Petri die fast lachsfarbene Perücke mit aufgetürmten Locken und seitlich herabfallendem Haar trägt. Trotzdem geht auch dieses Bild auf ein Vor-Bild Luc Bondys zurück, auf dessen Kopf die durch vieles nervöses Kringeldrehen zerrütteten spärlichen Locken ganz anders arrangiert sind als bei der vom Kostümbildner Jorge Jara aufgetakelten Arsinoé.

Das Spiegelbild, das der Regisseur auf der Bühne entfaltet, dient eben nicht nur der Befriedigung seiner Eitelkeit oder der Vervielfältigung privater Selbstbilder, sondern es bildet gesellschaftliche Mechanismen und seelische Zwänge ab, die überall die scheinbar zufälligen Bewegungen des Körpers prägen. »Im Leben bin ich oft unsensibel«, erklärt Bondy, »Situationen, bei denen ich eigentlich einschreiten sollte, entgehen mir, erst wenn ich abends im Bett liege, fällt mir plötzlich auf, daß jemand, mit dem ich mich unterhalten

Bruno Ganz und Luc Bondy, 1986

habe, die ganze Zeit damit beschäftigt war, etwas ganz anderes loszu-
werden als das, worüber wir gesprochen haben. Ich sehe dann den
Gesichtsausdruck vor mir, der mir in dem Moment, als ich es erlebt
habe, entgangen ist. Auf der Bühne lasse ich solche Situationen und
das, was dabei rauskommt, wenn man sie im nachhinein durchspielt,
zusammenfallen. Ein harmloses Gespräch wird, wenn man genau
hinhört, ungeheuerlich. Auf der Szene muß das sichtbar und spürbar sein.«

Wenn Luc Bondy sich in die Position eines Schauspielers oder
einer Schauspielerin stürzt, wenn er wie ein Ringrichter zwischen
zwei Figuren hin- und hertänzelt, geht es ihm um die Körperhaltun-
gen, die etwas zum Ausdruck bringen, das in den gesprochenen Worten verborgen bleibt. Körperstellungen, so wie er sie arrangiert,
drücken immer auch gesellschaftliche Stellungen aus. Das gilt nicht
nur dann, wenn Erotik im Spiel ist wie zwischen Alceste und Arsinoé, auch Oronte und Alceste kämpfen im Dickicht der höfischen
Hierarchien einen Kampf um Nähe und Distanz.

Oronte, der eitle Höfling, und Alceste, der den Hof, wann immer
es geht, zu meiden sucht, stoßen gleich in der zweiten Szene, im
Salon Célimènes, zusammen. Oronte platzt in einen Streit zwischen
Alceste und seinem Freund Philinte und bietet Alceste unvermittelt
seine Freundschaft an. Alceste weicht zurück vor dieser Aufdring-
lichkeit. Aus dem Fluchtimpuls gerät der Schauspieler Bruno Ganz
bei einer der Proben vorn auf die enge Treppe zum Orchestergraben.
Das begeistert Luc Bondy, denn nun kann er Udo Samel, der den
Oronte spielt, anstacheln, um Nähe zu kämpfen: »Gleich ist er da
unten verschwunden. Laß ihn nicht entwischen!« feuert er ihn von
seinem Regisseursessel aus an. Schon ist Oronte auch auf der Treppe,
überholt Alceste und schneidet ihm den Weg ab, indem er zu den
Worten »Sie verzeihen, ich sprach Sie an« seine Arme ausbreitet und
auf die Geländer zu beiden Seiten sinken läßt.

»Mich?« fragt Alceste, und Oronte antwortet noch immer dicht
neben ihm: »Sie. Hab ich was falsch gemacht? Unangenehm?« Auf
der schmalen Stiege gewinnen diese Worte trotz des devoten, freund-
schaftsheischenden Tons, den Udo Samel virtuos da hineinlegt,
etwas geradezu körperlich Bedrängendes. Alceste ist erleichtert, als es
ihm endlich gelingt, vor dieser bedrohlichen Nähe in den Salon
zurückzuweichen. In einem ersten Impuls will ihm Oronte hinter-
herjagen, doch Luc Bondy unterbricht den Anlauf Udo Samels mit
der Frage: »Warum läufst du ihm so schnell nach? Du hast doch jetzt

eine großartige Position!« Oronte nämlich hat erreicht, was er will: Er hat Alceste ins Gespräch verwickelt. Gelassen, so schlägt Bondy vor, kann er sich jetzt ans Geländer lehnen, seinen Erfolg auskosten.

Immer wieder findet Luc Bondy Erklärungen und verblüffende Lösungen für zwiespältige Situationen, für Situationen voller gemischter Gefühle. Nahezu unerschöpflich scheint seine Fähigkeit, das Hin- und Hergerissensein zwischen Distanz und Nähe zu kommentieren oder die Dialoge, in denen sich das ausdrückt, mit einem zusätzlichen Text zu unterlegen.

Bei der nächsten Probe allerdings wird das ganze Arrangement samt Untertext und Treppenwitz wieder verworfen. Diese Bereitschaft Luc Bondys, auch fertige Szenen wieder umzubauen, ausgeklügelte Einfälle zu verwerfen, hat einen Zug ins Genialische: Niemals klammert er sich an die bereits gefundenen Lösungen, immer ist er bereit, auch die Arbeit von mehreren Probentagen mit einem Handstreich gleichsam wegzuschmeißen. Tatsächlich wird das, was da in vielfach geprobten Szenen während der ersten Probentage entsteht, immer richtiger – jedenfalls kommt es mir als Beobachter so vor. Das Gefühl des Regisseurs dafür, was richtig, was falsch ist, scheint mir untrüglich. Je näher jedoch der Premierentermin rückt, desto mehr verstehe ich den Schauspieler, der von seinen Schwierigkeiten mit Bondys intuitiver Methode erzählt: »Dieser Regisseur verlangt ständig neue Nervenkitzel. Auch ganz beachtliche Lösungen werden dem Reiz des Neuen geopfert. Es entsteht kein Gerüst von fertigen Arrangements, auf das der Schauspieler aufbauen könnte.«

Die Vorstellung von einem kargen Gerüst, das nach und nach zu einer fertigen Inszenierung umkleidet wird, ist bei diesem Regisseur sicher falsch. Die Szene zwischen Arsinoé und Alceste wird schließlich nicht nur ohne Verführungsgerangel auf der Chaiselongue gespielt, sondern ganz ohne Chaiselongue. Was bleibt, sind die Momente der Annäherung und der Entfernung, auch wenn die Schauspieler ihr Hin- und Hergerissensein nicht mehr durch Hinsetzen und Aufstehen ausdrücken. Vielleicht entsteht auf diese Weise jedoch eine ganz andere Art von Gerüst: keine tragende Konstruktion, an der die Dekorationen hängen, sondern ein wackliges Provisorium, das abgebaut wird, sobald es seine Dienste getan hat.

Solange geprobt wird, weiß allerdings niemand so recht, was da am Ende zum Vorschein kommen soll – außer dem Regisseur und vielleicht noch Botho Strauß. Mit seiner Übersetzung hat Strauß Molières Drama so bearbeitet, als wär's ein Stück von ihm. Zwar sind Charaktere und Handlungslinien der bitteren Komödie erhalten geblieben, doch der Bau der Szenen, die als Situationen aus dem Dunkel aufgeblendet werden oder fließend ineinander übergehen, erinnert an die *Trilogie des Wiedersehens*.

Ähnlich wie in diesem Stück Botho Strauß' geht es in Molières *Misanthrope* um die Konfrontation einer anpassungsbereiten Gesellschaft mit dem unbedingten Anspruch eines einzelnen. Botho Strauß hat diese Konfrontation mit seiner Version des *Menschenfeinds* noch zugespitzt: Auch die Streitigkeiten der Liebenden werden in der Öffentlichkeit ausgetragen, entlarven alle Philosophie als Wortkunst, die Blößen des Begehrens zu bedecken. Alceste enthüllt sich dieser Selbstbetrug am Ende, folglich ist er es, der – anders als bei Molière – die Gesellschaft verläßt. Eine Gesellschaft, die gern in ihren Selbsttäuschungen verharrt, die jedoch durch Alcestes Ausbruch aufgestört wird. Während der Menschenfeind nach der letzten Szene ins gleißend weiße Licht tritt, bleiben alle anderen ziellos umherirrend im Dunkel des Salons zurück.

In diesem Schluß verrät sich fast unmerklich der Einfluß französischer Geistesgeschichte auf Luc Bondy: Das Licht der Aufklärung, »les lumières«, erinnert an die Erfahrungen Jean-Jacques Rousseaus, der desto mehr von der aristokratischen Gesellschaft hofiert wurde, je weiter er sich in sein Einsiedlerleben vergrub. Der literarische Horizont, auf den sich diese Anspielungen beziehen, deutet auf die Zeit zurück, die Bondy in einem französichen Internat verbracht hat. Acht Jahre war er in jener geschlossenen Welt, wo alles, was außerhalb der Schulmauern lag, als »l'extérieur« bezeichnet wurde. Noch heute sagt er: »Der Mikrokosmos des Internats ist meine Inspirationsquelle.«

Erklärt das die Psycho-Logik seines Spiegelkabinetts, nach der er den Schauspielerinnen viel häufiger etwas vorspielt als den Schauspielern? Oder liegt es daran, daß er mit dem Hauptdarsteller, Bruno Ganz, schon früher zusammengearbeitet hat, die Hauptdarstellerin aber nur aus einem Film kennt? Renate Krößner, die Célimène, arbeitet zum ersten Mal unter Bondys Regie; bis 1985 hat sie in der DDR Theater gespielt, bei uns wurde sie vor allem durch Konrad Wolfs Film *Solo Sunny* bekannt.

Renate Krößner ist – zumal im Westen – immer wieder mit der Rolle der Schlagersängerin Solo Sunny identifiziert worden, die ihr 1979 bei der Berlinale den »Silbernen Bären« einbrachte. Und bei vielen Proben scheint es tatsächlich, als wäre diese Rolle zu ihrer zweiten Identität geworden: Auch das glücksverwöhnte, kokette Wesen des höfischen Hätschelkindes Célimène behauptet sie mit dem kämpferischen Selbstbewußtsein, mit dem die Fabrikarbeiterin Ingrid Sommer sich im Film gegen (DDR-)Spießigkeit und Mittelmaß durchboxt, um ihren Weg als Solo Sunny zu machen. Doch was sie da an unbürgerlicher und wohl auch unsozialistischer Schnoddrigkeit zeigt, paßt wenig zu der Luxuswelt in Célimènes feudalem Salon. Ein Gesellschaftskuß, den sie mit der Rivalin Arsinoé tauschen soll, gerät ihr bei der ersten Probe zum herzlichen Bruderkuß. »Das habt ihr bei der FDJ wohl nicht gelernt?« fragt Bondy, während er bereits auf die Bühne springt, um selbst vorzuspielen, wie er sich diesen zeremoniösen Zärtlichkeitsaustausch vorstellt. »Die Höflichkeit ist auf 180«, erläutert er die Szene, »weil die Bosheit darunter auch auf 180 ist.«

Es geschehe rein instinktiv, daß er auf die Bühne und in die Rollen der Schauspieler springe, erklärt mir Luc Bondy beim Interview in Paris. Warum er immer wieder in die Rolle Célimènes gesprungen sei? »Um der Figur Anmut zu geben«, sagt Bondy schließlich. Weiß er, wieviel Charme er hat? »Charme ist nichts, was man unschuldigerweise besitzt«, erklärt er, »Charme ist etwas, das man einsetzt. Man merkt die Wirkung des Charmes. Das ist wie bei einem Spiegelbild.«

Unser erstes Gespräch über die Proben in Nanterre findet in Paris am ersten Tag des neuen Jahres statt, nachdem ich im Théâtre des Amandiers zwischen Weihnachten und Silvester einen Eindruck von den Proben am *Wintermärchen* bekommen hatte. Es ist ein regnerischer Neujahrstag, ein Tag, an dem die guten Vorsätze, die unumstößlichen Entschlüsse, die am Abend zuvor gefaßt worden sind, noch kürzer vorhalten als sonst. Während wir von Streit und von Trennung reden, klopfen Bondys Hände die Jackentaschen mechanisch nach der Zigarettenschachtel ab. Das Rauchen wollte er sich abgewöhnen, doch jetzt ist er nervös. Er habe noch nichts gegessen, nur geredet, hatte er kurz erklärt, als wir uns in seinem Pariser Hotel trafen, und schon waren wir unterwegs zu einem verspäteten Frühstück auf dem nahegelegenen Montparnasse.

Da sitzen wir nun etwas verloren zwischen Touristen, die ihren Nachmittagstee nehmen. Plötzlich bekommen Bondys fahrige Bewegungen eine Richtung, bündelt sich seine zerstreute Energie auf einen Punkt: »Iß mit uns, nimm doch ein paar Austern«, sagt er über meinen Kopf hinweg auf Französisch. Hinter mir steht das schöne Objekt der dunklen Entschlüsse, von denen gerade zuvor die Rede war. Auf ein paar Austern will sie sich zu uns setzen, »aber sie dürfen nicht zu fett sein«, bittet sie und mustert die Auswahl mit kritischem Blick und zusammengekniffenen Augen. Die Brille, ach je, die Brille habe sie vergessen, deshalb ist sie gekommen, und durch diesen glücklichen Zufall beginnt das neue Jahr nun ganz anders, als es gerade noch schien. »Bei mir, das ist auch bei dir«, sagt Bulle Ogier, als wir aufbrechen, um das Gespräch nun doch in der Pariser Wohnung der Schauspielerin zu führen.

»Untreue«, antwortet Luc Bondy als erstes auf meine Frage, welche Eigenschaften er nicht gern an sich mag. Und damit sind wir auch schon beim *Wintermärchen*, denn das Drama beginnt eigentlich mit dem Verdacht der Untreue. Wie ein Blitz aus heiterem Himmel fährt er in die Harmonie zwischen den Gastgebern, dem sizilianischen Königspaar Leontes und Hermione, und dem Gast aus Böhmen, Leontes' Jugendfreund Polixenes. »Ein Mann bittet seine Frau, seinen Freund zum Bleiben zu überreden, doch als sie tut, was er von ihr verlangt, entfesselt sie seine unbändige Eifersucht«, während Bondy den Beginn des Stückes nacherzählt, kommt er in Schwung: »Das ist nicht einfach eine Liebeseifersucht, das ist ein gigantischer Eifersuchtswahn. Ein Wahn, der auch politische Dimensionen annimmt, denn Hermione erlebt ja sozusagen einen Stalinprozeß.«

Sind es seine eigenen Erfahrungen mit der Eifersucht, die er in Shakespeares Stück wiederfindet? »Das weiß ich nicht«, weicht Bondy der Frage aus, doch dann setzt er nach kurzem Zögern hinzu: »Mein Unbewußtes weiß wahrscheinlich mehr darüber. Jedenfalls ist es ein Stück, das mich sehr inspiriert. Ich habe viele Eifersuchtsträume, seitdem ich daran arbeite. Neulich kam darin jemand in einem gelben Bademantel vor. Gelb ist ja die Farbe der Eifersucht, auch bei Shakespeare.«

Auf der Bühne erscheint Michel Piccoli in der Rolle des Leontes ganz in Gelb, doch das sehe ich erst zwei Monate später bei der Premiere, vorerst trägt auch der König nur ein einfaches Probenkostüm, und ich bin damit beschäftigt, Vergleiche zwischen dem Molièreschen und dem Shakespeareschen Eifersuchtsdrama, zwischen Bondys Berliner und seiner Pariser Inszenierung zu ziehen. Während Alceste, der Menschenfeind, durch die Eifersucht scharfsichtig wird für die Schwächen der ihn umgebenden Luxuswelt, nimmt der eifersüchtige Leontes von der Welt nichts wahr als Zeichen, die seinen

Michel Piccoli in *Conte d'hiver*

Verdacht bestätigen. Was aber bedeutet uns schon der Wahn eines Königs?

»Unsere Eifersuchtsträume«, erklärt Bondy, »haben dieselben Dimensionen wie die des Königs. Nur können wir sie nicht so schön beschreiben wie Shakespeare.« Er findet nicht, daß die Gesellschaftskritik Molières unserer Gegenwart näher ist als Shakespeares visionäre Welt: »Gegenwartsbezug – das klingt für mich viel zu abstrakt. Ich denke gar nicht in gestern und heute«, sagt Bondy und spricht sich einmal mehr gegen das in Deutschland so verbreitete soziozentrische Denken aus: »Letztlich habe ich mit Molière große Mühe. Die Charakterstrukturen in seinen Stücken sind so festgelegt, daß ich immer das Gefühl habe, er ist ein klaustrophobischer Autor. Shakespeare ist im Vergleich dazu ein landschaftlicher Autor.«

Liegt es an meinem deutschen Denken oder ganz einfach an meinem unvollkommenem Französisch, daß ich mir nach den ersten Probentagen von der Inszenierung, die da entsteht, kaum ein Bild machen kann? In Berlin war das alles einfacher: Immer wieder liefen die Erklärungen des Regisseurs darauf hinaus, die Doppelbödigkeit (ein-)geschliffener Umgangsformen deutlich zu machen.

»Weißt du, warum es bei Shakespeare keine Doppelbödigkeit gibt?« wiederholt Bondy voll Hohn meine Frage, als ich am nächsten Tag während der Fahrt zur Probe auf das Thema zurückkomme. »Weil es da Millionen von Böden gibt. Shakespeare ist so tief und vielschichtig, daß es nicht zu einfachen Widersprüchen kommt.« Seine Begeisterung für den dramatischen Dichter hindert den Regisseur nicht daran, dem Taxifahrer genaue Anweisungen zu geben. Nanterre, ein Universitätsvorort im Nordwesten von Paris, ist für die Fahrer der Innenstadt schon ein ziemlich exotisches Ziel, und so unterbricht sich Luc Bondy immer wieder in seinen dramentheoretischen Exkursen, um den Chauffeur zielsicher durch das Gewirr von Schnellstraßenverteilern in La Défense zu dirigieren.

Sobald wir La Défense, diese Schnittstelle zwischen Paris und dem Umland, einmal hinter uns haben, ist das Théâtre des Amandiers ebenso unübersehbar ausgeschildert wie das Schwimmbad von Nanterre. Die beiden städtischen Einrichtungen liegen sich gegenüber, und von außen ähneln sie sich in gewisser Weise. Die Architektur verrät nichts davon, daß dieses Theater mehr ist als eine Bereicherung des vorstädtischen Freizeitangebots. Dem Intendanten Patrice Chéreau ist es gelungen, sein Haus international bekannt zu machen und, was wahrscheinlich viel schwieriger ist, die Pariser nach Nanterre hinauszulocken.

Nicht nur die Zuschauer, sondern auch die Schauspieler kommen aus der Hauptstadt hier heraus – wie Michel Piccoli und Bulle Ogier. Noch gibt es kaum Dekorationen auf der Probebühne, die Kostüme sind nur angedeutet, Bulle Ogier markiert den Leibesumfang der schwangeren Königin Hermione mit einem Tuch, das sie um die Taille geschlungen hat.

Ihr Zustand erschöpft die Königin, sie hat sich hingesetzt, um sich von ihrem Sohn eine Geschichte erzählen zu lassen. Da platzt Leontes herein, verlangt, daß man das Kind von ihr entferne, weil sie eine Ehebrecherin sei. Die auf diesen Vorwurf gänzlich unvorbereitete Königin glaubt zunächst an einen Scherz, doch als Leontes nicht von seinen Anschuldigungen abläßt, sagt sie: »Nur ein Hund kann so reden, und selbst der hündischste Hund würde dadurch noch hündischer.« Indem Bulle Ogier diese Worte fast ohne Vorwurf ausspricht, ihre erschöpfte Haltung kaum verändert, macht sie all die Ungeheuerlichkeit der Anschuldigung deutlicher als mit jeder Reaktion, die Zorn, Furcht oder auch nur irgendeine Gemütsbewegung verriete.

»Ein Thema des Stücks ist die Fassungslosigkeit«, erklärt Luc Bondy. »Erstaunen und Fassungslosigkeit machen es unmöglich, sich zu wehren, denn man spürt, daß der Vorwurf, der einen da trifft, das Maß jeder Verteidigung überschreitet.« Fassungslos ist allerdings auch Leontes, wenn der Eifersuchtswahn über ihn kommt. Der Handschlag, mit dem Hermione und Polixenes die Abmachung besiegeln, daß der Gast aus Böhmen noch eine Woche länger in Sizilien bleibt, trifft Leontes mit unerwarteter Wucht. Er zuckt zusammen, als handelte es sich um einen Schlag ins Gesicht, und stammelt: »Trop chaud. Trop chaud.« Zu heißblütig beteuern die beiden ihre Freundschaft. Für den König beginnt damit die Verwandlung der Welt zu Zeichen, die seinen Verdacht bestätigen. Für den Schauspieler Michel Piccoli aber beginnt die Wandlung vom fürsorglichen Familienvater zum Tyrannen der Leidenschaft.

Die Kunst Piccolis zeigt sich dabei gerade darin, daß ihm keine Geste zu groß, keine Erregung zu lächerlich ist. Oft findet er zu einer verblüffend einfachen Darstellung seiner leidenschaftlichen Gefühlsbewegungen. So birgt er den kranken Sohn in seinen Armen, voller Rührung darüber, wie tief das Kind von der Schuld der Mutter getroffen ist. Der Gedanke an die vermeintliche Ehebrecherin allerdings bringt ihn so in Rage, daß er im nächsten Augenblick – von seiner Erregung getrieben – den Knaben rücksichtslos durch den Raum schleift. Luc Bondy ist begeistert von diesem Ausbruch, doch als die Szene das nächste Mal geprobt wird, bleibt das Kind auf dem Krankenlager, die großen Bewegungen Piccolis haben sich in kleine, nicht minder eindrucksvolle Gesten verwandelt.

Das ist wie in Berlin: Am Anfang ermutigt Bondy die Schauspieler, innere Regungen ziemlich direkt in raumgreifende Bewegungen umzusetzen, die er dann bei der gemeinsamen Arbeit an den Szenen immer mehr auf das Wesentliche beschränkt. Verschieden sind allerdings die Wege, auf denen der Regisseur zu diesem Ergebnis gelangt. Während er in Berlin immer wieder Erklärungen über die gesellschaftlichen Hintergründe von Situationen und (Körper-)Haltungen gegeben hat, begnügt er sich in Nanterre oft mit ein paar Stichworten. Nach diesem Unterschied hatte ich bei meinem zweiten Besuch in Nanterre während unseres Gespräches in der Cafeteria des Théâtre des Amandiers gefragt. »Es ist eine andere Art, miteinander zu reden«, fand auch Luc Bondy. »Das Vertrauen zueinander ist hier größer, ich muß nicht immer rational bestätigen, was ich sage. Diese rationalen Erklärungen können alles Leben in einer Inszenierung töten.«

Freilich wolle er das nicht verallgemeinern zu einem Unterschied zwischen Deutschland und Frankreich. Allenfalls ließe sich feststellen, daß die französischen Schauspieler hungriger als die deutschen seien, weil sie nicht fest angestellt werden: »Die wissen, daß sie diese Produktion machen und dann vielleicht noch eine, doch darüber hinaus reichen die Engagements meistens nicht. Sie müssen gut sein, um weiter angestellt zu werden, also stecken sie alle Energie in ihre Rolle. An den deutschen Theatern hingegen fragen sich die Schauspieler noch während der Proben, ob sie aussteigen sollen oder nicht. Sie überlegen ständig, ob sie die Rolle überhaupt spielen sollen. Einige tun dabei so, als wäre Theater etwas Niedriges, und sie müßten gewissenhaft prüfen, ob sie da noch mitmachen wollen.«

Natürlich mochte er keine Namen nennen, und überhaupt paßte ihm die ganze Richtung nicht, die unser Gespräch da genommen hatte. So kam es dazu, daß er kurzerhand erklärte, er habe keine Lust über Deutschland zu reden, sich noch einen Kaffee bestellte und auf die Probe verschwand.

Immerhin hatte er mir vorher versprochen, daß aus den Fragmenten, die ich da auf der Probebühne gesehen hatte, eine Reise in die Welt der Verwunderung und des Wunderns werden sollte. Für mich ist das allerdings erst am Ziel dieser Reise zu erkennen. So wie ein Traum in der Nacht verworren scheint und erst bei Tage klar sich offenbart, wenn wir die Einzelheiten noch einmal vor uns ausbreiten, so ist die Inszenierung nur als Ganzes zu verstehen. Zusammengesetzt aus Wiederholungen, Variationen und Leitmotiven, ist sie ein Schichtwerk über den Sinn und das Sein der Eifersucht. Sie zeigt, wie Eifersucht und Liebe immerzu präsent sind, jederzeit entdeckt, ja erweckt werden können. Es verändert sich nichts dadurch, nur dem von der Eifersucht Befallenen erscheint die Welt in einem anderen Licht.

Und das ist bei dieser Inszenierung wörtlich zu nehmen. Was im immer gleichen Arbeitslicht der Probebühne kaum wahrzunehmen war, offenbart sich im vollen Scheinwerferglanz der Premiere: Verändert sich die Interpretation der Welt, verändert sich auch die Beleuchtung. Eine verblüffend einfache Umsetzung von Shakespeares elisabethanischem Weltbild, in dem Mikro- und Makrokosmos, Innen- und Außenwelt aufs engste verbunden sind. Das »Trop chaud. Trop chaud«, mit dem der Eifersuchtswahn des Königs einsetzt, erscheint so in einem ganz anderen Licht. Michel Piccoli tritt, während er sich selbst an seinen Worten und an seiner Interpretation der freundschaftlichen Gesten zwischen Polixenes und Hermione erhitzt, in ein kälteres Licht und steigert sich da in seinen Eifersuchtswahn.

Dem traumgleichen Szenenablauf stehen keine Möbel, keine Requisiten im Wege. Der Bühnenbildner Richard Peduzzi hat sich mit seinen Entwürfen der kunstvollen Vereinfachung, der Konzentration auf das Wesentliche angepaßt. Eine Bank, auf der Hermione bei den ersten Proben saß, ist verschwunden. Es bleiben die schlichten Holzdielen, die gleichwohl etwas vom spiegelblanken Parkett des sizilianischen Hofes haben, die Holzvertäfelungen, die sich als Stellwände erweisen und verschoben und geteilt werden können, wenn es darum geht, im Dienste des Eifersuchtswahns zu spionieren und zu belauern. Dekorative Türme verwandeln sich in finstere Verliese. Glattpoliertes Furnier kaschiert die zivilisatorischen Zwänge dieses Hofstaats, an dem eine Ehefrau wegen des bloßen Verdachts der Untreue rechtlos eingekerkert wird.

Und doch ist es dasselbe Holz, aus dem die böhmischen Wälder sind. Böhmen liegt am Meer, wie in dem Gedicht Ingeborg Bachmanns, um dessen Aufnahme ins Programmheft es wegen einer unklaren Rechtslage bei den Übersetzungen einige Schwierigkeiten

Zeichnung von Richard Peduzzi zu *Conte d'hiver*

gegeben hatte. Bondy hatte trotzdem darauf beharrt, weil Böhmen und Sizilien für ihn untrennbar verbunden sind: »Das hochkultivierte Sizilien wird im Stück nach zehn Minuten zur Hölle. Und auch das arkadische Böhmen verwandelt sich plötzlich in eine Hölle. Nur daß dort die Hölle länger wartet, bevor sie auf der Szene erscheint. Man muß dabei immer sehen, daß unter Böhmen Sizilien liegt. Böhmen ist eine Fiktion.«

Luc Bondy und Richard Peduzzi haben allerdings die Shakespearesche Märchengeographie auf die Spitze getrieben. Böhmen und Sizilien sind bei ihnen zwei Seiten derselben Seelenlandschaft – sind eins: Eine Wand öffnet sich, gibt den Blick frei auf einen Landschaftsprospekt, und schon verwandelt sich traumgleich Sizilien zu Böhmen. Ein Sinnbild für die Analogie der Schauplätze wie für historische Analogien. Denn wie in Sizilien gibt es auch in Böhmen Eifersucht, nur wird in der archaischen Welt der Schäfer mit ein paar Schlägen abgetan, was im hochzivilisierten Sizilien Kerker, Verbannung und Tod nach sich zog.

So gesehen hat auch diese Inszenierung Bondys eine gleichsam soziologische Aussage: Sie zeigt, daß auch das Verständnis von Gefühlen, wie Eifersucht und Liebe, abhängig ist vom Verhältnis zum Besitz, von der Entwicklung der Rechts- und Eigentumsverhältnisse. Anders als bei der Berliner Molière-Inszenierung war diese Interpretation allerdings nicht ständig präsent, sie ergibt sich erst, wenn man die ganze Aufführung vor Augen hat und verschiedene Momente miteinander vergleicht. Trotzdem sind während der Proben auch solche theoretischen Erwägungen zur Sprache gekommen, vor allem im Gespräch mit dem Dramaturgen Peter Krumme. Den aber hatte Luc Bondy für diese Inszenierung in Nanterre aus Deutschland mitgebracht.

WILLIAM SHAKESPEARE: CONTE D'HIVER
(DAS WINTERMÄRCHEN)

Fassung von Bernard-Marie Koltès
Premiere: 8. März 1988
Théâtre des Amandiers, Nanterre

Michel Piccoli *Leontes*, Bulle Ogier *Hermione*, Laura Benron *Perdita*, Bernard Ballet *König von Böhmen* u.v.a.

Bühne	Richard Peduzzi
Kostüme	Moidele Bickel

Gert Gliewe:
Luc Bondy siedelt die wehmütige Komödie in weiter zeitloser Ferne an und versucht, für sich und seine Schauspieler verlorene Naivität zurückzuerobern. Bondy erzählt ein Märchen. Ein theoretisch einleuchtender Versuch zur Einfachheit, der sich leider im Laufe der Zeit immer mehr zur dekorativen Banalität verspielt.

Zwischen der andauernden Abenddämmerung im versteinerten Sizilien und dem Morgenschimmer im bukolischen Böhmen (eine Idylle aus dem Bilderbuch) tremolieren sich die Damen mit Selbstbewußtsein und perfekter Haltung (wie aus einer burgundischen Tapisserie geschnitten) durch ihren Text, während sich die Herren eher fassungslos lächerlich machen.

Urs Jenny:
Das Wintermärchen ist Bondys üppigste, kunstreichste, gelungenste Theaterunternehmung seit dem *Triumph der Liebe* von Marivaux vor drei Jahren in Berlin. Der Wille zum Großtheater, zum Prachttheater, der die Aufführung mitprägt und in der abgezirkelten Harmlosigkeit mancher Nebenfiguren auch schwächt, ist dem Neoklassizismus nicht fern, zu dem sich Klaus Michael Grüber oder Peter Stein in letzter Zeit hingewendet haben. Doch Bondys Arbeit hat nichts Meisterlich-Fertiges, sie teilt das Staunen über die windungsreiche Phantastik des Werkes mit, sie füllt seine Rätsel mit Leben und löst sie nicht.

Shakespeare als Spieler mit Menschen, als Experimentierer mit Leidenschaften, als Inszenierer von Schicksalen, unergründlich und wunderbar: Das hat Bondy in der Übertheatralik des *Wintermärchens* entdeckt – sein Shakespeare erscheint wie ein größerer Marivaux.

C. Bernd Sucher:
Bondy verkleinert Shakespeares Stück, weil ihn nur die Verdorbenheit, das Eifersuchtsgemetzel interessiert. Zugleich aber vergrößert er diese mal wütenden, mal gierigen Attacken.

Ein Stöhnen, ein Aufbäumen, die Hand verkrampft auf der linken Brust, wird der vornehme Leontes, der den Freund zuvor so innig und so lang umarmt hat, daß man glauben mußte, niemand – und schon gar nicht (s)eine Frau – könne die beiden je voneinander trennen, zum rasenden Tier. Bei Bondy und Michel Piccoli wird nicht psychologisch enträtselt, nicht vorsichtig nach Motiven für diese Wandlung gesucht. Piccolis Leontes ergreift plötzlich die Wut, der Schmerz. Die Raserei nimmt den Körper, der Zweifel das Hirn ein, sieht er nur die schöne Hermione von Bulle Ogier mit Polixenes lustwandeln.

Manchmal ist's, als ob in Nanterre, in Patrice Chéreaus Théâtre des Amandiers, die Comédie Française eine Dépendance eröffnet hat. Die übertriebenen Gebärden, das ausgestellte Apart-Sprechen hinter geheimnisschwanger beleuchteter Wand, das Singen der Worte von Bernard-Marie Koltès' sehr genauer Übersetzung, das ariose Lamentieren: das Vorurteil vom Comédie-Schauspieler wird beschworen. Nur Philippe Morier-Genoud, beider Könige Freund Camillo, widersetzt sich diesem Stil zuweilen. Und Bulle Ogier macht gar nicht mit. Deshalb wird die Gerichtsszene, ihre ruhige Rede, in der Hermione sich nicht verteidigt, sondern einsteht für ihre Ehre, von Wahrheit kündet, zum schönsten Augenblick dieser Inszenierung.

SAMUEL BECKETT: GLÜCKLICHE TAGE

Deutsch von Erika und Elmar Tophoven
Premiere: 30. Juni 1988
Deutsches Schauspielhaus Hamburg

Christa Berndl *Winnie*, Heinz Schubert *Willie*.

Bühne	Rolf Glittenberg
Kostüme	Marianne Glittenberg

Joachim Kronsbein:
Schon einmal, 1980 in Köln, hat Bondy mit Christa Berndl als Winnie das Spiel
um das Ende ohne Anfang in Szene gesetzt. Ebenfalls mit Rolf und Marianne Glittenberg als Bühnen- bzw. Kostümbildner. Die Hamburger Version ist noch karger
und spielt auf einer großen, weit in den Zuschauerraum gekippten Scheibe, ganz
so, wie weiland die Erde gedacht wurde.

Christa Berndl und Luc Bondy sind dem Text mit Genauigkeit auf der Spur
geblieben, eine großartige Leistung.

Christa Berndl in *Glückliche Tage*

Christa Berndl
EINE NOTIZ

Das Schönste, was ich bei der nochmaligen Arbeit an *Glückliche Tage* nach 8 Jahren mit Luc Bondy erlebte: Er sagte: »Wir müssen uns beide wieder hineinfinden in die Wirrnis; wir müssen die Situation des Eingeschlossenseins, des Nicht-Herauskönnens ernster nehmen.«

Er bat die Technik, ihm auch einen Hügel zu bauen und ihn meinem gegenüber aufzustellen. Er sollte nicht nur den praktischen Zweck haben, daß ich nicht immer aus dem Hügel aussteigen mußte und er ein, wenn er mir etwas vorspielen wollte, sondern er wollte sich in derselben Situation sowohl der Winnie als auch der Schauspielerin, befinden, und wir konnten uns sozusagen spiegelbildlich in die Figur hineinleben, in das »Nicht-aussteigen-Können«.

BOTHO STRAUSS: DIE ZEIT UND DAS ZIMMER

Pemiere: 8. Februar 1989
Schaubühne am Lehniner Platz Berlin

Peter Simonischeck *Julius*, Udo Samel *Olaf*, Libgart Schwarz *Marie Steuber*, Michael König *Der Mann ohne Uhr*, Tina Engel *Die Ungeduldige*, Gerd Wameling *Frank Arnold*, Sabine Wegner *Die Schlaffrau*, Werner Rehm *Der Mann im Wintermantel*, Ernst Stötzner *Der völlig Umbekannte*, Uwe Hacker *Der Mann am Fenster*, Jutta Lampe *Eine Stimme*.

Bühne   Richard Peduzzi
Kostüme   Susanne Raschig, Dorothée Uhrmacher

Georg Hensel:
Hier wie überall hat der Regisseur Luc Bondy dem sanfteren Botho Strauß auf die komischen Sprünge geholfen. Die romantische Mischung von Gefühl, Ironie und Schwank ist Luc Bondys Spezialität, er geht raffiniert mit ihr um und bringt dabei doch die Neigung des Autors, in einen manieristischen Himmel zu entschweben, herunter auf die Bühnenbretter. Notfalls hängt er an eine fade Szene das Gewicht eines kolossalen Mannes, der einen Herzanfall wie eine Slapstick-Attacke überlebt. Aus literarischen Witzen macht Bondy Theater. Der grenzenlosen Lachlust des Premierenpublikums war jeder Anlaß recht, und am Ende gab's den großen Beifall und das Getrampel eines genossenen Vergnügens.

Peter Iden:
Alles gelingt dann der Aufführung, ihrem Regisseur, ihren Schauspielern – nichts, fast nichts mehr, bringen die Menschen zustande, von denen sie erzählt.

Benjamin Henrichs:
Luc Bondy ist nicht mehr Schaubühnendirektor – und schon wieder ganz auf der Höhe. Ohne sichtbare Mühe hält er alle Szenen in einem Schwebezustand, immer ein knappes Stück über dem Boden – sie entschweben nicht ins edle Mysterium, sie stürzen nicht ab zum billigen Hokuspokus. Die Geheimnisse des ersten Teils sind immer auch ein bißchen komisch, die komischen Zusammenstöße des zweiten Teils niemals ohne Geheimnis.

CLAUDIO MONTEVERDI: DIE KRÖNUNG DER POPPEA

Oper mit einem Libretto von Giovanni Francesco Busenello
Premiere: 16. Mai 1989
Théâtre de la Monnaie, Brüssel

Deborah Voigt *Fortuna*, Xenia Konsek *Virtù*, Françoise Golfier *Amor*, Catherine Malfitano *Poppea*, Marek Torzewski *Nerone*, Trudeliese Schmidt *Ottavia*, Elzbieta Ardam *Ottone*, Malcolm King *Seneca*, Joanna Kozlowska *Drusilla*, Cristiane Young *Nutrice*, Uwe Schönbeck *Arnalta*, Franco Careccio *Lucano*, u.a.

Musikalische Leitung	Sylvain Cambreling
Bühne	Erich Wonder
Kostüme	Marianne Glittenberg

Imre Fabian:

Luc Bondy inszenierte, als wär's ein Stück von Shakespeare, die Geschichte einer leidenschaftlichen, alle Hindernisse überwindenden Liebe. Es ist Amor triumphans, der im Zentrum des Stückes steht, nicht sind es die Abgründe und Grausamkeiten, die ihm zum Sieg verhelfen.

ARTHUR SCHNITZLER: LE CHEMIN SOLITAIRE
(DER EINSAME WEG)

Bearbeitung von Michel Butel
Premiere: 10. Oktober 1989
Théâtre Renaud-Barrault, Paris

Didier Flamand *Professor Wegrat,* Edith Scob *Gabrielle,* Laurent
Grevill *Félix,* Alison Hornus *Johanna,* André Dussolier *Julian Ficht-
ner,* Didier Sandre *Stephan von Sala,* Bulle Ogier *Irène Herms,*
Jérôme Nicolin *Docteur Franz Reumann.*

Bühne	Richard Peduzzi
Kostüme	Jacques Schmidt/Emmanuel Peduzzi
Musik	Peer Raben

C. Bernd Sucher:
Immer wieder verhindert der viel zu große Raum Spannungen zwischen den Schauspielern;
verhindert – da der Zuschauer, wo immer er auch sitzen mag, niemals alle Darsteller im
Blick haben kann – Konzentration. Nur selten, bei Zwiesprachen, gelingt es Bondy und
dem Ensemble, uns für diese Menschen zu interessieren. Eigentlich sind sie uns herzlich egal.
Bondy erzählt mit Schnitzler ein Familiendramolettchen aus dem Nachbarhaus, eine
Lindenstraßen-Episode.

WOLFGANG AMADEUS MOZART: DON GIOVANNI

Oper mit einem Libretto von Lorenzo da Ponte
Premiere: 13. Mai 1990
Theater an der Wien, Wien

Ruggero Raimondi *Don Giovanni*, Anatolij Kotscherga *Komtur*, Cheryl Studer *Donna Anna*, Hans Peter Blochwitz *Don Ottavio*, Karita Mattila *Donna Elvira*, Lucio Gallo *Leporello*, Carlos Chausson *Masetto*, Marie McLaughlin *Zerlina*.

Musikalische Leitung	Claudio Abbado
Bühne	Erich Wonder
Kostüme	Susanne Raschig

John Rockwell:
Not that this was a perfect production, but all times it seemed intensely felt and intelligently considered, and at no time did it appear to play wilfully with Mozart's and Da Ponte's intentions.

Lothar Sträter:
Für sich betrachtet ist Luc Bondys Inszenierung bedenkenswert. Gerade weil er nicht auf jeden Fall alles anders machen wollte, sondern den Text genau gelesen hat. Manches wird klarer, sinnfälliger, als man es gewöhnt ist. Dort, wo er sich keinen Rat wußte (oder vielleicht zu viel gedacht hat?), bleibt Bondy dunkel-verschwommen. Das ist auch eine Art von Ehrlichkeit.

WILLIAM SHAKESPEARE: DAS WINTERMÄRCHEN

Deutsch von Peter Handke
Premiere: 15. Dezember 1990
Schaubühne am Lehniner Platz Berlin

Hans Christian Rudolph *Leontes,* Corinna Kirchhoff *Hermione,* Libgart Schwarz *Paulina,* Werner Rehm *Antigonus,* Peter Simoni- schek *Camillo,* Kurt Radeke *Cleomenes,* Christine Oesterlein *Ker- kermeister,* Ernst Stötzner *Gerichtsbeamter,* Michael König *Polixe- nes,* Matthias Paul *Florizel,* Gerd Wameling *Archidamus,* Branko Samarovski *alter Schäfer* u. a.

Bühne   Erich Wonder
Kostüme   Susanne Raschig

Hellmuth Karasek:
Luc Bondy glaubt nicht an Wunder, er ist kein frommer, sondern ein theatergläu- biger Mann. Bei ihm ist das Wunder nicht des Glaubens liebstes Kind, sondern die Frucht der Ironie. Einer höchst gläubigen Ironie, die an das Komische im Men- schen glaubt. Auf die Berliner Aufführung an der Schaubühne angewandt, heißt das: Luc Bondy scheint Shakespeare mit den Augen Ernst Lubitschs gesehen zu haben, er hat dem Märchen einen Schuß Operetten-Seligkeit hinzugefügt. Und das, ohne es dadurch zu trivialisieren. So komisch waren der erschreckende erste Akt und der alles versöhnende letzte Akt wohl noch nie. Luc Bondy ist ein Meister des Privaten, er entdeckte am Königshof den Salon.
Nur wenige Regisseure begreifen, daß sich gerade aus dem scheinbar leichten Spiel der Ironie der Einbruch des Schreckens, der Gewalt nur um so schwärzer, krasser, schmerzhafter manifestiert. Dadurch hat diese Aufführung Momente, die das ganze Gefälle Shakespearescher Dramatik verdeutlichen.
Diese »Wintermärchen«-Aufführung steht als glückliche Auslegung des Shakespea- reschen Bühnenorakels ebenbürtig neben Steins »Titus«, Peter Brooks »Sturm« und Zadeks »Kaufmann von Venedig«. Daß es in der momentanen Theatermisere immerhin diese Shakespeare-Aufführung allesamt gibt, ist seinerseits ja auch eine Art Wiederbelebungswunder.

Nächste Seiten: Jutta Lampe in *Triumph der Liebe,* 1985

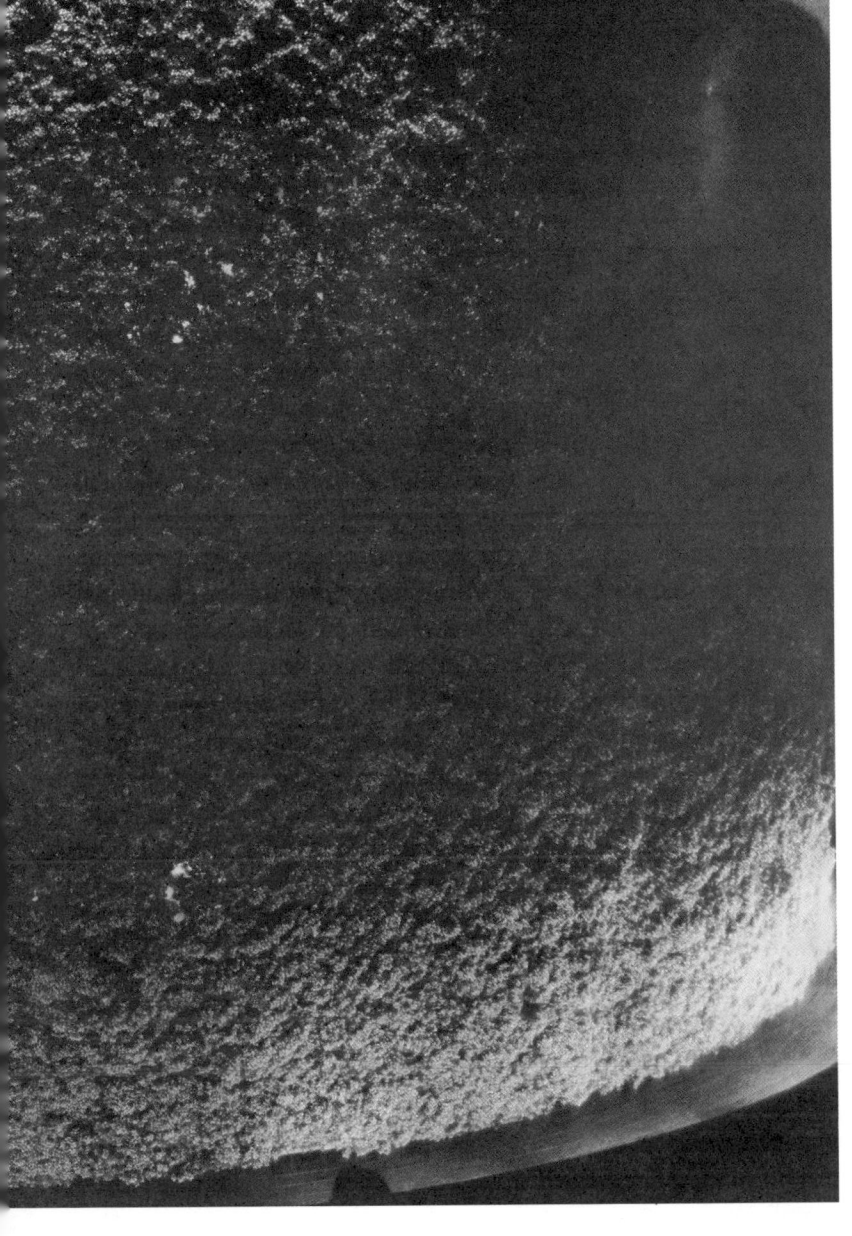

Dietmar N. Schmidt
NACHWORT

Nicht noch einmal jetzt, woher er kam, wie er ist, was er kann. Am Ende der Arbeit hat sich deren Motivation, denke ich, deutlich gemacht, mitbegründet von vielen: Unter den Menschen, den Künstlern, die sich dem Theater (der Oper, dem Film) verschrieben haben, ist Luc Bondy exponiert – und das ja nicht nur für seine Freunde.

Freunde freilich sind es, die sich, die wir uns zu dieser Sammlung bewegen ließen (und viele mehr wollten gern dabeisein); kaum einer der Beiträge, der das nicht auch bezeugt. Dementsprechend die Form: Offen sollte sie sein für die Neigung jedes einzelnen, seine Erinnerung und sein Verhältnis, seine Beobachtung und Erfahrung auszudrücken – analytisch oder in flüchtigen Bildern, im Gespräch und im Brief oder mit einer Szene. Eingefügt noch in den dokumentarischen Teil, der die Kontroverse nicht ausspart, sind Texte der Zuwendung, der Bewunderung.

Eine Monographie besonderer Art: Die persönliche Nähe dessen, um den es geht und der sich darum auch selbst ausspricht, zieht sich durch – es hätte bei ihm wohl nicht anders sein dürfen. Manche Schwierigkeit, lähmende Verzögerung, hat sich so auch für mich, der ich ihn seit seinen ersten (Nürnberger) Versuchen kenne, leichter überstehen lassen.

Oft gefragt wurde doch, ob nicht Lucs Krankheit, nun glücklich überwältigt, der ursprüngliche Beweggrund für dieses Buch war – die lange Angst um ihn also: sie war es tatsächlich nicht. Als die Idee aufkam, stand der Tod ihm nicht mehr näher als uns allen.

Aber daß er uns diese unsere Vergänglichkeit spürbarer machen kann mit seiner Art zu leben, in seiner Kunst, spürbar durch den unendlich großen, zärtlichen Ausdruck seiner Menschenliebe – das allerdings hat dieses Buch vor allem anderen zur Hommage werden lassen.

TEXTNACHWEISE

Soweit nicht anders notiert, wurden die Texte für dieses Buch veranlaßt und geschrieben. Die Beiträge von Peter Stein und Bruno Ganz entstanden in Gesprächen mit Olivier Ortolani, die Beiträge von Walter Schmidinger und Ilse Ritter in Gesprächen mit Alexander Wewerka und Carl Albrecht Prager.

Über Grübers Pirandello schrieb Luc Bondy im *Spiegel* 1981/17, über die *Trilogie der Rückkehr* in der ZEIT vom 30. 8. 1985. *Meine Methode, das bin ich* ist Luc Bondys Beitrag bei einem Symposion über Regie-Ausbildung in Berlin, Mai 1981. Hans C. Blumenbergs Kommentar stand in der *ZEIT* vom 13. 6. 1980, Luc Bondys Leserbrief in der *ZEIT* vom 27. 7. 1980.

Die Zitate und Auszüge aus Kritiken wurden den folgenden Zeitungen/Zeitschriften entnommen: *Abendzeitung* (3), *Berliner Morgenpost, Darmstädter Echo* (2), *Frankfurter Allgemeine Zeitung* (5), *Frankfurter Rundschau* (7), *Hamburger Abendblatt, Hessische Allgemeine, Kölner Stadtanzeiger, Nürnberger Nachrichten* (3), *Opernwelt* (2), *Profil, Spiegel* (7), *Rheinische Post, Deutsches Allgemeines Sonntagsblatt* (2), *Stuttgarter Zeitung, Stuttgarter Nachrichten, Süddeutsche Zeitung* (6), *Tagesspiegel, Theater heute* (2), *New York Times, Weltwoche* (3), *Die Zeit* (7).

Lieber Herr Schmidt,

Ihr Brief erreichte mich nun auch wieder auf Umwegen.

Vielleicht ist es schon zu spät für etwas »Vernünftiges« als Beitrag. Daß Anja und ich Luc sehr lieben, weiß jeder. Hätten wir ihn sonst immer wieder versucht nach Hamburg an die Oper zu lotsen? Ein paarmal hat es geklappt und war jedesmal etwas ganz Besonderes. Luc hatte alles, was man sich so wünscht: er ist einfallsreich, er ist ein »schwieriger« Mann für jedes Theater, er kann einen Intendanten zur Verzweiflung bringen, kurz und gut ein Mann mit – dem »höchsten Glück der Erdenkinder« – Persönlichkeit. Dazu kann man vor seiner Tapferkeit und seiner Willenskraft gegenüber seiner Krankheit nur den Hut ziehen!

Viel, viel zu früh, um ein Buch über ihn zu schreiben, finde ich.

Grüßen Sie ihn sehr von Anja und mir, Ihr
Christoph v. Dohnányi
11. Juni 1988

BILDNACHWEISE

Hermann J. Baus: Seite 62; Clärchen Baus-Mattar: Seiten 165, 221; Marie-Laure de Decker: Seiten 6, 38, 66; Marc Enguerand: Seite 211; Oliver Herrmann: Umschlagvorder- und rückseite, Seiten 182, 200; Ulrich Kirschstein: Seite 126; Peter Peitsch: Seite 52; Oda Sternberg: Seite 137; Abisag Tüllmann: Seite 185; Ruth Walz: Seiten 116, 122, 170, 188, 190, 205, 228/229.

REGISTER

 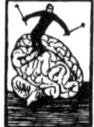